概説ジェンダーと法

◆ 人権論の視点から学ぶ ◆

〔第2版〕

辻村みよ子

JN251174

信 山 社

はじめに
〔第 2 版〕

　男女共同参画社会基本法制定（1999 年）から 20 年近くたち，「男女共同参画」や「ジェンダー」の語も，しだいに定着してきたようにみえる。基本法が「男女が，互いにその人権を尊重しつつ責任も分かち合い，性別にかかわりなく，その個性と能力を十分に発揮できる社会」の実現を「21 世紀の最重要課題」として位置づけたことをうけて，各分野で懸命に取組みが進められている。

　しかしなお，日本の男女共同参画（ジェンダー平等）のレヴェルは国際的にみれば非常に低く，ジェンダー・ギャップ指数（GGI）は 145 カ国中 101 位（2015 年度），衆議院の女性議員比率のランキングは 2016 年 6 月 1 日現在 193 カ国中 155 位の地位にある（本書 ⑥ 65 頁参照）。その原因は，性差についての固定観念（ステレオ・タイプ）や偏見（ジェンダー・バイアス），性別役割分業・分担に由来する不合理な差別が，男女の平等な社会参画を阻み続けてきたことにある。

　このことは司法や法学の領域でも例外ではなく，判例・学説や法曹実務家の意識のなかにもジェンダー・バイアスが現存する。例えば，交通事故で死亡した女児の逸失利益を算出する際に，男性の 70 ％程度しかない女性の平均賃金を基礎に将来の収入額を計算することで，男児の損害賠償額よりも女児のそれを相当低くする判例・実務が問題となる。逆に，顔の傷に対する労災の等級認定基準が男女間で異なり，「外貌の著しい醜状」について女性は第 7 級，男性は第 12 級と差がつけられて男性の障害補償額が低かったことに対して 2010〈平成 22〉年 5 月 27 日京都地裁判決で憲法違反の判断が下され，厚生労働省令（労災保険法施行規則）が翌年改正された例もある（本書 ⑤ 63 頁参照）。

　このような憲法違反の疑いが強い法令は，他にも数多く存在してきた。女性のみに婚姻解消後 6 カ月の再婚禁止期間を課す民法 733 条の規定は，「父性の推定の重複を回避する目的」のために，妊娠していない女性や高齢者についても一律に 6 カ月間再婚を禁止するものであった。これに対して 1995〈平成 7〉年 12 月 5 日の最高裁判決は，立法趣旨からして，この規定が一義的に憲法 14 条 1 項の文言に反しているとはいえないと判断していた。しかし，DNA 鑑定

等が容易になり，女性が一生に妊娠する回数（合計特殊出生率）が1.26（2005年度）まで下がった現代では，あたかもすべての女性が常に妊娠しているかのような前提に立った規定には疑問が多く，諸外国でも再婚禁止期間規定が廃止される例が続いた。国際機関からも，女性差別撤廃委員会の2009年8月の総括所見等で，民法733条等の改正について強い勧告をうけてきた。

　これらの状況をふまえて最高裁は，2015〈平成27〉年12月16日の判決において，民法772条の嫡出推定の規定との関連から，100日を超える制限は「父性の推定が重複することを回避するための期間」として正当化し得る根拠がなく，100日超過部分は「合理性を欠いた過剰な制約を課すもの」であるとして，違憲判断に転じた。そして国会は，2016年6月1日に民法を一部改正して再婚禁止期間を6カ月から100日に短縮するとともに，再婚時に懐胎（妊娠）してない場合には適用除外として再婚を認めることにした（本書61，116頁参照）。

　このように，近年になってようやく司法府の違憲判断を受けて法改正等が実現されてきた。しかし，これまでの長い間，一般人にも，また国際機関から見ても疑問だと思えることが，なぜ日本の裁判官や法律家に通じなかったのか。判例は，なぜ立法府の裁量を尊重して法律の違憲判断を避けてきたのか。法律や実務に性差別が存在するようでは，国民一般にも責務を課した男女共同参画社会基本法の実現は，ほど遠いのではないか。

　これらの疑問から，司法や法学におけるジェンダー・バイアスを明らかにするために，既存の法律・学説・判例・実務等を再検討し，ジェンダーの視点にたった法学（ジェンダー法学）や人権論（ジェンダー人権論）を構築することが，2000年代初頭（とくに法科大学院設置を目前にした2003年ころ）から課題として強く意識されるようになった。その後も，法曹実務家や政策担当者・研究者・学生・市民等に求められるジェンダーに敏感な問題意識を養い，社会全体のジェンダー問題への関心を高めることが喫緊の課題となっている。

　本書は，このような問題意識のもとで，拙著『ジェンダーと法〔第2版〕』（不磨書房，2010年）に続く最新の概説書として2013年9月に初版が刊行された。その後，幸いにも多くの読者を得て，このたび第2版を刊行することができた。この間，著者が講義（ジェンダーと法Ⅰ〜Ⅳ）を担当する明治大学法科大学院のほか，一橋大学でも「ジェンダーと人権」（全学共通科目）に毎年400

名を超える多くの受講生を得て，人権論の視点にたったジェンダー法学の課題を論究することができた。上記の諸判決で取り上げられたテーマのほかにも，夫婦別姓制，性的指向・性的マイノリティーの問題（LGBT・同性婚等）や，性暴力（強姦罪の構成要件見直し）・ストーカー・マタハラ（マタニティ・ハラスメント），デートDV，JKビジネスの問題など，「ジェンダーと法」をめぐる課題は数限りなく存在している。

　これらの最新の問題状況や判例動向をふまえて改訂された本書第2版が，ジェンダー平等と多様性（ダイヴァーシティ）を尊重して，真の男女共同参画社会（固定的な性別役割分業システムを転換し，個人が男女という性別ではなく，その意欲・能力・適性に基づいて自己の生き方を選択できる社会）を築くために役立つことを，願ってやまない。法科大学院・大学の講義や企業・団体の研修などのテキストとして，初版以上に，広く活用して頂ければ幸いである。

　2016年9月

辻村 みよ子

◆ 目　　次 ◆

はじめに

概説ジェンダーと法

◆ 人権論の視点から学ぶ ◆

〔第2版〕

1 序論——「ジェンダー」と「ジェンダー法学」

1 「ジェンダー」概念の形成と展開 ●━━━━━━━━━━━━●

　最初に「ジェンダー（gender）」や「ジェンダー法学」等の基礎的な概念を整理しておこう。

　日本では，1960年代末ころから「ウーマン・リブ」や「フェミニズム」の言葉が流布され，1980年代後半に"フェミニズムの終焉"が囁かれるようになった後に，「ジェンダー」論が主流を占めた。

　ジェンダーとは，生物学的な性差ないし性別を意味するセックス（sex）と区別して，社会的・文化的に形成された性差ないし性別を意味する言葉として，今日まで定着してきた。「男らしさ」とか「女らしさ」のように，社会的・文化的に作り上げられた区別といってもよい。ただし，ジェンダーは2つか，1つかという議論があるように，その理解も一様ではない。もしこれを社会的・文化的に形成された性別と解するならば，ジェンダーは男性と女性の2つあることになる。これに対して，男女の区別そのもの，男女を区別するその境界線としての性差（とくに男性の基準にあわせてきた従来の観念）を問題とする場合には，ジェンダーは1つになる。ジェンダーからの解放という場合には，男女を区別する境界線としての性差自体を，社会的に構築されたジェンダーと捉えていることに注意が必要である。

　さらに，このような社会的・文化的に構築された性別・性差だけを問題にして生物学的な性別・性差（セックス）については自然的で所与のものとする考え方に対して，強力な批判が提起されてきた。生物学的性別・性差の観念自体も社会的・文化的に形成されたものであり，異性愛主義に根ざした社会的なバイアスが含まれていることから，性同一性症候群の人々や同性愛者の差別につながる，などの批判がそれである。そこで，従来の生物学的性差と社会的・文化的性差の二分論を克服し，ジェンダーの語を「性差や性別についての観念・知識」のように広く定義する用法が採用されてきた。また，性別についても，身体的性別，性自認，セクシュアリティ，狭義の（女らしさ・男らしさなどの）

ジェンダーなど，多様な要素を組み合わせて捉えるようになった。

とくに法学分野では，生物学的性差を所与のものとして社会的・文化的性差だけを問題にすることには疑問が多い。それは，従来から，あたかも生物学的性差（女性のみが妊娠・出産するという差異）を理由とする合理的な区別として正当化されてきたものが，実は，性別についてのステレオタイプに依拠する特性論や性別役割分業論に基づくなど，ジェンダーにねざす不合理な差別〔＝人権侵害〕であった，という事例が数多く存在するからである。そこでは，生物学的性差と区別された社会的・文化的性差だけを問題にするのではなく，この区別自体を問題にし，両者の関係を問い直すことこそが課題となる。

そこで本書では，ジェンダーの語を「性差についての観念」として広い意味で捉えたうえで，とくにジェンダーの視点に立った人権論（「ジェンダー人権論」）の視点から，具体的な問題をみてゆくことにする。

例えば，「はじめに」でも言及した民法733条の再婚禁止期間規定（女性は妊娠・出産する性であるという理由で女性だけ離婚後6カ月間も再婚が禁止されるという規定）は，1996年の民法改正草案要綱で改正が予定されたにもかかわらず，2016年6月まで20年間も改正が実現されなかった。これは，一見，女性が産む性であるという生物学的性差にもとづく合理的な区別的取扱いのようにみえながら，実は女性や男性の再婚（婚姻）の自由を侵害するものであり，憲法違反が明らかであるようにみえた規定である（著者は，憲法学のテキスト『憲法』日本評論社＜初版2000年＞ですでに違憲と記載しており，憲法学界でも100日を超える部分について違憲と解する見解が多数であったが，長い間，司法府の違憲判断が示されなかった）。

このようにジェンダー・バイアスが構造的に介在していると思われる例は，枚挙にいとまがない。夫婦別姓訴訟や女性労働事件など，現実に憲法違反や女性差別撤廃条約違反として訴訟で争われている問題の殆どが，現行法制度に存在するジェンダーに基づく人権侵害や現代法の矛盾を如実に示している。

2 欧米のジェンダー法学の展開と日本の現状 ●————————●

欧米では，1960年代後半からの第二波フェミニズムの影響が法学教育にも及び，1970年代後半から，"フェミニスト・ジュリスプルーデンス（Feminist

Jurisprudence)"（フェミニズム法学）が盛んになった。性差別の問題を法学理論的に解明することを課題とするこの学問領域は米国をはじめとする諸国の大学で認知され，1978 年創刊のハーバード大学 Harvard Women's Law Journal など，一般の法学専門誌とは別に女性法学雑誌が刊行された。しかしその後，1980 年代後半から 1990 年代にかけて「ジェンダーと法」雑誌に変わる傾向が認められる。例えば，1989 年創刊のコロンビア大学の雑誌は，Columbia Journal of Gender and Law と命名され，1993 年以降のアメリカン大学，ミシガン大学，デューク大学のものも「ジェンダーと法」ジャーナルと銘打っている。

　こうして 1990 年代からは，女性問題だけでなく男女の性差そのものを問題にし，性差別を他の種々の差別との関係において論じるために，フェミニズム法学や女性法学にかえて，ジェンダー法学（Gender Law または Gender & Law）という用法が主流になった。上記の Harvard Women's Law Journal も 2004 年に Harvard Journal of Law & Gender に引き継がれた。

3　ジェンダー法学の目的と課題 ●━━━━━━━━━●

　このようにフェミニズム法学（Feminist Jurisprudence）からジェンダー法学（Gender Legal Studies）への展開が顕著になるなかで，ジェンダー法学の意義・目的も明確になってきた。それは，下記の 6 つにまとめることができる。

　第 1 は，司法や法学，公共政策，立法等におけるジェンダー・バイアスを発見して批判的に検討することである。具体的な判例や事例の検討を通して，いかに性差についての固定観念や偏見が存在しているかを発見し，探し出した問題を批判的に検討することが，最も基本的な目的となる。

　第 2 は，発見した種々のジェンダー・バイアスを中心に，広く一般的に今日のジェンダー問題について検討を加え，日本や世界の男女共同参画（ジェンダー平等）の現状，あるいは性差別等の現状を把握した上で，理論的課題を分析し，「理論化」することである。

　第 3 は，上記の分析結果を従来の法学や人権論等，既存の学問のあり方を改善するために用いて，ジェンダーの視点から，既存の学問研究を再検討・再構築することである。

　第4は，上記と並行して，ジェンダー視点からの研究成果を，ひとつのジェンダー法学，ジェンダー人権論のように，新たな学問分野として確立することである。

　第5に，単に知識としてジェンダー問題を学び，あるいは，ジェンダー・センシティヴな問題意識や素養を養うという消極的な姿勢ではなく，より積極的かつ主体的に訴訟支援などの法実践に活かすとともに，男女共同参画促進のために必要な政策や法改正のあり方について具体的に検討し，政策や立法の提案に至ることが求められる。

　第6に，上記の過程を通して，ジェンダー・センシティヴな法曹を養成・教育することであり，そのための制度や教材等の整備を行うことである。

　こうして，法学や司法・立法等におけるジェンダー・バイアスの発見・分析・批判，ジェンダー視点による法構造の再構築・理論化，法実践への理論提供・政策提言・立法提案などのすべてがジェンダー法学の目的となるとともに，ジェンダー・センシティヴな法曹の養成・教育をめざすジェンダー法学教育の対象となる。

　すでにみたようなフェミニズム法学（女性の視点を中心に据えて，女性の解放や女性の救済という目的を持つ）とジェンダー法学（性差自体を問題にして，セクシュアリティやジェンダー・バイアスを明らかにする学問）との相違点にも注意を払いつつ，社会と法のなかに現存するジェンダー・バイアスを問い直し，男女の人権を尊重しあう男女共同参画社会の構築を急がなければならない。

［参考文献］

ジェンダー法学会編『講座ジェンダーと法』〔全4巻〕日本加除出版（2012）

第二東京弁護士会　両性の平等に関する委員会，司法におけるジェンダー問題諮問会議編『（事例で学ぶ）司法におけるジェンダー・バイアス（改訂版）』明石書店（2009）

辻村みよ子『憲法とジェンダー』有斐閣（2009）

辻村みよ子『ジェンダーと法（第2版）』不磨書房（2010）

辻村みよ子『憲法と家族』日本加除出版（2016）

2　女性の権利の展開と女性差別撤廃条約

1　女性の権利の史的展開

　フェミニズムやジェンダー論，女性の人権を歴史的に検討する場合に，どの時代が出発点になるだろうか。ここでは，それぞれ出発点が異なることに留意しつつ，①女性の歴史，②女性の権利（法的地位）の歴史，③女性の権利要求（先駆的な女性解放思想）の歴史，④フェミニズム（理論・運動）の歴史（第一波フェミニズムから現代の第三波フェミニズムへの展開）を概観しておくことにしよう（本書216頁以下の略年表参照）。

（1）女性の歴史

　人類の歴史や女性の歴史がテーマであれば，人類（原人）の生存が認められた紀元前60万年前からの先史時代から説き起こす必要がある。例えば，旧石器時代や中石器時代に母権制社会が成立していたかどうかなどが考古学や文化人類学等の分野で議論されてきたが，今日では，男性は狩猟，女性は採取という性による分業が始まるのが新石器時代からであったと推定されている。しかし，性による分業が不平等の起源になるのは，農耕が始まって，定住生活が営まれるようになってからである。農耕の開始時期は，南西アジアで紀元前1万1000年頃の中石器時代から，メソポタミアでは紀元前8500年，中国では紀元前7000年，ギリシアでは紀元前6500年である。

　このような農耕と定住の開始後，農耕技術の革新や大規模化によってしだいに農耕が男性の仕事となり，紀元前3000年頃から，例えばメソポタミアでは前3100−2500年の間に，男性支配制度としての家父長制が成立すると解されている。共同体のあり方も，概ね母系制・妻方居住制から，父系制・夫方居住制に変化したとされる。

（2）女性の権利（法的地位）の歴史

　女性の権利ないし法的地位についての歴史を見る場合には，当然ながら法律の制定が条件になる。そこで，世界最古の法典といわれるバビロニアのハムラ

ビ法典（紀元前1700年頃）を出発点として，前15〜11世紀に制定されたアッシリア法やヒッタイト法における女性の地位が問題となる。これらの規定では，女性は子を産む財産としてのみ評価され，婚姻自体が，この財物を夫婦の父親たちの間でやり取りするための手段となり，嫁資（持参金）の処理が重要な問題とされ，妻が夫の財産であるという考えに基づいて，貞操義務が一方的に妻に課され，妻の処罰や奴隷化が定められた。奴隷制の上に古代家父長制というべき制度が確立され，ギリシア・ローマの時代にも引き継がれた。

ローマ時代には，ローマ最古の法典としての十二表法が紀元前5世紀に制定され，家父長制が強化された。婚姻の2つの形態のうち，マヌス婚と呼ばれる形態では，夫権の成立によって，妻は子どもと同様に家長であるの夫の「生殺与奪の権利」を含む支配権のもとに置かれた。もう1つの自由婚でも，娘の父が婚姻において娘を売り渡すという考えの下で，妻が父からもらった「嫁資」をもち，婚姻解消後には父の支配下にもどるというシステムであった。

このような考え方は，中世のゲルマン法にも認められた。ゲルマン慣習法では，婚姻は娘に対する父親の支配権（ムント）を夫が買い取るという考え方が支配しており，紀元5世紀ころに成文化されたサリカ法典は，20世紀まで（例えばスウェーデンでは1979年まで），ヨーロッパの王位継承権から女性を締め出す根拠として用いられたことで有名である。

近代以降は，人一般の人権の普遍性を宣言した近代法のもとで女性の権利が排除されたことから，男性と同等な権利を要求する理論と運動が始まった。

(3) 女性の権利要求（女性解放思想）の歴史

古代・中世において，女性の地位について改善を求める動きがなかったわけではない。しかし，政治的・社会的権力が（一部の例外を除いて）男性の手中に独占されていた時代には，被抑圧者である女性の中から解放運動を起こすことは困難であった。

平等思想については，ギリシアのアリストテレスなどの著名な理論が知られているが，一般に先駆的思想家として紹介されるのは，17世紀フランスのプーラン・ドゥ・ラ・バールである。彼は，性役割と教育問題に言及して制度的な男性支配構造を明らかにした。しかし，学問的関心から論文を執筆したにすぎず，女性解放思想家としての位置を与えることはできない。

　これに対して，フランス大革命前夜から大革命期にかけて，女性解放と諸権利の実現を要求する先駆的なフェミニズムの胎動が認められ，一般には，革命期の展開は4つの時期に区分される。最初は，コンドルセやオランプ・ドゥ・グージュによって両性の平等が唱えられた黎明期である。ついで，民衆協会やクラブで現実に女性によって活動が実践された絶頂期，ロベスピエールやジャコバン・クラブとの反目が始まる斜陽期，最後が国民公会において女性のクラブが閉鎖され，ナポレオン法典への基礎がつくられた終焉期である。このうち黎明期を代表するコンドルセは，女性の参政権を要求したことでフェミニストの先駆者として後代に名を残した。

　以下，18〜19世紀のフランス，アメリカ，イギリスにおける先駆的な女性の権利要求の展開をみておこう。

①　コンドルセの女性参政権論

　コンドルセは，革命前夜に百科全書派哲学を学び，数学・経済学等にも秀でた貴族出身の才人であった。彼は，1787年の「ニューヘヴンのブルジョアからのヴァージニア市民への手紙」で示した女性参政権への支持を，1790年の「女性の市民権の承認について」という論文のなかで展開した 。ここでいう市民権〔＝公民権〕とは法律の制定に参加する権利のことであり，参政権がその帰結であった。コンドルセは，女性が非理性的で正義の感覚に欠けるとする見方や，夫への従属状態を市民権剥奪の根拠にする考え方を明確に否定して，従来の女性参政権否認論を批判した。彼は，両性平等原則を確認し，従来の不平等の原因が本質的な性差にねざすものではなく，教育や社会的配慮の相違に由来することを説いた点で説得力をもっていた。反面，「女性を家事から引き離すことは，農夫を鋤から職人を仕事場から引き離すと同様できないことである。……女性が国民議会の議員になりうるからといって女性がすぐに子どもや家事や裁縫を放りだすと考えてはならない」という議論に示されたように，女性の育児・家事の役割を固定的なものとして捉え，女性の政治参加を付随的な職能としかみていない点に欠陥があった。

②　オランプ・ドゥ・グージュと「女性および女性市民の権利宣言」

　「女性（femme）および女性市民（citoyenne）の権利宣言」を著したオランプ・ドゥ・グージュは，1789年の「人権宣言」が，女性の諸権利を保障していないことを最初に批判したことで有名である。1791年9月に公刊されたグー

7

ジュのこの宣言は，1789年の「人権宣言」を模して17カ条からなり，各条文の権利主体を，女性・女性市民あるいは両性に変更する形で構成されていた。王妃マリー・アントワネットへのよびかけではじまり，宣言の前後に，前文と後書きが付されていた。

　宣言第1条前段は，「女性は自由なものとして生まれ，かつ，権利において男性と平等なものとして生存する」と規定し，第2条で，「あらゆる政治的結合の目的」として保障される諸権利（自由・所有・安全・圧政に対する抵抗）を「男性と女性の自然的権利」と明記した。自由の定義に関する第4条は，「女性の自然的諸権利の行使は，男性が女性に対して加える絶えざる暴虐以外の限界をもたない。その限界は，自然と理性の法によって修正されなければならない」とされ，従来の女性の権利の侵害が男性の暴虐によるものであるという認識が表明された。精神的自由に関する第10-11条では，「女性は，処刑台にのぼる権利をもつ。同時に女性は，……演壇にのぼる権利をもたなければならない」，「思想および意見の自由な伝達は，女性の最も貴重な権利の一つである。それは，

この自由が，子どもと父親の嫡出関係を確保するからである」という文言は有名である。後者の，子の父親を明らかにする権利については，婚外子とその母親たる女性の法的救済を要求し，ひいては性の自由の保障を要求するものとして注目される。

　さらに，第17条は「財産は，結婚していると否とにかかわらず，両性に属する。財産権は，そのいずれにとっても，不可侵かつ神聖な権利である」として，両性の所有権を保障した。これは婚姻中の妻の財産，および婚姻していない女性（離婚後の女性も含む）の財産を保障し，女性の経済的独立をめざすと共に，夫婦財産制度の改善を要求する立場に出ている。このことは，グージュが，「男女の社会契約の形式」と題するパンフレットのなかで，夫婦財産の

オリヴィエ・ブラン著 辻村みよ子監訳
『オランプ・ドゥ・グージュ——フランス
革命と女性の権利』（信山社，2010年）

共有を基調とする夫婦財産契約の締結を主張していることにも示される 。

　一方，女性市民の権利については，第6条で「すべての女性市民と男性市民は，みずから，または，その代表者によって法律の形成に参加する権利をもつ」と定めたほか，男女平等な公職就任権，租税負担の平等，公吏に対する報告請求権などを要求した。さらに「人権宣言」で「権利の保障が確保されず，権力の分立が定められてないすべての社会は，憲法をもたない」と定められた第16条では，「国民を構成する諸個人の多数が憲法の制定に協力しなかった場合は，その憲法は無効である」という一文を追加して，民主的な憲法制定参加手続きを要請した。ここには，グージュの宣言が，当時の革命指導者が制定した「人権宣言」を超える内容をもっていたことが示されていた。しかし彼女は，皮肉にも，反革命の容疑で1793年11月に処刑台の露と消えた（辻村監訳『オランプ・ドゥ・グージュ——フランス革命と女性の権利宣言』信山社，2010年参照）。

③　メアリ・ウルストンクラフトと『女性の権利の擁護』

　産業革命の進展による深刻な社会問題を抱えて激動していた18世紀末のイギリスでは，フランス革命の影響に対する反発が強く，エドモンド・バークが，まずその『フランス革命に対する省察』（1790年）のなかで，ルソーの教義や1789年人権宣言の形而上学的性格・抽象的性格を批判した 。さらに，功利主義の立場にたつベンタムは，自然権という考えかた自体が全くのナンセンスであるとして，その『詭弁論』（1796年）のなかでフランスの人権宣言に対する痛烈な批判を展開した。このような「人権」批判は，当時のイギリスの保守主義的傾向によって歓迎されたが，これに対して真っ向から反対して，最初に『人間の権利の擁護』（1790年）を書いたのが，『女性の権利の擁護』を著したことで有名なメアリ・ウルストンクラフトである。

　中産階級出身のメアリ・ウルストンクラフトは，ロンドンに出て女子教育等に関して研究する際，バークの人権批判に反対して『人間の権利の擁護』を執筆した。さらに2年後に『女性の権利の擁護』を執筆し，当時の女子教育論を批判した。彼女は，女性が束縛に従うように強いられてきた習慣や教育の欠如・偏見を見破り，男女共学による女子教育の構想を具体的に提示した。彼女の議論は当時では殆ど反響がなかったが，英米で女性参政権が獲得された20世紀前半に彼女の再評価がおこり女性解放思想史上で高く評価されることになった。

反面，近代合理主義の立場に含まれていた限界（一貫して「理性の覚醒」を追求し，女性の解放には理性の進歩・教育の徹底と理性にもとづく社会改革が必要であることを主張したが，近代市民社会における女性の従属とその労働の搾取という本質についての認識を欠いていた），ブルジョア女性解放論の限界（女性解放の論理や原動力を中産階級のなかに求め，性差別と階級差別の二重性の問題に到達していなかった）などの限界が指摘される。

④　ルクレシア・モット，エリザベス・スタントンと「女性の所信宣言」

アメリカ大陸では 17 世紀初頭からイギリス人によって開拓が始まり，女性と奴隷が上陸し始めた。以来アメリカでは，女性は労働力とその再生産のためになくてはならない存在であったが，家庭内ではイギリスの状況と同様に家父長的支配が強かった。1776 年のアメリカ独立宣言やヴァージニア州人権宣言などでも，すべての人間の自然権が保障され，普遍的な「人権」が宣言されたが，実際には人身売買された黒人奴隷や女性は無権利状態にあり，アメリカの近代革命は，専ら白人男性の権利を保障したにすぎなかった。

これに対して，1830 年代から，奴隷制の撤廃を掲げる女性の結社が作られ，女性と奴隷の解放を結びつける運動が展開された。西部出身のクェーカー教徒ルクレシア・モットは，メアリ・ウルストンクラフトの影響をうけて，エリザベス・スタントンとともに，1848 年ニューヨーク州の革新的な工業都市セネカ・フォールズで「女性の権利獲得のための集会」を開き，「女性の所信宣言（Declaration of Sentiment）」を発表した。

「女性の所信宣言」は，「独立宣言」の文言を踏襲して起草され，専制君主ジョージ 1 世の悪業を列挙した部分の主語をすべて「男性」に改めて，女性の権利侵害を告発した。さらにセネカ・フォールズ大会では，12 項目にわたる決議文を採択し，女性参政権も要求した。その後，女性参政権運動が本格化して憲法修正案が連邦議会に出されるのは，南北戦争を経た 1868 年，アメリカ合衆国で男女平等な普通選挙権が実現するのは，1920 年のことである。

⑤　J. S. ミルと女性参政権論運動の展開

一方，イギリスでは，1866 年にジョン・スチュワート・ミルが議会に女性参政権実現の請願を提出していた。彼は，当時の女性参政権反対論に対して，逐一反論を試みる形で女性参政権実現のメリットを説いたが，フランス革命期のコンドルセと同様に，上流階級の女性を念頭において女性の政治的能力を認

めようとした。さらに，性別役割分業論を前提としていたことなどにも限界が認められる。

実際，ミルが 1869 年に出版した『女性の隷従』（邦訳名は『女性の解放』）は，両性間の不平等（女性の男性への従属）の不当性を明らかにして女性解放の指針を提示したことで後世に多大な影響を与えたが，男女の性別役割分担と家庭内の男性支配を前提とした議論を展開し，女性の特性を認めた点などに限界があった。

議会外では，女性参政権論議が盛んになり，ミリセット・G. フォーセットなどを中心に「女性参政権協会」などの結社が各地で組織された。第 1 次大戦後の 1918 年に，第 4 次選挙法改正によって「30 歳以上」の制限付の女性参政権が認められたのち，1927 年にようやく 21 歳以上の男女同等な選挙権・被選挙権を認める改正案が可決され，翌 28 年に第 5 次選挙法改正として男女の完全な普通選挙制が施行された。

⑥ サン＝シモン，フーリエ，ルイーズ・ミッシェル

19 世紀のフランスでは，産業革命の本格化と労働者の抑圧，階級意識の萌芽が認められた 1830 年代以降，男子普通選挙権や女性の諸権利の要求が展開された。1848 年の二月革命前夜には，空想的社会主義者によって社会問題がとりあげられ，シャルル・フーリエ，アンリ・ドゥ・サン＝シモンなどの初期社会主義フェミニズム思想が形成された。サン＝シモン主義の影響を受けていたフローラ・トリスタンも，すべての働く男女の完全な平等と女性の権利を主張したが，性別役割分業論の枠を出なかった点にも限界があった。

その後，1871 年のパリ・コミューン期に，労働者の政府を確立するための社会主義運動のなかで，ルイーズ・ミッシェルらが女性同盟等を組織して闘った。彼女らは，コミューン評議会に対して孤児院や女子専門学校の設立等を要求し，男女同権を戦闘のなかで身をもって示そうとした。

しかしフランスでは，ナポレオン民法典の「夫権」が廃止されて妻の法的能力が認められたのは 1938 年のことにすぎない。女性の参政権についても，1870 年代からユベルチーヌ・オークレールらの活躍によって運動の組織化が図られたが，その実現は第 2 次大戦後まで待たなければならなかった。

2 フェミニズム（理論・運動）の歴史 ●————————————●

（1） 第一波フェミニズム

上記の展開は，フェミニズムの観点からみると，第一波フェミニズムに含まれる。このうち，①～⑤はリベラル・フェミニズムの潮流，⑥は社会主義フェミニズムにつながってゆく。

1） リベラル・フェミニズム（男性なみ平等・権利の要求）

18世紀のオランプ・ドゥ・グージュやメアリ・ウルストンクラフト以来，19世紀を通じて女性の権利を求める思想や運動が展開された。これらの自由主義的な女権拡張論は，いずれも国家に対して，男性と同等の女性の権利を要求した点で，リベラル・フェミニズムの潮流のなかに位置づけられる。ただし第一波フェミニズムという場合には，フェミニズムという用法や観念が成立した後を意味することから，一般には，アメリカではセネカ・フォールズ大会以降，イギリスではジョン・スチュワート・ミル以降を対象とし，総じて，19世紀後半から20世紀前半にかけての女性の権利要求に関して構築された女性解放理論や女性の権利要求運動としてこれを定義している。この時期には，性別役割分業や女性の特性論，さらには女性差別を生み出す社会・経済的要因について十分な理論的検討を行うことなく，男性と同等の権利を要求した点で，大きな限界を伴っていた。そこで20世紀後半には，これらの点について修正を施しつつ，第二波フェミニズムの諸潮流が有力となった。

2） 社会主義フェミニズム

女性解放の理論を社会主義的な体制変革と結びつけたのが社会主義フェミニズムである。カール・マルクスは，1944年の『ユダヤ人問題によせて』のなかで，フランスの人権宣言のブルジョワ性を鋭く批判し，資本論において，女性労働者の搾取問題を説くとともに，ドイツイデオロギーの中で，家族の廃止論などを提示した。

ドイツでは，1879年にアウグスト・ベーベルが『女性と社会主義』（邦訳『婦人論』）を著し，ついで1884年にフリードリヒ・エンゲルスが『家族，私有財産，国家の起源』を著して，いわゆる社会主義フェミニズムの理論が築かれた。ベーベルが，プロレタリア女性の二重の従属の構造を明らかにして，労働者の解放と体制の変革による女性の解放を説き，エンゲルスが，家父長制家

族の解消と家事労働の社会化の課題を理論化するなかで，社会主義革命による女性解放の実現が叫ばれたのである。ベーベル自身も 1895 年には議会で男女同権を要求し，第 1 次大戦後のワイマール憲法によって女性の選挙権などが憲法上の保障を得ることになった。社会主義による女性解放は，1919 年のベルリン蜂起の失敗，ローザ・ルクセンブルグらの弾圧によってドイツでは実現をみず，ソビエト連邦など社会主義国で実践されてゆくことになる。

　実際，1917 年のロシア 10 月革命の成果として成立した 1918 年憲法等の諸法制では，「社会主義的基本権」が保障された。とくに生産労働に従事する勤労女性と家事労働に従事する女性には，労働資格者として選挙権・被選挙権や種々の経済的諸権利が保障されることになった。さらに 10 月革命直後の家族制度改革は，婚姻の世俗化と自由意思の原則，夫婦の平等，離婚の自由化などを断行し，ロシア社会で温存されてきた強固な家父長制を変革することを企図した。このような新たな社会主義的改革としての家族制度改革は，マルクス，エンゲルスのプロレタリア家族観やベーベルの家事労働社会化構想に依拠して，コロンタイらが実践した。続く 1936 年ソ連憲法でも，女性に対して男性と平等な労働・賃金・休息・社会保障および教育に対する権利が与えられること，母と子の利益が国家的に保護されること等が詳細に定められた。しかし，これらの規定とは別に，スターリン体制のもとで家族制度が強化され，1930 年代後半から家族が国家の統制下におかれるようになった。人工妊娠中絶は禁止され，1944 年の婚姻・家族法によって離婚事由も制限されて，婚姻観や家族観も転換した。実際には，社会主義革命以前のいわば半封建社会の〔前近代型〕家父長制の遺物と男性の意識変革の欠如によって，事実上の男女不平等が残存することにもなった。その後の第 2 次大戦後の展開のなかで，欧米のいわゆるラディカル・フェミニズムが意識変革の課題を強調してくる背景には，体制変革を意識変革に先行させた社会主義国での実態に対する批判があった。

（2）第二波フェミニズム（1960 年代後半以降）

　フランスでは，1949 年にボーヴォワールの『第二の性』が刊行され，歴史上一貫して，男性によって，女性が他者として，「第二の性」にされてきたことが明らかにされた。「女性は女性として生まれるのではなく，女として作られる」ことが指摘され，実存主義哲学のアンガージュマン（人間社会への投企）

によって女性が自立すべきことが主張された。この流れが，1960年代後半以降の女性解放運動（MLF）にひきつがれ，クリスチーヌ・デルフィーらのフェミニズム運動につながっていった。

　一方，アメリカでは，1963年に出版されたベティ・フリーダンの『フェミニン・ミスティーク』（女らしさの神話，邦題『新しい女性の創造』）が，性別役割分業を批判し，ウーマン・リブの火付け役となった。フリーダンは1966年に全米女性機構（NOW）を組織し，初代会長となって，アメリカのフェミニズムの進展に貢献した。この理論は決して新しいものではなく，リベラル・フェミニズムの枠内にあったが，従来のそれが，男並み平等の要求に終始したのに対して，ここでは，女性の自立がめざされた（フェミニズムの主要な著作については，江原由美子＝金井淑子編・後掲『フェミニズムの名著50』参照）。

1）ラディカル・フェミニズム

　全米女性機構（NOW）の運動が拡大するにつれて，他方で1968年の反体制運動に参加していた女性たちを中心に，よりラディカルな運動が進められた。ラディカル・フェミニズムは，女性の抑圧を，女性の性ゆえに，劣った階層として区分する根本的な政治抑圧と解し，社会システムとしての女性抑圧，すなわち性支配の構造を暴露し，根底的な改革をめざした。ファイアーストーンは，男性主義の左翼運動から分離して，男性優越の意識の改革を迫るという，意識改革を重視した。そこでは，近代的核家族や社会の男女関係の中になお存在する男性優位主義・性支配の構造を「家父長制」の言葉で呼んで，階級抑圧以上に本質的な社会的抑圧形態であることを主張した。また，もうひとつの問題として，これまでタブー視されてきた性の問題にメスを入れ，女性の自己決定権を理論化して人工妊娠中絶の自由化キャンペーンを展開した。ジュリエット・ミッチエルの「女性論──もっとも長い革命」も女性抑圧の原因を，生産・再生産・セクシュアリティ・育児の４つの面から分析した。

　さらに1970年に刊行されたケイト・ミレットの『性の政治学』は，１つの集団が他を支配するとき，そこに政治がある，として，権力関係としての男女関係を明らかにした。「個人的なことは，政治的である」というスローガンに示されるように，家族間の個人的な関係は，実は政治的な支配構造の一環でもあることを明らかにした。

　ラディカル・フェミニズムは，家父長制と性支配を問題にして，中立にみえ

るシティズンシップ等の概念が実は深くジェンダーと結びついていたことを示すとともに，公私二元論による公的領域重視について批判を加えた。ここでは，正義が存在するのは公的領域のみで私的領域の家族には平等を含まないとする考えや，平等を形式的に捉える普遍主義・平等主義，さらに問題を能力に還元して差異の根源をみない能力主義などのもとで，女性が二級市民として序列化されたことを批判した。

2) マルクス主義フェミニズム

マルクス主義フェミニズムは，家父長制等に関するラディカル・フェミニズムの理論とマルクス主義を結合させて，公私分離の結果隠されてきた女性の抑圧構造を，家事労働の発見やアンペイド・ワークの批判によって理論化しようとした。

アメリカでは，ハイジ・ハートマン（『マルクス主義とフェミニズムの不幸な結婚』の著者）や，ナタリー・ソコロフ（『お金と愛情の間』の著者）などの理論が，二元的マルクス主義フェミニズムといわれて支持を広げた。これは，家父長制と資本制を相互に独立した2つの（並列的な）制度として位置づけつつ，史的唯物論の方法を援用して，女性の解放の方向性をこの2つの関係に求めた。1980年代以降は，ハートマンらの二元主義を批判して，明確にマルクス主義とフェミニズムの統一に求める潮流が出始める。アイリス・ヤングが，マルクス主義とラディカル・フェミニズムを踏まえて，資本主義的家父長制を女性抑圧の中心的特長とする単一のシステムと理解した。とくに，家事が労働であることから，史的唯物論にしたがって女性抑圧の物質的基盤を明らかにするものとして家事労働論争を展開し，「家父長的搾取」の形態として位置づけた。

3) ポストモダン・フェミニズムほか

このほか，レズビアニズムの一形態であるレズビアン・フェミニズムや，エコロジーと結合させたエコロジカル・フェミニズム，多文化主義・差異主義の潮流を基礎に女性の差異や文化的特色を強調しようとするカルチュラル・フェミニズムなどがある。

また，ポストモダンの主張と結びついてポストモダン・フェミニズムが登場した。この立場は，フランスの精神分析派フェミニズムの流れに属し，バトラーなど，レズビアン・フェミニズムがその一翼を担った。さらに，スーザン・ヘックマンが『ジェンダーと知』のなかで，現代思想のポスト構造主義や

ポストモダン・フェミニズムの中心を「近代知の二項対立パラダイム批判」に
おく議論を展開した。その背後には，第一波フェミニズムが依拠していた男性
中心主義的な理論パラダイムに対する批判と，男女の差異に注目したパラダイ
ム転換への要請があった。

　以上のような，第二波フェミニズムの諸理論は，第一波フェミニズムで見落
とされていた私的領域における家父長制や性支配の構造を重視しつつ，リベラ
リズム批判・普遍主義批判や近代主義批判，近代人権論批判を展開してきた。

　実際，近代的な人権の観念は，近代国民国家形成の過程において，諸個人の
差異を捨象して強引に抽象的人間像を前提として確立した形而上学的なフィク
ションである以上，個人間の差異や文化の多様性などが明らかになり，人権か
ら排除されてきた女性やマイノリティーなどから批判をうけることは必然的な
結果であった。第二波フェミニズムからの近代人権批判についても，マルクス
主義フェミニズムは，ブルジョア的人権を否定するマルクス主義を基礎におく
以上，また，ポストモダン・フェミニズムは，反近代主義を標榜する以上，近
代人権批判に到達したことも，一面では当然のことといえる。

　第二波フェミニズムは，国家と個人の二極対立構造に対する批判，さらに公
私二分論批判，シティズンシップ論批判でも重要な問題を提起した。すなわち，
従来のシティズンシップ論にはジェンダーの視点が欠落しているとして，女性
の特性を強調し，差異化されたジェンダー，性別に応じた社会・政治参加，多
元主義を主張する女性中心のフェミニズム理論（woman-centered feminism）が，
差異化されたシティズンシップ（gender-differentiated citizenship）論と結合し
て従来の理論を批判したことが特徴的である。近代の人権原理や国民主権原理
に対するフェミニズムからの批判は，今日の法哲学や憲法学にも大きな影響を
与えている。

（3）　第三波フェミニズム

　第二波フェミニズムの潮流の中で，ポストモダン・フェミニズムは，社会
的・文化的性差としてジェンダーを捉える議論が生物学的性差（セックス）を
所与のものとして扱い，それさえも社会的に構築された点を看過したことを批
判するに至った。ジュディス・バトラーは『ジェンダー・トラブル』のなかで
「ジェンダー・アイデンティティは存在しない。アイデンティティは，その結

果だと考えられる『表象』によって，まさにパフォーマティヴに構成されるものである」（ジュディス・バトラー［竹村和子訳］『ジェンダー・トラブル』青土社，1999年，58-59頁）と主張して，既存の男性・女性の二分論やアイデンティティ論を批判し，アイデンティティが多様であるべきことを主張した。

　このような議論は，フェミニズムにおける女性アイデンティティそのものを批判し，第二波フェミニズムによって発見されたジェンダーの視点をも疑問視することにつながった。それゆえ，レズビアン・フェミニズムを基礎とするバトラーなどの異論によって，従来のフェミニズム論が根底から批判を受けている現状をさして「第三波フェミニズム」や「ポスト・フェミニズム」のことばも出現した。もっとも，「ポスト・フェミニズム」は，「フェミニズムは終わった」とする反フェミニズムの主張であり，これをフェミニズムの中に含めることが妥当でないことからすれば，「第三波フェミニズム」という用法のほうが，まだしもふさわしいであろう（竹村和子編『"ポスト"フェミニズム』作品社，2003年1頁以下，竹村『フェミニズム』岩波書店，2000年，18-46頁参照）。

3　女性の権利の展開 ●━━━━━━━━━━━━━━━━━━━━●

（1）　西欧近代の女性の権利排除論

　以上のように，フランス革命期などの近代的人権確立期に女性の権利が排除され，その後も長期にわたって排斥され続けた。その理由については，歴史学・社会学等の成果をふまえた検討が必要となるが，ここでは，性差別と階級差別という「二重の差別」の上に，さらに「人」の権利を認めても「市民」の権利（公民権）は認めないという形での女性の排除（いわば「公民権差別」）が加わっていた点が確認できる。そして女性の権利排除の正当化理由として，①男女の生物学的性差，②女性の特性，③社会的分業（性別役割分業）論の3つが存在し，とくに特性論と性別役割分業論がジェンダーについてのステレオ・タイプ（固定観念）やジェンダー・バイアス（偏見）を醸成し，不合理な性差別を生産・維持させてきた。

　一方，先駆的な女権解放思想やフェミニズム論（第一波フェミニズムとりわけリベラル・フェミニズム）の側でも，特性論と性別役割分業を克服する議論が欠落し，資本制と家父長制のもとでの女性の従属と性支配構造に関する理解が

欠如していた。男性と同等の権利を要求する際に論拠とした近代的な「人権の普遍性」論の限界についての構造的・歴史的分析を欠き，それを克服する論理を提示できなかった。運動の面では，イデオローグ，リーダーの欠如など組織面での限界，他の社会運動・左翼政党との連帯の欠如が指摘される。また，背景的要因として，教育・慣習・宗教・家族制度・民法の影響などが指摘できる。18 世紀末の女性の権利宣言から 1946 年の女性参政権実現まで 150 年以上を要したフランスと，相対的に早期（20 世紀初頭）にこれを実現しえた北欧諸国での展開を比較検討すれば，女子教育の発達程度やリーダーの存在，男性の社会運動との連帯の有無など，女性の権利実現を左右した要因の重要性が浮かびあがる。

（2） 日本における女性の権利要求と排除論

　日本でも，自由民権期にフランス人権宣言等が翻訳・紹介され，自然権思想をもとにした天賦人権説のもとで男女平等論が導かれていた。当時の福沢諭吉や森有礼，植木枝盛などの議論が注目されるが，とくに植木は，1879 年に「男女平等ニ就キテノ事」を著し，土佐の『土陽新聞』に連載した「男女平等論」では女性の被選挙権も要求していた 。これに対して，明治政府は市町村制（1888 年）・集会及政社法（1890 年）・治安警察法（1900 年）等によって女性の参政権と政談演説の傍聴・主催，政党加入等を禁止した。

　大正デモクラシー期には，平塚らいてう・市川房枝ら新婦人協会等の運動によって治安警察法改正法案が衆議院を通過したが，1921 年 3 月 26 日貴族院で否決された。その時否決に導いた藤村男爵の演説は，「それ〔婦人参政権〕は生理的から申しても心理的から申しても自然の理法に反して居る。……政治上の運動……は，女子の本分ではない。女子の本分は家庭にある」という，女性の特性論と天職論・性別役割分業論であった 。また，1930 年の婦人公民権案審議の場面でも，当時の反対論は，知的・体力的・道徳的不平等などの男女不平等論と天職論，実益論であった。さらに，賛成論のなかに，女性に選挙権を与えると「女子が家庭を疎かにして政治運動の為に飛び廻るかの如く考へる誤解」があるが「性能の根本問題に憂い抱くことは全く杞憂である」とする女性の家庭責任・役割分担を前提にした議論があったことは，コンドルセやミルの場合と同様であった。

　このように瞥見しただけでも，西欧と日本の女性の権利排除論のなかに一定の共通性（普遍的要素）が認められる。反面，儒教精神にもとづく封建的男尊女卑思想や天皇を頂点とする家長制国体論という，日本の特殊性も検討しておかなければならない。先の藤村演説が「我国の固有の伝説，習慣及び歴史」や「我国の社会組織の基礎である所の家族制度」に言及していたように，日本では女性の参政権が「日本古来の淳風美俗である家族制度」を破壊するという議論があった。西欧では女性の特性論や性別役割分業論が基調であったのに対して，日本では，天皇制と結びついた家父長的家族制度の維持が前面に出てくることが特徴的である。

　その後，日本国憲法14条・24条の両性平等の精神が一般化した20世紀後半でさえ，女性の特性論や役割分業論を前提にした議論が根強い。例えば，「マドンナ」現象と騒がれた1989〜90年にも，野党の女性候補者・議員がことさら性別を強調し，「大根の値段のわかる政治家」「主婦感覚のシロウト議員」をめざしたことは，一方では政治を身近なものにするために役立った反面，議会政治のなかに「男は権力，女は生活」という性別役割分担を持ち込む議論であった。これはいわば「主婦議員の陥穽」であり，女性の政治参画を補助的・二次的なものに留める点で，重大な限界が隠されていた。

（3）　国連の取組み──女性差別撤廃から「女性の人権」へ
1）　女性差別撤廃条約の意義
　国連では，1945年10月発効の国連憲章で男女平等と女性の権利保障への決意を示した後，1946年に「婦人の地位委員会」を設置し，1967年に「女性差別撤廃宣言」を発した。ついで強力な包括的条約の制定を決議して1979年に「女性に対するあらゆる形態の差別撤廃に関する条約（女性差別撤廃条約）」を採択した。

　前文と30カ条からなる女性差別撤廃条約は，国連憲章から女性差別撤廃宣言までの一般的な性差別禁止の表明とは異なる多大な意義をもっていた 。ここでは，とくに重要な点として次の4つの意義を指摘することができる。

　①　第1に，性差別の本質や性差別撤廃の方策についての広範でかつ厳格な視野にたった「包括的・体系的な」性差別禁止条約となっていることである。そして，性差別の定義・例外や性差別撤廃の射程・方法等について，以下のよ

うな視点を明示している。

(ⅰ) 性差別の定義については，「性に基づく区別，排除又は制限であって，政治的，経済的，社会的，文化的，市民的その他のいかなる分野においても，女性（婚姻しているかいなかを問わない）が男女の平等を基礎として人権及び基本的自由を認識し，享有し又は行使することを害し又は無効にする効果又は目的を有するものをいう」（1条）として，広範な理解を前提にしている。また，「締約国が男女の事実上の平等を促進することを目的とする暫定的な特別措置をとることは，この条約に定義する差別と解してはならない」（4条1前段）として，ポジティヴ・アクションなどの「暫定的特別措置」を許容する立場を明らかにしたことが，重要な特徴である。同時に「締約国が母性を保護すること（protecting maternity）を目的とする特別措置（この条約に規定する措置を含む）をとることは，差別と解してはならない」（4条2）として，母性保護を差別と区別する視点を明確にしている。この母性保護をいわゆる女性保護として拡大するか否かについては，「保護か平等か」という論点として各国でも議論がある。本条約の審議過程でも，広く保護を主張するソ連や東ドイツ（いずれも当時）と，母性保護に限定しようとするアメリカや西ドイツなどとの間での激しいやりとりを経て原案が承認された経過があった。

(ⅱ) 性差別撤廃のための措置について「あらゆる形態の差別」が対象とされ，差別の主体が，国や公的機関にとどまらず，個人や団体・企業など社会的権力も含めて，私人間の差別にまで拡大されている（2条e）。

(ⅲ) 差別の形態として，法律や規則だけでなく慣習・慣行をも射程にいれており，法律上の平等のみならず，事実上の平等をめざしている（同条f）。

(ⅳ) 性差別の根源および差別撤廃の条件についての認識として，「社会及び家庭における男性の伝統的役割を女性の役割とともに変更することが男女の完全な平等の達成に必要であること」（前文14段），「両性いずれかの劣等性，若しくは優越性の観念又は男女の定型化された役割（stereotyped roles）に基づく偏見及び慣習その他あらゆる慣行の撤廃を実現するため，男女の社会的及び文化的な行動様式を修正すること」（5条a）を明確にした。これにより，いわゆる性別役割分担論の克服，およびそれによる事実上の平等確保等の課題を明示した。

20

② 第2に，国連憲章以後の従来の文書が人権の普遍性の承認を前提として性差別の撤廃の課題を追求してきたことを踏襲しつつ，女性の権利確立の観点を一層明確にしたことである。これは，単なる男女平等・性差別撤廃という目的をこえて，より具体的に，（男性と平等な条件で）政治的・経済的・社会的活動における諸権利を女性に対して明瞭な形で保障したことに示される。例えば，「国籍の取得，変更及び保持に関する権利」と「子の国籍に関する権利（rights to the nationality of their children）」（9条），「すべての人間の奪い得ない権利としての労働の権利」や「同一の機会均等についての権利」「職業を自由に選択する権利」（11条）などの多くの権利が女性の権利として列挙された。さらに，男性と同等ないし平等な権利（equal rights with men）という観点だけでなく，男性と同一の権利（same rights）として，これらの雇用上の諸権利や，教育に関する諸権利，婚姻・家族関係における諸権利が明示されたことは，女性の権利の歴史的展開からしても重要な意義をもつ。例えば，「婚姻中及び婚姻解消の際の同一の権利」「子に関する事項についての親としての同一の権利」「子の数及び出産の感覚を自由にかつ責任をもって決定する同一の権利」「夫及び妻の同一の個人的権利（姓及び職業を選択する権利を含む）」（16条）等が女性ないし妻の個人的権利として列挙されたこと，とくにファミリー・ネームを選択する権利（right to choose a family name）などに言及されたことは，きわめて大きな意義をもつ。

③ 第3に，男女平等の促進と男女の権利の享有の目標を達成するための条件として，前文で，アパルトヘイトや植民地主義等の根絶や軍備縮小等，広義の「平和」の必要性が強調され，平和と人権（ないし男女平等，女性の人権）との相互依存関係について，従来の国際文書を超える広い視野にたった認識が示された点があげられる。これは，国際女性年の「平等・発展（開発）・平和」という目標をふまえたもので，1985年「ナイロビ将来戦略」での平和と開発をめぐる提言につながってゆく。

④ 第4に，女性差別撤廃の実効性を担保のための措置として，国家報告制度（締約国から国連への報告義務）（18条），女性差別撤廃委員会の設置と勧告制度（17条・19条〜22条）が定められ，さらに条約の国内的適用を義務づけるために，締約国が「必要な措置をとることを約束する」とした（24条）。これらは，女性差別撤廃宣言等と比較した場合には，実効性を高めるための有効な措

置といえるが，従来の国際人権条約のなかで強化されつつあった他の措置，例えば，国際人権規約で採用された個人通報制度などが明確にされなかった点は，限界として認めざるをえない。

2） 選択議定書

そこで実効性を高めるために個人通報制度と調査制度の導入を主要な内容とする選択議定書が1999年10月国連総会で採択され，2000年12月に発効した。女性差別撤廃条約には，2016年3月現在189カ国という多くの国が締約国となって，その運用を監視してきた。また，選択議定書には，2016年3月現在で106カ国が署名している。日本は，条約には1980年に署名し，1985年に批准したが，選択議定書には，まだ署名も批准もしていない。

（4） 世界人権会議・女性会議の展開
―差別撤廃から「女性の人権」・女性政策へ

国際女性年の最終年にあたる1985年の世界女性会議で「西暦2000年に向けての女性の地位向上のためのナイロビ将来戦略」という詳細な綱領が採択されたが，しだいに私的領域での女性への暴力など「女性の人権」侵害が問題となった。折しも1993年ウィーンでの世界人権会議が開催されるにあたり，議題に女性の人権問題を加えるように「女性の権利は人権である（Women's rights are human rights）」というスローガンが掲げられた。このスローガンのもとで，公的・私的生活における女性に対する暴力の撤廃，セクシュアル・ハラスメント，女性の搾取及び売買の根絶，女性にとって有害な伝統的又は因習的な慣行等の根絶等が強調された。その結果，1993年6月の世界人権会議ウィーン宣言のなかに「女性の地位及び人権」という項目が設けられた。さらに同年12月には「女性に対する暴力の撤廃に関する宣言」が採択され，女性に対する暴力が人権侵害であることが再認識された。

1） 北京女性会議

1995年9月北京で開かれた第4回世界女性会議は，政府間会議には190カ国が参加し，NGOフォーラムには3万人を超える参加者が全体会と約5,000のワークショップに参加して，最大規模の世界女性会議となった（日本からも約5,000人が参加した）。女性のエンパワーメントと意思決定過程への完全な参加等が強調され，「北京宣言」と「行動綱領」が採択された。361パラグラフ

からなる膨大な「行動綱領」では，「女性と貧困」，「女性と武力紛争」等12の
重大問題について戦略目標が示され，このうち「女性の人権」の項には，210
〜233の24パラグラフが当てられた。

　その内容は，すでに女性差別撤廃条約やウィーン宣言等で明示されたものの
再確認が殆どであったが，1994年国連人口開発会議（カイロ会議）以降問題と
なったリプロダクティヴ・ライツやセクシュアル・ライツなど，女性の人権論
にとって重要な意味をもつ内容が含まれていた。ここでは従来の男女差別撤廃
（平等）の視点から「女性の人権」確立の視点への転換が明らかにされ，「人権
の普遍性」が前提とされたことが特徴的である。さらに，「女性の人権の分析
及び見直しを確保するために，ILO条約を含む他のすべての人権条約及び文書
の下での報告書に，ジェンダーの側面を加えること」「ジェンダーに配慮した
人権プログラムの開発を奨励すること」など，ジェンダーの視点が強調された。

2）ニューヨーク会議以後

　北京会議の次の大会は，2000年6月に国連本部で，第23回国連特別総会と
して開催された。このニューヨーク女性2000年会議では，「政治宣言および成
果文書」によってこれまでの成果を再確認し，行動綱領（北京綱領）の12の
重要問題領域実施について現状と課題を明らかにした。ここでは性的指向（セ
クシュアル・オリエンテーション），リプロダクティヴ・ライツ／ヘルス等をめ
ぐって，イスラム諸国や一部のカトリック諸国の反対はあったものの，北京綱
領とその後の成果が「成果文書」に収められた。その後，2005年2−3月には
「北京＋10」閣僚級会合がニューヨークで開催されて「女性の地位委員会宣言」
が発せられ，2010年3月に「北京＋15」，2015年3月に「北京＋20」会合が
開催された。

　このように，1975年の国連国際女性年メキシコ会議から，1985年のナイロ
ビ会議・1995年北京での第4回世界女性会議を経てニューヨーク女性2000
年会議，2005年「北京＋10」〜2015年「北京＋20」会合に至った過程に
は，NGOの成果を踏まえた理論面・実践面の進展——女性差別撤廃から「女
性の人権」へ，さらに女性政策・アカウンタビリティーの要求，ジェンダー
の視点へという視座の転換と北京綱領等の実施促進への強い意志——が認めら
れる。それは，1993年のウィーン世界人権会議時の「女性の権利は人権であ
る」というスローガンが，北京会議の際には，「女性の人権のための説明責任

(accountability) を」に変わり，女性2000年会議の周辺では「女性に対する人権協約の実施 (Implementing Human Rights Promises to Women)」が要求されたことにも示されていた。その背景には，国連やEUなどの国際機関が，あらゆる領域における「ジェンダーの主流化 (Gender Mainstreaming)」を実施したことがある。とくに国連では，2010年7月国連総会決議によって，OSAGI（国連ジェンダー問題特別顧問事務所）やUNIFEM（国連女性開発基金）などの4機関を統合してUN Women（United Nations Entity for Gender Equality and Empowerment of Women〔ジェンダー平等と女性のエンパワーメントのための国連機関，国連女性機関〕）を設立してジェンダー平等実現の推進に努めている。日本でも，その国内委員会として「国連ウィメン 日本協会」（旧ユニフェム日本国内委員会，UN Women日本国内委員会から改称）が公式に承認されて活動している。

[参考文献]

天野正子ほか編集『新編日本のフェミニズム10 女性史・ジェンダー史』岩波書店（2009）

江原由美子＝金井淑子編『フェミニズムの名著50』平凡社（2002）

国際女性の地位協会編（編集委員山下泰子＝辻村みよ子＝浅倉むつ子＝戒能民江）『コンメンタール女性差別撤廃条約』尚学社（2010）

辻村みよ子『ジェンダーと人権——歴史と理論から学ぶ』日本評論社（2008）

林陽子編著『女性差別撤廃条約と私たち』信山社（2011）

三成美保ほか編『歴史を読み替える ジェンダーから見た世界史』大月書店（2014）

山下泰子＝辻村みよ子＝浅倉むつ子＝二宮周平＝戒能民江編集『ジェンダー六法（第2版）』信山社（2015）

3 世界各国の男女共同参画政策とポジティヴ・アクション

1 世界各国の男女平等政策の進展 ●━━━━━━━━●

（1） 西欧先進諸国での展開

　国連の女性差別撤廃のための取組みは，各国での条約批准に際して法整備を促した。各国とも，宗教や慣習に基礎づけられた社会全体の性別役割分業論の強固な壁に阻まれて困難があったが，いずれも，政府の強力なリーダーシップで，これを乗り越え，男女共同参画政策を推進している。

　なお，2015年10月に世界経済フォーラムが発表したジェンダー・ギャップ指数（Gender Gap Index: GGI）では，アイスランド，フィンランド，ノルウェー，スウェーデンが上位1～4位を占め，ルワンダ6位，フィリピが7位，ドイツ11位，フランス15位，イギリス15位，アメリカ28位，イタリア41位，日本101位，韓国115位となっている（男女共同参画白書平成28年版38頁，日本につき本書④42頁参照）。

　以下，主要国の展開を概観しておこう。

1）イギリス

　イギリスでは1945年の家族手当法，1967年の妊娠中絶法，1969年の離婚法改正法，1970年の男女同一賃金法などについで，1975年に性差別禁止法が制定され，後二者が雇用を中心とする男女平等二法として機能してきた。また，女性差別撤廃条約批准（1981年）に続いて社会保障法や教育改革法が改正され，1989年には雇用法が制定されて両性平等のための法整備が計られた。

　政治参画の面では，1928年の第5次選挙法改正によって，男女平等な普通選挙権が確立されたが，伝統的に小選挙区制を採用してきたこともあり，女性の議員率は，サッチャー政権下の1980年代前半まで3～4％台にとどまっていた。これに対して，1997年の総選挙では，労働党が，一定の選挙区について「女性のみの候補者リスト政策」を採用した結果，全体で120人（18.2％）の女性議員が選出され，1992年の60人を2倍にするという大きな成果をみた。世界のランキングでも一躍26位となった。その後1996年に上記の「女性のみ

の候補者リスト政策」が性差別禁止法に違反するという判決が下されたことから，イギリス政府は，政党の候補者選定における女性に対するポジティヴ・アクションを可能にする目的で1975年性差別禁止法改正を実施し，2002年2月26日 Sex Discrimination (Election Candidates) Act 2002 を採択した。ここでは，性差別禁止法に定められていた性別による別異取扱の例外規定（スポーツ競技，職業訓練等）に42A条が追加され，2015年までの時限立法によって公職候補者についてのポジティヴ・アクションが合法化され，各政党の女性候補者増加のための特別措置が認められることになった。その後も特別措置を採用した結果，最新の統計では（2016年6月1日現在）29.4%，世界193カ国中48位である（IPU調査結果，http://www.ipu.org/wmn-e/classif.htm 参照）。

　2006年には，包括的な平等法（Equality Act 2006）が制定され，従来の人種平等委員会（the Commission for Racial Equality），機会均等委員会（the Equal Opportunities Commission），障害者の権利委員会（the Disability Rights Commision）が新たに平等と人権委員会に統合されたほか，性的指向による差別禁止等も規定された（The Sexual Orientation Regulations 2006）。

　雇用面では，1990年代初頭には全就業者の42%を女性が占め，女性の出産・育児期の離職も減少して労働力率の「M字型カーブ」を脱することに成功した。しかし当時は，フルタイムの女性労働者の平均賃金は，男性100に対して概ね75，超過勤務分等を含めると66であったため，その後も同一労働同一賃金の原則等の実現に取り組んだ。2003年のフレキシブル・ワーク法や2004年の子育て支援10年戦略等，政府が両立支援策を積極的に展開した結果，就業者に占める女性割合は72.6%（2014年），女性労働者の平均賃金（男性100に対する数値）は82.4%（2014年），管理的職業従事者に占める女性の割合も34.5%（2011年）になり，EUのなかでも北欧やドイツについで高水準を保つようになった（『データブック国際労働比較2016』等参照）。

　さらに，イギリスの性差別禁止法では間接性差別禁止が明記され，判例によって，間接差別禁止の法理が確立されたことが特筆される。間接差別禁止の法理とは，基準が性中立的であるにもかかわらず一方の性に差別が生じている場合に，使用者に対して性差別的効果の有無や正当化理由の有無に関する説明を求めることで差別を是正しようとする考え方である。イギリスでは，性差別禁止法のもとで，身長・体重・体力・年齢等を要件としたりシングル・マザー

の差別をもたらす事例について，機会均等委員会（EOC）ガイドラインを作成
し，訴訟を提起することで，判例理論が確立された。

　2）フランス

　フランスでは，1946年憲法前文で男女同権と家族の保護等を宣言して以
来，社会国家理念にもとづく法改革が促進された。現行の1958年憲法下では，
1965年からの一連の民法改正で1975年に協議離婚制度も確立し，1987年法で
親権の共同行使が保障されるなど，ナポレオン法典以降の民事上の女性差別
法が一掃された。また，1973年の国籍法改正（父母両系主義の導入），1975年
の妊娠中絶自由法制定から1994年の生命倫理法に至る一連の法制化によって
妊娠・出産にまつわる女性の身体の自由と自己決定権が確立された。雇用につ
いても，1971年の男女同一賃金原則確立から公職における差別撤廃（1982年），
労働法改正（男女雇用平等法・1983年），育児休業法制定（1984年），セクシュア
ル・ハラスメト禁止（1992年）など一連の法改革が実現された。

　政治参画の点では，1996年の下院の女性議員率は6.4％（世界166カ国中98
位）と欧州先進国のなかではほぼ最下位に属していたため，1990年代後半に
公職上の男女同数を目指すパリテ要求が高まった。フランスでは，地方議会選
挙の25％クオータ制を憲法違反とする憲法院判決（1982年）があったことか
ら，パリテの導入には憲法改正を余儀なくされた。ジョスパン首相のリーダー
シップにより1999年7月に憲法が改正され，憲法3条5項に「法律は，選挙
によって選出される議員職と公職への男女の平等なアクセスを促進する」，4
条2項に「政党および政治団体は，法律の定める条件にしたがって，第3条最
終項で表明された原則の実施に貢献する」という項目が追加された。

　これをうけて，2000年6月に「公職における男女平等参画促進法」（通称，
パリテparité法）が制定された。この法律では，㋐比例代表（1回投票）制選
挙（上院議員選挙等）では候補者名簿の順位を男女交互にする，㋑比例代表（2
回投票）制選挙（人口3,500人以上の市町村議会議員選挙等）では名簿登載順6
人毎に男女同数とする，㋒小選挙区制選挙（下院議員選挙等）では，候補者数
の男女差が2％を超えた政党・政治団体への公的助成金を減額すること等が
定められた。その結果，女性議員率が，㋑の2001年3月市町村議会選挙では
25.7％から47.5％に，㋐の2001年9月上院議員選挙では6.9％から21.6％
に増えた。㋒の2002月6月下院選挙では，主要政党が女性候補者擁立に消極

的で，女性候補者率 38.9 ％，女性議員率は 12.3 ％（10.9 ％から微増）にとどまり，小選挙区制におけるパリテ原則実施手段の困難性が示された。

しかしその後 2012 年のオランド社会党政権のもとで閣僚の半数に女性が任命されたほか，下院議会の女性議員比率も 26.9 ％となった（2016 年 6 月 1 日現在では，26.2 ％で 193 カ国中 60 位）。最後まで改革が困難であった県議会選挙についても，2013 年 5 月の法改正によって「男女ペア立候補制（パリテ 2 人組小選挙区 2 回投票制）」が導入され，2015 年 3 月の選挙で女性県議会議員比率 50 ％を達成した（辻村『選挙権と国民主権』日本評論社 2015 年 267 頁）。

また，雇用面でも，男女給与平等法が 2006 年 2 月に採択されて私企業の取締役会にも 20 ％クオータ制を導入する規定が盛られた。しかし，憲法院がこれを違憲と判断したことから，2008 年 7 月 23 日の憲法の大改正によって，前述の男女平等参画促進規定のなかに「職業上および社会的な責任において」という文言が追加され，憲法 1 条に移されて，政治のみならず雇用面での男女平等参画促進が憲法上に明示された（フランス憲法改正については，辻村『フランス憲法と現代立憲主義の挑戦』有信堂 2010 年第Ⅱ章，辻村＝糠塚康江『フランス憲法入門』三省堂 2012 年参照）。その後 2011 年の法改正によって女性取締役に 40 ％クオータ制が導入された。これらの各方面での取組みの成果として，世界経済フォーラムの GGI では，2014 年度に前年の 45 位から 16 位に急上昇し，2015 年度には 15 位になった。

3）ド イ ツ

1919 年のワイマール憲法で男女同等の普通選挙権が実現されたドイツでは，この憲法のもとで，婚姻における両性の同権など女性の権利が保障された。第 2 次世界大戦後は，第 1 次世界大戦前の第 1 期女性運動に続く第二波フェミニズム 運動が，他の諸国と同じく 1970 年代から活発となった。ドイツ連邦共和国（西ドイツ）では，家族・職場等における女性の自立を求める運動が多くの法制改革の成果を生んだ。とりわけ 1980 年の雇用における男女同権法や 1986 年の育児休業法等の労働法制の進展によって，女性労働者の地位が欧州で上位に位置するまでになった。

さらに東西ドイツ統一後の 1994 年男女同権法（いわゆる第 2 次男女同権法）では，公的機関における女性の雇用促進のための特別措置を導入しており，多くの州で女性雇用促進計画が実行された。2001 年には連邦平等法が制定され，

とくに行政部門において，ほとんどの州で，男女の人的構成上過少代表である性に属する者のために 50 ％クオータ制が導入されつつある。政治参画の面でも，政党の自発的クオータ制が実施され，2013 年 9 月の下院選挙の結果，女性議員率は 36.5 ％（2016 年 6 月 1 日現在，世界 193 カ国中 26 位），上院（連邦参議院）では，40.6 ％となった。

4）北欧諸国

世界でもっとも女性の社会進出が進んでいるのが北欧諸国である。

(a)　スウェーデンでは，1919 年に 23 歳以上の男女の普通選挙権が実現し，1970 年代から女性の政治参画が進んで長く世界トップの座を占めてきた（2013 年 6 月 1 日現在，女性下院議員率は 44.7 ％，世界 189 カ国中第 4 位である）。閣僚の女性比率も 1994 年に 50 ％となった。女性の就労率も 1960 年代の高度経済成長期から飛躍的に高まり，1992 年には 82.6 ％となった。これらの背景には，1974 年に世界に先駆けて導入した男女平等な育児休暇法による性別役割分業の克服にある。女性差別撤廃条約の審議時にも示されたように，スウェーデンでは，女性に対する保護をいわゆる「母性保護」だけに制限して平等の観点を強める考え方が強く，そのことが雇用平等政策推進の基本原理となった。1991 年に新たな機会均等法が制定され，1995 年に導入されたパパ・クオータ制（父親の育児休暇取得促進のための法的措置で，2002 年以降父親の育児休業期間 60 日）により父親の育児休業取得率は 2002 年に 41.6 ％になった。さらにセクシュアル・ハラスメントの禁止や平等オンブズマン制度の強化がはかられ，2003 年末以来の「女性をトップに」という政府のプロジェクトなどにより，徹底した平等化が推進された。

(b)　ノルウェーでは，1913 年の憲法改正によって 23 歳以上の男女に普通選挙権が与えられ，さらに 2 年後に女性の被選挙権が確立された。その後，1945 年から 1970 年までは概ね 5 ％から 9 ％の女性議員が選出されたが，他の北欧諸国と比較して女性の政治参加がとくに活発であったわけではない。しかし，1960 年代から社会福祉や教育などの政策課題が拡大されるにつれ，女性の公的活動の場面がしだいに拡大し，1970 年代には公務員の過半数が女性になった。1978 年制定（翌年施行，2003・2005 年改正）の男女平等法によって，男女平等オンブッドが設置され，男女平等法が遵守されているかどうかを監視し，職場での差別等について申立てをうける役割が担われた。2005 年に一般会社

法を改正し，2007年12月末までに，株式会社の取締役会の女性比率を40％にするクオータ制の規定を満たすことを義務づけた。賃金格差もしだいに解消して，2005年には，男性を100とした場合の女性の平均賃金も86.8になった。また，1993年に出産休暇の拡大とともにパパ・クオータ制が導入された。これは出産に際して両親に有給（本来の給与の80％）で52週間の休暇（あるいは100％の給与で42週間の休暇）が与えられ，そのうち4週間は父親専用に割り当てられるものである。父親が休暇を取得しない場合，この権利を母親に譲ることはできないため，男性の育児休暇取得率が上昇した（2001年80％）。

政治面では，選挙の候補者名簿等には，強制的クオータ制は採用されていない。ノルウェーでは，少なくとも19に及ぶといわれる多様な政党が存在し，比例代表制が採用されている。とくに社会左翼党・労働党などの左翼政党では任意のクオータ制をすすんで採用して女性の当選を促進したことが今日の高率（2016年6月1日現在39.6％，193カ国中15位），ジェンダー・エンパワーメント指数（GGI 2015年）第2位につながった。さらに，地方議会でも，たえず30〜40％の女性議員が存在するほか，政府における女性の役割も他国の追従を許さないものがある。

(c) フィンランドでは，ノルウェーとともに男女共学制度が早くから普及し，女性の高等教育も進んでいた。1860年代から女性参政権 運動がおこり1863年には地方の自治体で女性選挙権が実現した。1905年の独立運動に多くの女性労働者が参加し，1906年の普通選挙実施に際して24歳以上の女性が男性と同等の選挙権・被選挙権を獲得した。1950年代には10％台であった女性議員比率もしだいに上昇し，2000年以降には女性大統領も輩出して，2015年4月選挙では41.5％（2016年6月1日現在，193カ国中第10位），GGI（2015年）も第3位になった。その背景には，フィンランドにおける女子教育の水準やジェンダー平等意識の高さがあった。このことは1930年代初頭においてすでに大学生の32％を女性が占めていたことにも示されるが，男女平等法制定以後，男女平等教育が積極的に推進されたことも大きく作用したといえよう。

(d) デンマークでも，1871年に女性参政権運動団体が創設され，1888年には女性地方選挙権について下院を通過した（上院で否決）。この年にスカンジナビア女性大会がコペンハーゲンで開催されたのを機に，しだいに女性の事業への進出が進み，1908年に地方自治体の選挙権，1915年に25歳以上の男女に国

政選挙権・被選挙権が認められた。2015年6月選挙の結果，女性議員率37.4％（2016年6月1日現在，193カ国中第21位）となっている。デンマークでは，すでに特別措置は不要であるとして1996年にクオータ制の導入が廃止されたことが注目される。

（2）アメリカ合衆国

　アメリカでは，女性参政権を認めた合衆国憲法第19修正が36州の批准を得て1920年に発効した。その後，NWP（National Woman's Party）などの団体が各州法上の女性の諸権利の確立や両性平等法の確立をめざした。1960年代初頭からの公民権運動の成果として，1963年の同一賃金法，1964年の公民権法第7篇によって差別的諸規定が是正された。公民権法第7篇は，賃金以外のあらゆる雇用上の性・人種・宗教・国籍等の差別をなくすことを目的とし，雇用機会均等委員会（EEOC）を設置してその実効性を担保しようとした（1972年に権限強化のための改正が行われ，1978年には，妊娠・出産による差別も性差別になることが明らかにされた）。

　1960年代後半には，人工妊娠中絶の自由化や雇用機会均等などをめざしてウーマン・リブ運動が展開され，ラディカル・フェミニズムが台頭した。1972年には連邦憲法第27修正案として「法の下の権利の平等は，性別を理由として，合衆国または州により拒否または制限されてはならない」とするERA（Equal Rights Amendment）が採択されたが，必要な38州の批准が得られずに未成立に終わった。その背景には，離婚増加による家庭崩壊に対する反動的機運や人工妊娠中絶反対運動の展開があった。

　その後，1991年に公民権法が改正されて新公民権法とよばれる法制度が成立した。これによって差別禁止が徹底され，男女別ではなく一見中立的な基準が間接的に性差別にあたる場合が明示され，人種差別事件に適用される懲罰的な賠償金支払いが企業の性差別事件についても認められるようになった。また，「不利益効果の法理（disparate impact theory）」が合衆国裁判所判例のなかで確立されたことも間接差別禁止法理の確立にとって功を奏した。職場でのセクシュアル・ハラスメントに対する公民権法の救済やアファーマティヴ・アクション（AA）の採用も定着した。とくに公民権法第7篇706条では，違法な雇用行為に対する救済のために，適切なAAを命ずることができるものとし，

大統領命令 11246 号も，政府の下請企業の雇用差別をなくすために AA を講じることを明示した。しかし，それにもかかわらず，なお厳しい現実も認めざるをえない。例えば，女性の政治参加についてみれば，2014 年 11 月選挙の結果，女性下院議員率は 19.4 ％（2016 年 6 月 1 日現在 193 カ国中 96 位），上院でも 20.0 ％である。選挙制度が小選挙区制であり，比例代表制におけるクオータ制導入などの可能性がないことにも原因があるが，ここには，性差別にくわえて人種差別・階級差別が存在するために黒人女性が三重の差別を被っている，という複合差別問題の深刻さが示されているといえよう。ただし，2008 年 11 月の大統領選挙の指名選挙で善戦した民主党のヒラリー・クリントン氏が国務長官に任命され，2016 年には指名選挙で勝利して合衆国初の女性大統領誕生の道筋をつけるなど，女性の参画が促進された。

これに対して，家庭面では性別役割分担意識などの課題が残り，婚姻・離婚の自由が保障された結果，世界で最も離婚率が高い国になった。女性の自立や社会的進出が進んだ反面，離婚女性や単親家族の貧困と社会保障の課題が生じており，ドメスティック・ヴァイオレンスやレイプなどの性暴力問題が「9・11」（2001 年）以降とくに深刻となったことも指摘されている。女性の就業率は 46.9 ％（2014 年），管理職に占める女性割合は 43.7 ％と世界でもトップクラスになっているが，男女間の賃金格差（男性を 100 とした場合の女性の平均賃金の比率）は 82.4 と高いものの，スウェーデン（88.0）やフランス（84.9）よりは下回っているのが現状である（日本は 72.2，本書 ⑦ 83 頁参照）。

（3）アジア・アフリカ・中南米諸国

20 世紀後半の男女共同参画の展開は，アジア・アフリカ・中南米諸国などのいわゆる新興国において顕著である。世界の議会（両院）の女性議員比率平均は 2016 年 6 月 1 日現在 22.7 ％であるのに対して，アジア平均は 18.3 ％で平均をやや下回り，アフリカは 22.9 ％でほぼ平均である（IPU 調査結果。http://www.ipu.org/wmn-e/world.htm 参照）。太平洋地域（16.0 ％）とアラブ諸国（17.5 ％），とくに日本が平均を引き下げているのが現状である。世界ランキングについても，これらの新興国が上位 30 カ国中に 170 カ国がランク入りしており，過半数を占めている。これらはいずれも，クオータ制などを導入した成果である（詳細は，本書 ⑥ 73 頁以下参照）。

1）中華人民共和国

　中国では，1949 年 10 月の中華人民共和国成立，1954 年憲法施行によって社会主義国家の建設がめざされ，1950 年には婚姻法が制定されて封建的家族制度の一掃が企図された。その後，この 1950 年婚姻法は 1980 年に廃止されて新たな「中華人民共和国婚姻法」が採択された（婚姻の自由，一夫一婦制，両性平等などの原則に加えて，国家の保護と管理，第二子の抑制，多子の禁止・処罰など一人っ子政策が定められたが，2015 年 10 月に一人っ子政策は廃止された）。

　雇用面では，1978 年憲法が男女同一賃金原則を明示し，1982 年憲法が女性幹部の育成に関する規定をおいて，女性労働の保護を推進した結果，就業人口が 43.7 ％，労働能力ある女性の 80 ％が就労している状態になり，日本のようなＭ字型とは異なって完全な台形を描いている。1995 年の世界女性会議後は，1995 年の「中国女性発展要綱」，2001 年の「中国女性発展要綱（2001 年～2010 年），「婚姻法」改正（ドメスティック・ヴァイオレンスの禁止を明示，DV を離婚原因に追加），2004 年中華人民共和国憲法改正（「国家は人権を尊重し，保障する」と人権条項を補強），2005 年「女性の権利・利益の保護に関する法律」改正など，女性差別撤廃条約の遵守，北京行動綱領実現の取組みを強化した。

　政治参加についても，全国人民代表大会における女性の比率は 2013 年 3 月選挙の結果 23.6 ％（2016 年 6 月 1 日現在，193 カ国中 71 位）であり，アジア地域の平均を上回る水準を保っている。

2）大 韓 民 国

　1945 年の解放後の南北分立を経て，1948 年に近代的な憲法を成立させた韓国では，アメリカの占領と朝鮮戦争，軍事独裁政権下の政治的不安定のなかで種々の苦難を強いられてきた。高度経済成長が顕著になる 1970 年代以降は，女性の就業率も飛躍的に高まり，1990 年代 47 ％にも達した。女性差別撤廃条約を 1984 年に批准したのち，1987 年に「男女雇用平等法」が制定されたが，依然としてＭ字型労働の形態が変わらないため，育児休職制度や職場保育所増加などの政策がとられた。家族についても，家父長制下の父権血統の標識である姓に関する「同姓同本不婚の原則」や戸主制度が，1990 年施行の改正家族法でも廃止されずに維持されていた。

　これに対して，金大中大統領のもとで，2001 年に女性政策担当組織を「女性部（省）」に昇格させ，「女性発展基本法」（1995 年）の改正によるジェンダー

主流化，ポジティヴ・アクションの強化など積極的施策が実施された。2000年には政党法改正により国会議員比例代表選挙候補者名簿に30％クオータ制を導入し，2002年には，地方議会選挙の候補者名簿について50％クオータ制を導入した。その後2004年3月に政党法を改正して国会議員の比例代表選挙に50％クオータ制を実現した。また，小選挙区選挙についても候補者の30％以上を女性にする努力義務を課し，遵守した政党には政治資金助成金を追加支給することを定めた。この政党法改正直後の2004年4月の総選挙では，比例代表選挙区について全政党が候補者名簿に男女交互に登載し，56名中29名の女性議員が選出された。また小選挙区選挙でも10名が選出され299名中39名の女性議員が当選し，5.9％から13.4％になった。その後，2005年8月4日の法改正によって，上記の規定は公職選挙法に移され，2006年4月28日の政治資金法改正など，法整備が進められている。2016年4月選挙の結果は，女性議員比率17.0％（2016年6月1日現在193カ国中106位）である。

また，憲法裁判所の戸主制違憲決定（2005年2月3日）を経て，同年3月31日の民法改正によって戸主制が全面廃止された。男性戸主を基準として家族の出生・婚姻等を管理してきた従来の戸籍法も廃止され，個人別（一人一籍）編制に変更されて2008年1月から「家族関係登録に関する法律」が施行された。さらに女性のみに対する6カ月間の再婚禁止期間規定（民法旧811条）も，2005年3月の民法改正時に削除された。韓国の一連の改革には目を見張るものがあり，これらの政策の実効性や国民の意識改革を含めた今後の展開について，大きな注目が集まっている。

3）インド

インドでは，独立後の1950年制定のインド憲法が，法の下の平等や性別・カースト等による差別の禁止を明文で定めた。しかし，ヒンドゥー教の影響力は強く，1955年〜56年のヒンドゥー婚姻法やヒンドゥー相続法等制定後にも，女性隷属の機能は基本的に変わってはいない。法的には無遺言で死亡した男性の財産を妻・母・息子・娘が相続できるようになり，女性にも男性と同等の相続権が確立されたが，現実には「合同家族」の伝統がなお理想とされ女性の家庭内での従属的地位が長く維持されてきた。

しかし，1993年の第74回憲法改正により，地方議会議員の33％を女性に割り当てたことから，女性地方議会議員が100万人を超え，2010年には，国

政選挙権についても 33 ％クオータ制を導入する憲法改正案が上院を通過した。2014 年 4 月選挙の結果，下院の女性議員比率は 12.0 ％（2016 年 6 月 1 日現在 193 カ国中 141 位）であるが，憲法改正が実現すれば，30 位程度に上昇するため，今後の展開が注目されている。

4）アフリカ諸国

1960 年代から 1970 年代にかけて欧州の植民地支配から脱して多くが独立を果たしたアフリカ諸国は，今日ではジェンダー平等政策を語る上で避けて通ることができない。サハラ砂漠以南のアフリカ（Sub-Saharan Africa）全体では，クオータ制採用率は，45 カ国中 18 カ国で 40 ％にのぼっている。南部アフリカ開発共同体（Southern African Development Community）は 1997 年に宣言を発し 2005 年までに意思決定過程の女性比率を 30 ％にする目標を掲げた。

ルワンダは，ドイツとベルギーの植民地であったが 1961 年に国民投票で共和制を樹立し翌年独立した。ツチ族とフツ族の抗争から 1990 年に内戦がおこり国連が介入して停戦となったが，100 万人近いツチ族等の虐殺が行われた。現行憲法は，2003 年 6 月に施行されたもので，大統領を元首とする共和制を採用し，議会は二院制で下院の任期は 5 年，定数は 80 である。この憲法では女性議員について 30 ％クオータ制を採用しているが，その他の青年，障害者などのカテゴリーに含まれる女性を加えて，2008 年 9 月選挙において史上初の 56.3 ％の女性議員が選出された。2013 年 9 月選挙の結果，女性議員比率は 63.8 ％となり，2016 年 6 月 1 日現在世界第 1 位である（本書 6 76 頁参照）。

南アフリカ共和国の場合は，ルワンダとは違って，憲法や法律によって強制されたクオータ制を採用しているわけではないが，女性議員比率は 2014 年 5 月選挙の結果 42.4 ％（2016 年 6 月 1 日現在 193 カ国中 7 位）である。南アフリカでは，1990 年代のアパルトヘイトの崩壊後，1996 年に新憲法が制定され，女性の権利確立がもたらされた。この過程で支配政党 ANC（アフリカ国民会議）が，自発的クオータ制を採用し女性議員を 30 ％に増加させたことが大きな意味をもった。ANC を中心とする国民統一政府は，ジェンダー平等委員会や，女性の地位局を設置して積極的な政策を展開した。政党による自発的クオータ制という緩やかな手段のもとでも，現在では 50 ％の候補者クオータ制が導入されており，民主化や政権交代などの制度改革の機を捉えて実施された場合には，大きな成果が得られることが実証されたといえるであろう。

2 諸国の法制度化の進展とポジティヴ・アクション ●————————●

　上記のように，各国では，イギリス 1975 年性差別禁止法（1986 年，2002 年等改正），ドイツ 1980 年雇用男女同権法・1994 年第 2 次男女同権法，オーストラリア 1984 年性差別禁止法，スウェーデン 1986 年男女雇用平等法，アメリカ 1991 年新公民権法などが制定された。これらの諸法律の多くが，男女平等や性差別禁止の観点から制定され，伝統的な差別の積極的是正のためのポジティヴ・アクション（Positive Action，以下 PA と略記）ないしアファーマティヴ・アクション（Affirmative Action，以下 AA と略記）が導入されたことが特徴的である。

　これに対して日本では，1985 年に男女雇用機会均等法を制定し，1997 年の改正で雇用面での採用等の差別を禁止したほかは，1999 年の男女共同参画社会基本法制定まで，欧米のような統括的な性差別禁止法や男女平等法を制定することはなかった。国連や各国がたどってきた過程を経ずに，すなわち，女性差別撤廃と女性の人権論についての十分な理論化も，条約を実効化する担保もなしに，いわば 1 周遅れで，日本は男女共同参画社会基本法を制定して追いついたわけである。その点は，次章 ④ で考察することにして，ここでは，PA の現状と課題を指摘しておくことにする。

　PA の語は日本では積極的格差（差別）是正措置とも訳されるが，すでに EC の男女均等待遇指令（76/207/EEC，以下 EC 指令）や理事会勧告（84/635/EEC）など，国際機関やヨーロッパ諸国で通用している観念である。これに対して AA は，1961 年大統領命令 10925 号以後アメリカで確立され，アメリカ・カナダ・オーストラリア等で用いられる。

（1） ポジティヴ・アクションの定義と諸類型
　女性差別撤廃条約第 4 条 1 項は，「締約国が男女の事実上の平等を促進することを目的とする暫定的な特別措置をとることは，この条約に定義する差別と解してはならない」と定めて，暫定的特別措置（Temporary Special Measures）を認めている。各国では，AA や PA の用法のほか，ポジティヴ・ディスクリミネーション（Positive Discrimination），積極的措置（Positive Measures）など種々の語を用いており，一部の国で違憲判決等もでていることから多くの議論

があった。そこで，国連女性差別撤廃委員会は，2004年1月に「女性差別撤廃条約第4条1項の暫定的特別措置に関する一般的勧告25号」を提示し，締約国は，この暫定的特別措置の用法に従って，事実上の平等をめざした一時的な特別措置を活用するように奨励した。

　実際，PA／AAは，歴史的に形成された構造的差別を解消し社会の多様性を確保するための積極的格差是正措置として各国で実施され，とくに人種差別や性差別に対応する措置として発展してきた。さまざまな形態があるが，性別に由来する差別の是正措置について，下記の①－⑤のような分類が可能である。

　① 根拠規定について，a 国際協約・勧告・指令など，b 憲法，c 法律，d 行政命令，e 政党規則，f その他の規範（内規等），g 事実上のもの，② 実施形態について，a 宣言，b 法律上の制度，c 政策綱領，d 規則・内規，e その他，③ 強制の有無について，a（法律等で）強制力を認められたもの，b 強制ではなく自発的なもの，④ 局面・分野について，a 政治参画（議員・閣僚等），b 公務（公務就任，昇進，審議会委員等），c 雇用（採用，昇進・昇格，公契約・補助金等），d 教育・学術（入学・進学，教員任用，研究費支給，学会役員等），e 社会保障・生活保護・家族生活（リプロダクティヴ・ライツ，育児・ケア，税制など），f その他，に区別できる。

　さらに，⑤ 措置の態様・内容については，諸国でさまざまな形態があるが，概ね次の3タイプに区別できる。(i)厳格なPA／AAとしてのクオータ制［割当制］，パリテ［男女同数制］，交互名簿方式，ツイン方式，別立て割当制など，(ii)中庸なPA／AAとしてのタイム・ゴールまたはゴール・アンド・タイムテーブル方式［time-goals，目標値設定方式］，プラス要素方式［plus-factorとしてジェンダーを重視する制度］等，(iii)穏健なPA／AAとしての両立支援支援策，環境整備などである（但し，法的強制の有無等によって，厳格度に幅が生じる）。

　上記のうち，日本の企業等でも奨励されている(iii)の穏健な措置については，殆ど法的には問題がない。これに対して，入学試験時の割当制度や公契約の補助金支出などがアメリカで訴訟になったほか，(i)のクオータ制のうちの法律よる強制型については，フランス・イタリア・スイスで違憲判決も出されていて法的にも問題がある（後述）。

　また，欧州司法裁判所では，ドイツにおける州の公務員等のEC指令適合性が問題となる判決が相次いでいる。例えば，1995年のカランケ判決（Eckhaed

Kalanke v. Freie Hansestadt, Case C-450/93）では，昇格候補者である男女が同
等の資格を有する場合に女性が少ない部門では自動的に女性に優先権を付与
するとするブレーメン州の公務員男女平等法の規定は，EC 指令違反である
とした。他方 1997 年のマーシャル判決（Hellmunt Marchall v. Land Nordrhein-
Westfalen, Case C-409/95）では，「男性候補者が特に自己に有利に働く事由を示
さない限り」という留保条項を付して，上位ポストに女性が少ない場合には，
資格・適格性・能力が同一であるときは女性が昇進につき優先権を有する，と
するノルトライン・ヴェストファーレン州の公務員法は，EC 指令に反しない
と判示した。両判決が異なった理由は，女性優位を覆す機会を付与した前記留
保条項の有無と「機会の平等」の捉え方にあり，同裁判所は，以後も 2000 年
のバテック判決等で同種の PA 規定を EC 指令違反ではないとした。このよう
にヨーロッパ型の PA についても，女性優遇措置の是非や条件をめぐるきわど
い議論が存在している。この点を直視した上で，積極的格差是正措置の必要
性と存在意義が，1997 年のアムステルダム条約改正によるローマ条約上の PA
規定新設などを経て，加盟国間で認知されている。

（2）政治参画分野のポジティヴ・アクション──クオータ制とパリテ

　最近では欧米先進諸国だけでなくアジア・アフリカの途上国でのクオータ制
導入傾向が著しい。上記の分類では厳格な(i)類型に属するクオータ制も，①
憲法改正（及び法律）による強制，②法律による強制，③政党による自発的ク
オータ制という 3 つのグループに分類できる。

①　憲法改正（及び法律）によるポジティヴ・アクション

　このうち，憲法改正（及び法律）によって強制的クオータ制やパリテ［男女
同数制］を採用した国に，インド，ルワンダ，フランスなどがある。フランス
では，前記のように，通称パリテ法を制定して，複数の議会の選挙制度にそっ
て強制的な手法を定めた。とくに拘束名簿式で実施される地方議会選挙では，
男女交互名簿式により 50 ％クオータ制とも呼べる制度を確立した。

②　法律による強制的クオータ制

　法律による強制的クオータ制は，割当対象について国会議員と地方議会議員，
また議席と候補者に区別される。議席の割当（リザーヴ方式）には，タンザニ
ア（国会議員 30 ％），ウガンダ（国会議員 26 ％）などがあり，国会議員選挙政

党候補者名簿の女性割当には，韓国（比例代表選挙の50％），ベルギー（50％），アルゼンチン（40％），ブラジル（30％）などがある。

③ 政党内規による自発的クオータ制

政党による自発的クオータ制（Political Party Quotas）は，北欧諸国・ドイツ・南アフリカ共和国など多くの国で採用されている。とくにスウェーデンでは，1970年代から名簿式比例代表制選挙の女性候補者の割合を40-50％にする目標が政党内で定められ，男女交互の名簿登載方法により，女性議員率が40％を超えてきた。ドイツでも，社民党などで33％クオータ制，緑の党では交互名簿方式によって50％クオータ制が採用されている。

3 ポジティヴ・アクションの問題点と展望 ●————————●

（1） ポジティヴ・アクション（PA）の問題点

上記のようにPAには種々の形態があるため，その問題点を一律に論じることはできない。しかし，アメリカで，AAを歴史的に形成された差別の積極的是正措置として実施して以来，逆差別とスティグマ（劣性の烙印）の問題が，その限界として今日でも議論されている。とくに，ジェンダーをプラスファクターとする特別措置については，EU指令との適合性が問題となったカランケ，マーシャル，バデック判決等の法理から，能力が同等の場合に自動的に女性を優遇するのではなく，個別の諸条件が考慮されるべきことが求められる。また，比較的穏健なゴール・アンド・タイムテーブル方式については，30％などの目標がかえって「ガラスの天井」になるという問題点も指摘されるが，PAが暫定的な特別措置であることを重視することで正当化が可能となろう。

問題なのは，法律等による強制的クオータ制である。そのメリットは上記のような顕著な効果をみれば明らかであるが，反面，多くの法的・理論的問題点があり，憲法適合性を含めた理論的検討が必要になる。

（2） クオータ制の合憲性

イタリア，スイスでは，法律による強制的クオータ制に対して憲法違反の判断が出されている。イタリア憲法裁判所1995年9月6-12日判決は，形式的平等原則違反，政党の結社の自由違反を指摘して，1993年の地方選挙法の33％クオータ制を違憲と判断した。スイス連邦裁判所1997年3月19日判決

も，邦の代表を男女各 1 名とし，連邦裁判所の女性判事を 40 ％とするなどの
クオータ制を含むイニシァティヴを連邦憲法 4 条 2 項（性差別禁止）違反と判
断している。その理由は，(i)性の「不釣り合いな」不平等扱い，(ii) PA 審査
における利益考量の必要性，(iii)能力に関連しない固定的クオータ制の違憲性，
(iv)比例原則基準による審査（機会の平等原則違反），(v)普通・平等（被）選挙権
の侵害などであり，EC 司法裁判所の判決が援用されていた。

　これに対して，フランスでは，1999 年に憲法改正を実施して公職への男女
平等参画促進を憲法に明記したが，それは憲法院がクオータ制を違憲としたこ
とに起因する。フランス憲法院は，1982 年 11 月 18 日に，地方議会選挙候補
者について一方の性が 75 ％以上を占めてはならないとする 25 ％クオータ制を
定める法案を憲法違反と判断し，さらに 1999 年 1 月に「候補者名簿は，男女
候補者間のパリテを確保する」という州議会選挙等に関する法律の規定も違憲
と判断していた。

　違憲判断の第 1 の理由は，主権者市民の普遍性である。すなわち市町村議会
のような政治的選挙では，主権者市民の資格によって選挙権・被選挙権を得て
いるのであり，市民資格について，性別を理由とする選挙人・被選挙人間の区
別は認められない，という点である。これは，「普遍主義における市民は抽象
的な存在であり，社会的にも宗教的にも文化的にも性的にも特徴づけられるこ
とがない」からであり，「パリテは普遍主義を損なう」からであるといいかえ
ることができる。第 2 に，市民の概念を性によって二分することは，国民主権
の不可分性に反することである。すなわち，主権の不可分性は選挙人団（市民）
の不可分性によって担保されており，代表者は，性別にかかわらず全体の代表
として行動するのであり，女性議員は女性代表ではないことに由来する。第 3
に，「パリテは女性が一定の結果に到達することを妨げている障害を除去する
のではなく，女性を直ちにその目的に到達させることを目指している。これは
『結果の平等』を帰結し，憲法の定める『平等原則』の保障の範囲を越えてい
る」という理由が挙げられる。ただし，憲法改正によって，両性の政治参画平
等を促進することが明示された後は，2000 年のパリテ法についての合憲性審
査で，憲法院は，改正憲法条項に基づいて採用されうる措置であるとして合憲
判断を下しているが，厳密にはパリテ原則そのものについて合憲判断を示した
わけではない。そこで，上記のような追加的な憲法改正によって，これらの理

論的な課題は解決されているわけではないことに注意が必要となろう。

　さらに理論的には，男女交互名簿式を含めクオータ制導入等の法的強制に対して，先にみたようにイタリアの憲法裁判所やスイスの連邦裁判所が形式的平等原則や政党の自由等を根拠として違憲判決を下していることに注目しなければならない。フランスでは憲法を改正することによって，これらの違憲性を克服しようとしたが，憲法改正を実現していない国や日本で導入する場合には，当然に，その合憲性が問題となる。

　しかしながら，韓国などクオータ制を採用している多くの国では違憲判決はだされていない。韓国の憲法裁判所は積極的に違憲判断しているため対応が注目されるが，女性開発基本法第6条が暫定的優待措置に関する規定をおいていることもあり，韓国政府（女性部）や憲法学会では違憲ではないという見解のようである。このように，男女共同参画推進という目的を実現するために，広い立法裁量が許容されること，フランス憲法院のような主権の普遍性という議論に対しては，議会の構成を有権者の構成に近接させることで民意の正確な反映を求める「半代表制」の考えを援用して，クオータ制を合憲と解することは不可能ではない，と考えられる（本書 6 75頁以下参照）。

[参考文献]

　国際女性の地位協会編（編集委員山下＝辻村＝浅倉＝戒能）『コンメンタール女性
　　差別撤廃条約』尚学社（2010）
　辻村みよ子『ジェンダーと人権——歴史と理論から学ぶ』日本評論社（2008）
　辻村みよ子『憲法とジェンダー——男女共同参画と多文化共生への展望』有斐閣
　　（2009）
　辻村みよ子『ポジティヴ・アクション——「法による平等」の技法』岩波新書
　　（2011）
　辻村みよ子『選挙権と国民主権』日本評論社（2015）
　糠塚康江『パリテの論理——男女共同参画の技法』信山社（2005）
　林陽子編著『女性差別撤廃条約と私たち』信山社（2011）
　労働政策研究・研修機構『データブック国際労働比較2016』（2016）

4 日本の男女共同参画社会基本法と諸政策

1 日本の現状 ●────────────────────────●

　日本の女性が参政権を獲得したのは，1945 年 10 月マッカーサーが日本の民主化に関する五大改革を示し，その第 1 項目に「参政権の賦与による日本婦人の解放」を掲げたことによる。これにより女性参政権が同年 12 月に承認され，翌年 4 月の衆議院選挙では初めて 39 人の女性議員が誕生した。女性は，個人の尊重と幸福追求権，法の下の平等を定めた日本国憲法のもとでようやく個人として尊重され，男性と同等に人権をもつことを保障された。1947 年に民法の親族・相続編が全面改訂されて旧来の家制度が廃止され，刑法の姦通罪の規定も削除されて，女性が家父長的支配から脱することが可能となった。1985年に女性差別撤廃条約を批准し，1986 年の雇用機会均等法や 1990 年の育児休業法制定などを経て，1999 年に男女共同参画社会基本法が制定され取組みが進められてきた。

　ところが，憲法制定から 70 年，男女共同参画社会基本法から 17 年を経た今日でも，男女共同参画や女性の権利実現状況は極めて不十分である。

　前章で言及したジェンダー・ギャップ指数（2015 年）では，日本は 145 カ国中 101 位（100 点中 67.0 点）であり，経済・政治・教育・保健の 4 分野のうち，健康 42 位（97.9 点）教育 84 位（98.8 点）に対して，経済 106 位（61.1 点）政治 104 位（10.3 点）であり政治と経済のスコア著しく低い（図表 4 - 1 参照）。

　とくに政治面について，女性の政治参画や政策決定過程への進出がきわめて低レヴェルで，衆議院の女性議員比率は 2014 年 12 月選挙後 9.5 ％（2016 年 6月 1 日現在 193 カ国中 155 位）であり，新興国以下であることは重大な問題である。それには多くの要因があるが，a）日本の戦後政治自体の後進性と民主主義の未成熟，b）戦後政治のもとでの性別役割分業の固定化を指摘しておかなければならない。その結果，雇用面でも，女性の平均賃金が男性の約 72 ％にすぎないという現状がある（これらの詳細は，本書 ⑥，⑦ で検討する）。

図表 4 − 1　ジェンダーギャップ指数（2015）　日本

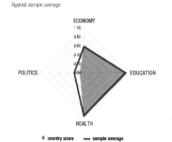

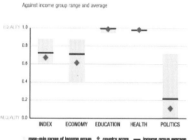

http://www3.weforum.org/docs/GGGR2015/cover.pdf

（2015 年 11 月 19 日発表）

2　男女共同参画社会基本法の制定と国の取組み ●———————●

（1）　男女共同参画社会基本法の意義と問題点

1）　制定過程と「男女共同参画」の観念

日本では，1975 年の世界行動計画をうけて 1977 年に国内行動計画，1987 年に新国内行動計画を策定した。その 1991 年の改定で「男女共同参画型社会づくり」を目標として以来，男女共同参画審議会答申（96 年男女共同参画ビジョン）から 1999 年の男女共同参画社会基本法（以下，基本法と略記）まで一貫して「男女共同参画」の観念を用いてきた。その理由には 2 面があった。1 つは，上記の差別撤廃（平等）から人権・参画へ，という世界の理論動向をふまえ，男女が社会の対等な構成員として政策・方針決定過程に参画することが重視されたという側面である。反面，差別禁止や男女平等のような文言を避けて受容されやすい表現に抑えるという側面があった（同基本法の英訳は Basic Act for Gender-Equal Society とされ，平等の観念が用いられている点でも曖昧さが指摘された）。

2) 男女共同参画社会と男女の人権

　男女共同参画社会について，同基本法は2条の定義（「男女が，社会の対等な構成員として，自らの意思によって社会のあらゆる分野における活動に参画する機会が確保され，もって男女が均等に政治的，経済的，社会的及び文化的利益を享受することができ，かつ，共に責任を担うべき社会」）のほか，「男女が，互いにその人権を尊重しつつ責任も分かちあい，性別にかかわりなく，その個性と能力を十分に発揮することができる」社会（前文），「男女の人権が尊重され，かつ，社会経済情勢の変化に対応できる豊かで活力ある社会」（1条）と表現した。抽象的でイメージが摑みにくい印象は否めないが，3条 ～ 7 条の規定によって，男女の人権尊重に基づき，従来の性に由来する固定観念や偏見を排してジェンダー平等な社会を形成するという目標が理解できる。そこでは，旧来の「女性問題解決・女性の地位向上」から「ジェンダーの主流化」へという 1996 年答申以降のパラダイム転換をうけて，社会の制度・慣行上での固定的役割分業の変革による「ジェンダーからの解放〔厳密には，ジェンダー・バイアスからの解放〕」がめざされている。

　但し，基本法では，性差別や女性の人権侵害の現状分析が示されてないため，性別役割分業構造の変革など現状克服の方向性が不明瞭になり，普遍主義的・形式的な宣言にとどまった観がある。

3) 男女共同参画社会の実現手段

　諸国の性差別禁止法や男女平等法と異なり，日本の基本法では，性差別や平等侵害に対する制裁措置等を明記せず，国と地方公共団体に，男女共同参画社会形成促進に関する施策の総合的策定と実施の責務があり（8条，9 条），国民に男女共同参画社会形成に寄与する努力義務がある（10 条）ことを明示するのにとどめた。国際的な要請をうけて基本法を制定して基本方針を定めることを急いだ事情は理解できるが，それだけに政府の立法・財政措置（11 条）や年次報告（12 条），政府と都道府県等の基本計画（14 条）の策定等についての監視が重要となる。具体的な措置について，基本法では，国民の理解を深めるための措置や苦情処理・人権救済措置，調査研究，国際協力，地方公共団体および民間団体に対する国の支援（16条～20 条）を定めるにすぎないが，地方公共

団体の基本条例が多少とも踏み込んだ規定をおいている（後述）。

（2） 国の取組み

　国は，中央省庁再編に関連して基本法を改正（1999年12月22日）した後，2001年1月以降，内閣府に男女共同参画会議と専門調査会，男女共同参画局を設置して「男女共同参画基本計画」（2000年）・「第2次男女共同参画基本計画」（2005年）・「第3次男女共同参画基本計画」（2010年）・「第4次男女共同参画基本計画」（2015年）を閣議決定して具体的な施策を実施してきた。

　基本法後の成果として，2000年7月の男女共同参画審議会の答申等をふまえて2001年4月に制定・公布された「配偶者からの暴力の防止及び被害者の保護に関する法律」（DV防止法）がある。男女共同参画会議下に設置された5つの専門調査会のうち，女性に対する暴力に関する専門調査委員会では，その円滑な施行のための検討を続け，2004年，2007年，2013年に法改正が実現した（本書⑫140頁参照）。

　仕事と子育ての両立支援策に関する専門調査会は，2001年6月に報告書を提出し，2003年11月公布（2002年4月1日施行）の育児休業・介護休業法等に関する法改正や公務員・裁判官の育児休業等に関する法律制定につながった。以後，仕事と生活の調和（ワーク・ライフ・バランス）に関する専門調査会に改組された。基本問題専門調査会は，2003年4月に報告書「女性のチャレンジ支援策について」を公表した後，「基本問題・計画専門調査会」に改組されて第3次男女共同参画基本計画の制定に向けて調査・検討を行った。その後2014年11月から，第4次基本計画策定のために「計画策定専門調査会」に改組され，2016年3月からは施策の実施状況を監視し，政府が定める「女性活躍加速のための重点方針」に盛り込むべき事項や各府省の予算概算要求等の状況，政府の施策が男女共同参画社会の形成に及ぼす影響を調査検討するため「重点方針専門調査会」に改組された（「基本問題・影響調査専門調査会」「監視専門調査会」「計画専門調査会」が終了して「重点方針専門調査会」に統合された）。

　こうして，2016年9月現在では，「重点方針専門調査会」と「女性に対する暴力に関する専門調査会」の2つが活動を続けている（内閣府男女共同参画局のウェブサイト http://www.gender.go.jp/kaigi/senmon/index.html 参照）。

　また，2010年閣議決定の第3次基本計画では，基本法10年間の成果と反省

点を総括したうえで，ポジティヴ・アクションを重視するとともに，男性や子ども，高齢者，外国人にとっての男女共同参画など広範な視座に立った施策を盛り込んだ。ここでは，2003 年男女共同参画推進本部決定，第 2 次基本計画以来の目標（「2020 年までに指導的地位につく女性の比率を 30 ％に」）が重視された。しかし，2015 年 12 月末現在の各分野の現況は図表 4 − 2 のとおりであり，2020 年に 30 ％に到達するのは困難な状況にある。

図表 4 − 2　各分野における「指導的地位」に女性が占める割合

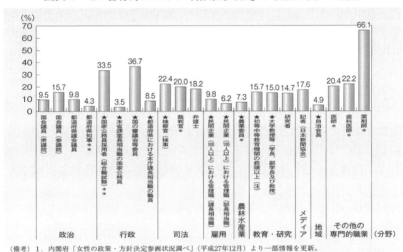

（備考）　1．内閣府「女性の政策・方針決定参画状況調べ」（平成27年12月）より一部情報を更新。
　　　　　2．原則として平成27年値。ただし，＊は26年値。＊＊は28年値。(注) は速報値。
　　　　　なお，★印は，第 4 次男女共同参画基本計画において当該項目が成果目標として掲げられているもの。

（男女共同参画白書平成 28 年版 35 頁より引用）

　ついで 2015 年 12 月に閣議決定された第 4 次基本計画では，女性の活躍推進のためにも男性の働き方・暮らし方の見直しが欠かせないことから，男性中心型労働慣行等を変革し，職場・地域・家庭等あらゆる場面における施策を充実させることが目標とされ，具体的な成果指標が示された。また，2015 年 8 月には「女性の職業生活における活躍の推進に関する法律（平成 27 年法律第 64 号。以下「女性活躍推進法」）が成立し，女性の採用・登用・能力開発等のための事業主行動計画の策定を事業主に義務付けるなど，種々のポジティヴ・アクションが規定されている（本書 ⑦ 97 頁参照）。

3 地方公共団体・民間団体の取組みと課題 ●━━━━━━━━━●

（1） 男女共同参画推進条例の制定

　地方自治体の男女共同参画条例制定は，2000年3月公布の出雲市，埼玉県，東京都を先頭に順調に進み，2015年4月1日現在，都道府県では46（千葉県のみ未成立，制定率97.9％），政令指定都市では20（制定率100％），市町村では599（制定率34.4％）となっている。市町村に1つも制定されていない県はなくなり，制定率の低い県は，和歌山県（3.3％），青森県（5.0％），群馬県（8.6％），佐賀県（10.0％），山形県（11.4％），徳島県（12.5％），制定率の高い県は，石川県・大分県（100％），鳥取県（94.7％），岡山県（88.9％），福岡県（75.0％），山梨県（74.1％）などである（内閣府男女共同参画局「地方公共団体における男女共同参画社会の形成又は女性に関する施策の推進状況（平成27年度）」(2015年12月) 男女共同参画に関する条例の制定状況（都道府県・政令指定都市，市町村）参照）。

　これらの条例の多くは，埼玉県・東京都などの先行の条例を参考に順次制定されたが，時間の経過と共にしだいに内容が進化し，さまざまな特徴が現れてきた。

　まず第1に，基本的な理念設定やタイトルに，男女共同参画か，男女平等参画か，という選択の結果が現れた。従来から「男女が平等に参画するまち東京」というスローガンを掲げていた東京都では男女平等参画基本条例というタイトルを掲げ，その用法は，北海道の条例や新潟県（「男女平等社会の形成の推進に関する条例」）でも参考にされた。制定時に議論が分かれていた福島県では「男女平等を実現し男女が個人として尊重される社会を形成するための男女共同参画の推進に関する条例」のように折衷的な表現を採用したが，上記以外の大多数の条例は，基本法にならって「男女共同参画」の語を用いている。長野県では，「長野県男女共同参画社会づくり条例」という特徴的な名称を採用したが，このようなまちづくり条例の先駆としては，東京都や埼玉県とほぼ同期の2000年3月24日に全国に先駆けて制定された「男女共同参画による出雲市まちづくり条例」が注目される。そこでは日本社会に残存する家父長制や儒教思想，男尊女卑の性別役割意識や社会慣行について前文で言及し，日本国憲法や女子差別撤廃条約，ILO家族的責任条約批准の趣旨にも言及して，「男女の

対等なパートナーシップによる真に心豊かで活力ある 21 世紀都市・出雲の創造」を目指すなど，的確な認識と意識の高さが示されている。

　第2に，男女の性差や性別役割分業の捉え方にも相違がある。東京都の基本条例については，前文に「男女は互いの違いを認めつつ」という語句が挿入されたことにつき，旧来の機能平等論に陥る危険があることから，他への影響を危惧していた。果たして，その後，2001 年 6 月制定の宮城県条例や 2002 年 3 月制定の大阪府条例でも，議会での審議過程で同様の表現が採用された。このうち後者では「男女が，社会の基盤である家庭の重要性を認識し」という語が入れられるなど，保守系有力議員の反対で草案が修正されたことが知られている。これが，いわゆるバックラッシュの始まりであり，その典型は，2002 年 6 月制定の宇部市男女共同参画推進条例に認められる。この条例では，3 条 1 号で「男女が，男らしさ女らしさを一方的に否定することなく男女の特性を認め合い」，同 2 号では「性別による固定的な役割分担意識に基づく社会における制度又は慣行が，……男女の活動の自由な選択を阻害しないよう配慮に努める」と定めて性別役割分業変革の趣旨を弱め，同 3 号では「家庭尊重の精神」を強調し，同 4 号では「専業主婦を否定することなく，現実に家庭を支えている主婦を……支援するよう配慮に努める」などの文言を挿入した。この条例は多くの点で基本法の精神を後退させるものであったが，この条例を「画期的」「模範的」と評価する一部の言論のなかに日本の伝統と文化の尊重の名のもとに旧来の性別役割分業や家父長制的な構造を一層固定化し基本法の精神を否定する政治的意図や運動があった。

　第3に，男女共同参画を推進する根拠規範に関連して，男女共同参画社会基本法だけではなく，国際的文書に前文等で言及している条例が増えつつある。2000 年 3 月制定の埼玉県条例が，3 条 6 項で「男女共同参画の推進にむけた取組が国際社会における取組と密接な関係を有していることにかんがみ，男女共同参画の推進は，国際的な協力の下に行われなければならない」と定め，多くの自治体でも国際的協力をうたっている。なかでも，女性差別撤廃条約に前文等で言及しているものとして，2001 年 3 月制定の北海道の条例や，同年 6 月制定の奈良県をはじめ，島根県・栃木県・新潟県・長野県・高知県などがある。政令指定都市では，大阪市，神戸市，さいたま市，札幌市の条例にもこのような前文での言及があり，神戸市の条例では，家族的責任を有する男女労働者の

機会及び待遇の均等に関する条約の批准にも言及している。富山県では，地域的特色を活かして，「環日本海における取組を重視しつつ国際的協調の下に行う」との規定も設けている。

　そのほか，間接差別，積極的改善措置，事業主に対する規定，リプロダクティヴ・ライツ，ドメスティック・ヴァイオレンス（DV），苦情処理など，多くの項目で特徴が認められる。（諸条例の特徴については，辻村『ジェンダーと法（第2版）』不磨書房，2010年74頁以下参照）。

4　ポジティヴ・アクションをめぐる日本の課題 ●━━━━━●

（1）　積極的改善措置の観念

　世界のポジティヴ・アクションの動向については前述したが，日本では，男女共同参画社会基本法第2条2号で，「前号に規定する機会（男女共同参画の機会──筆者）に係る男女間の格差を改善するために必要な範囲内において，男女のいずれか一方に対し，当該機会を積極的に提供することをいう」と定義した上で，第8条以下に明記する国などの施策には「積極的改善措置を含む」と定めた。また男女共同参画基本計画では，「積極的改善措置（ポジティブ・アクション）」のように，括弧書きでポジティヴ・アクション（PA）の語を用いてその推進を喫緊の課題とした（第3次基本計画）。但し，すでにみたように，アメリカ等のアファーマティヴ・アクション（AA）も，欧州諸国等のPAも，いずれも実質的平等を実現するための暫定的な措置を意味しており，女性差別撤廃条約第4条が許容した「男女間の事実上の平等を促進することを目的とする暫定的な特別措置」である。それを女性のみに対する優遇措置（男性に対する逆差別）と解することが誤解であるとしても，いずれか一方の性に対する特別措置である以上，もう一方の性に属する個人の権利侵害や逆差別との関係でその限界が問題になりうるものであることを直視する必要があろう。

　この点で，日本では，基本法に先行した1997年の男女雇用機会均等法改正時にPA規定が導入され，「事業主が雇用の分野における男女の均等な機会及び待遇の確保の支障になっている事情を改善することを目的として女性労働者に関して行う措置を講ずることを妨げるものではない」として片面的に女性に対する特別措置を容認した。その後2006年の改正時にこのような片面性をめ

ぐって議論があったが，結局これらの規定はそれぞれ 8 条・14 条として維持
された。但し実際には，その具体的な措置として「女性のみを対象とする又
は女性を有利に扱う取組」と「男女両方を対象とする取組」に分け，後者の働
きやすい職場環境の整備や，仕事と家庭の両立支援制度の充実などを中心とす
るなど，非常に緩やかな PA 概念を採用している。このことは，確かに企業や
事業主に対する啓発・広報上は有効であり，コンセンサスづくりに役立つ反面，
PA が本来一方の性に対する特別かつ暫定的な措置であることを社会的に認知
する意味では，ハードルをあまり下げすぎることには問題があると言えよう。

（2）　日本のポジティヴ・アクションの課題

　男女共同参画基本計画では，雇用の分野以外でも，政策・方針決定過程に
おける女性の参画拡大について，PA が課題とされてきた。国の審議会委員
等については，2005 年度末までに女性を 30 ％にするという目標が達成され
て 35 ％となり，2010 年までに女性会員を 10 ％にするという目標を掲げた日
本学術会議では 2010 年に 20 ％を超え，2015 年には 23.3 ％になった。学術分
野においても，第 3 期科学技術基本計画（2006 年）では自然科学系全体とし
て 25 ％，第 4 期計画（2010 年）・第 5 期計画（2015 年）では自然科学系全体と
して 30 ％，理学系 20 ％，工学系 15 ％，農学系 30 ％，医学・歯学・薬学系
30 ％という女性研究者の採用比率の目安を示した（本書 189 頁参照）。

　いずれにしても，日本で最も遅れているのが，政治参画分野での男女共同
参画であり，選挙を含む政策決定への PA（候補者クオータ制など）の導入が緊
急の課題となっている（本書 ⑥ 79 頁参照）。一般には，法律による強制型のク
オータ制など厳格なポジティヴ・アクションについては合憲性の点でも疑問が
指摘されるが，日本でも女性差別撤廃条約（第 4 条）を批准し，男女共同参画
社会基本法で積極的改善措置を明示しているうえ，最高裁判所が選挙制度につ
いて広範な立法裁量論を採用して違憲判断に消極的であることからすれば，仮
に法律によるクオータ制が導入されても最高裁で違憲と判断される可能性は低
いと思われる。

　総じて，日本では，男女共同参画社会構築の目標について今なお十分なコン
センサスが存在するといえない段階にある。そこでは即効性のあるポジティ
ヴ・アクションや法制度改革と平行して，意識改革や環境整備のために，公務

員・教育者らの研修の徹底，性別役割分業意識の変革のための広報活動，すべての教育機関における人権教育とジェンダー教育の実施など，漢方薬型の地道な対策が不可欠である。

［参考文献］

伊藤公雄『「男女共同参画」がといかけるもの——現代日本社会とジェンダー・ポリティックス』インパクト出版会（2009）

辻村みよ子『ポジティヴ・アクション——「法による平等」の技法』岩波新書（2011）

辻村みよ子＝稲葉馨編『日本の男女共同参画政策』東北大学出版会（2005）

内閣府男女共同参画局編『男女共同参画白書平成 28 年版』（2016）

内閣府男女共同参画局編『地方公共団体における男女共同参画社会の形成又は女性に関する施策の推進状況（平成 27 年度)』（2015）

内閣府男女共同参画局ホームページ http://www.gender.go.jp

5 日本国憲法の平等原理と性差別の違憲審査基準

1 人権保障の基本原則——憲法 13 条の意義 ●━━━━━━━━━━●

　日本国憲法は，第 3 章で国民の権利・義務を定めているが，基本的人権の不可侵性・普遍性については，11 条と 97 条に規定している。この 2 カ条は，マッカーサー草案の段階では 1 つの条文にまとめられていたため，類似した表現になっている。

　　「国民は，すべての基本的人権の享有を妨げられない。この憲法が国民に保障する基本的人権は，侵すことのできない永久の権利として，現在及び将来の国民に与へられる。」(11 条)
　　「この憲法が日本国民に保障する基本的人権は，人類の多年にわたる自由獲得の努力の成果であって，これらの権利は，過去幾多の試練に堪へ，現在及び将来の国民に対し，侵すことのできない永久の権利として信託されたものである。」(97 条)

　基本的人権の自然権性を認めたともいえるこれらの規定をもとに，日本国憲法 12 条では，国民の権利保持義務と濫用の禁止を，13 条では，個人尊重主義と公共の福祉による制約，14 条 1 項では，法の下の平等原則と差別の禁止を定めた。これらの諸規定は，いわば人権総論の総則であり，ともに男女共同参画社会を実現してゆく際の重要な規定である。さらに 13 条・14 条は，人権保障の原則だけでなく，おのおの生命・自由・幸福追求権と平等権（不当に差別されない権利）という個別の権利を定めている点で，人権各論の総則として位置づけられる。なお，憲法 24 条 1 項が，婚姻の自由と夫婦同権原則，2 項が個人の尊厳と両性の本質的平等を明記したのも，13 条・14 条の趣旨をうけたものである。

　このうち 13 条は，最近のプライヴァシー権や環境権等の「新しい人権」の根拠規定であり，第 3 章で定める権利保障の包括的規定としても重要な意義をもっている。従来は，男女共同参画を考える際には，平等や性差別の禁止を定

める 14 条が最も重要な規定のように考えられてきた。しかし，平等というのは，権利や利益についての平等であって，それを論じる前提には，権利の内容が問題にならざるをえない。男女共同参画社会では，人権の内容に関係なく女性が男性と等しく扱われればよいというのではなく，男性も女性もともに人間として，個人として，人権を享受し，平等に人間らしい生活を送ることが目的である。そこで，憲法 13 条の個人としての幸福追求権の実現が，男女共同参画社会の基礎となる。本書の ② で検討した「差別撤廃から個人の尊重へ」という理論的展開からしても，従来の 14 条中心の考えから，幸福追求権や個人の尊重をうたった 13 条重視の方向への視座の転換が必要となろう。

　13 条は，前段で個人の尊重を，後段で幸福追求権を定める。この 13 条後段の幸福追求権には，人格価値そのものにまつわる権利や人格的自律権（ないし自己決定権）が含まれており，女性のみならず，男性，高齢者，子どもなど，各人権主体にとって，権利の実現が問題になる。今後は，これらの個人の尊重原理にもとづいた人権保障をどのように実現してゆくかが，男女共同参画社会確立にとっても大きな意味をもってくると思われる。ここには，13 条をめぐる理論的課題として，例えば女性の妊娠中絶の自己決定権と胎児の人権や障害者の人権等との抵触問題等がある。

　また，性的指向（セクシュアル・オリエンテーション）や性的自由，性的自己決定権に関わる問題として，性的マイノリティ（LGBT 等）の人権が近年の重要な課題になっている。LGBT とは，レズビアン（女性同性愛者），ゲイ（男性同性愛者），バイセクシュアル（両性愛者），トランスジェンダー（心と体の性の不一致）の頭文字をとった総称である（他の性的少数者は含まない）。1970 年代からゲイの法的権利獲得や差別撤廃などを求めて活動が始まり，その後 4 者が合流して全世界に活動が広まっている。2016 年 9 月現在では，同性婚を認めた国は 23 カ国にのぼっており（オランダ，ベルギー，スペイン，ノルウェー，スウェーデン，ポルトガル，アイスランド，デンマーク，フランス，南アフリカ，アルゼンチン，カナダ，ニュージーランド，ウルグアイ，イギリス，ブラジル，米国，メキシコ，ルクセンブルク，アイルランド，グリーンランド（デンマーク自治領），エストニア，コロンビア），登録パートナーシップなどを持つ国・地域も 26 以上にのぼる。

　日本でも 2015 年 11 月に東京都渋谷区で同性カップルを結婚に相当する関係

と認める書類を発行する制度が成立して以来，兵庫県宝塚市，三重県伊賀市，沖縄県那覇市などで「同性パートナーシップ条例」に基づく「パートナーシップ証明書」等を発行している。これらの制度は，個人の尊重と幸福追求権を謳う憲法13条とともに，不合理な差別の禁止を定める憲法14条によって保障されていると解される。

2　法の下の平等と平等権

憲法14条は，1項前段で「法の下の平等」という原則を定め，後段は，人種・信条・性別その他を理由として差別されない権利，すなわち平等権を定めたものと解される（憲法解釈につき，辻村・後掲『憲法(第5版)』153頁以下参照）。

（1）相対的平等・絶対的平等

14条1項が定める「平等」とは，いかなる場合にも各人を絶対的に等しく扱うという絶対的平等の意味ではなく，「等しいものは等しく，等しからざるものは等しからざるように」扱うという相対的平等を意味するもので，合理的な理由によって異なる取扱いをすることは許されると解するのが通説・判例の立場である（相対的平等説）。したがって，合理的な理由によらない不合理な差別のみが禁止されることになるが，何が合理的な区別で，何が不合理な差別になるかという基準を設定することは困難である。学説では，人種・性別・信条その他，14条1項後段に列挙されている事由に基づく差別的取扱いについては「厳格な審査基準」が適用されて合憲性の推定が排除されると解する見解が有力になった（本書56頁参照）。

（2）形式的平等と実質的平等

憲法14条の保障が形式的平等か実質的平等か，という基本的な問題については，その定義を含めて憲法学説は必ずしも一致しているわけではない。一般には，形式的平等とは法律上の均一的取扱いを意味し，事実上の違いにもかかわらず一律に同等（均等）に扱うことを求めるのに対して，事実上の劣位のものを有利に扱うなどして，結果が平等になることを求めるのが実質的平等の原則であると説明されてきた。ここでは，形式的平等と実質的平等が，機会の平等（機会均等）と結果の平等に対置されてきたようにみえるが（芦部信喜・後掲

『憲法(第6版)』128頁),厳密にいえば,両者の区別は次元を異にする。

　機会の平等と結果の平等という区別は平等実現の過程ないし場面に関するものであるのに対して,形式的平等と実質的平等との区別は平等保障のあり方に関するものと考えることができよう(例えば,入社試験や大学入試等の受験資格に関して男女を同じに扱う場合には機会の平等(機会均等)が問題になるのに対して,実際の採用や合否判定の場面であえて男女を同数にする場合などは結果の平等の問題になる。また,累進税の場合も,「同じ所得の人には同じ税率を適用する」という次元では形式的平等原則が適用されているが,「所得の少ない人には税金を免除し所得の多い人から高率で税金を徴集する」という次元では実質的平等原則が適用されているといえる。この後者の場合には,最終的な財政的負担を公平にするという意味で,実質的平等の原則が結果の平等と結びついているが,この両者の関係がたえず不可避的であるわけではない。機会の平等を形式的に保障する場合もあれば,機会の平等を実質的に保障する場合もあるといえる)。

　また,憲法14条1項が,形式的平等と実質的平等のいずれを保障しているか,という点でも,問題が残っている。従来は,憲法14条1項にはまず法律上の均一的取扱いという意味での形式的平等が含意されているため,通説的見解は14条1項を裁判規範としては形式的平等の規定として捉えつつ,実質的平等の実現は社会権に委ねられていると解していた。しかし,上記のように,平等の観念自体に変化が生じ,実質的平等保障の要請が強まっていることから,14条にも実質的平等の保障が含まれると解することが妥当となる(辻村・後掲『憲法(第5版)』158頁,高橋・後掲『立憲主義と日本国憲法(第3版)』149頁以下など参照)。

　ただし,実質的平等の保障が含まれると解する場合にも形式的平等の原則が放棄されたわけではない。理論上はあくまで形式的平等保障が原則であり,法律上の均一的な取扱いが要請されるが,一定の合理的な別異取扱いの許容範囲内で実質的平等が実現される(実質的平等実現のための形式上の不平等を一定程度許容する)と解するのが筋であろう。例えば,累進課税制によって低所得者に対して税額を減免することや,社会保障立法において所得制限を設けることなどは実質的平等保障の例であるが,ここでは,前提として租税の平等負担という形式的平等原則が成立したうえで,実質的平等実現のための合理的な調整が行われているのである。

（3） 差別の違憲審査基準

　今日では，相対的平等説が通説・判例の立場であり，合理的な区別的取扱い
は許容される。しかし，合理的な区別的取扱いと不合理な差別的取扱いを分け
る基準の設定は容易ではない。そこで，アメリカの判例を参考にして体系化さ
れた支配的見解では，以下のように基準論を確立してきた。

　まず，人種・信条等による差別や精神的自由等について平等原則が問題とな
る場合には，立法目的が必要不可欠（やむにやまれぬ公共的利益を追求するもの）
でその目的達成のための手段が必要最小限度のものであるかを検討し，いわゆ
る「厳格な審査基準」を適用する。また，経済的自由の積極目的規制や社会・
経済的規制立法などについて平等原則が問題となる場合には，広範な立法裁量
が認められ，立法目的が正当で，目的と手段との間に合理的関連性があれば
足りるとする緩やかな基準（「合理性の基準」ないし合理的関連性のテスト）が用
いられる。そして，その中間の，性差別や経済的自由の消極目的規制の立法等
については，「厳格な合理性の基準」すなわち，立法目的が重要で，目的と規
制手段との間に，事実上の実質的関連性があることを要求する基準を適用する，
という考え方である（芦部『憲法学Ⅲ人権各論(1)』有斐閣，2000 年，24 頁以下参
照）。しかし今日では，憲法 14 条 1 項後段の列挙事由については，人種・性別
など生まれながらに決定された属性であるため，これに由来する差別について
は厳格な審査基準を適用し，その他の事項については，合理性の基準を適用し
ようとする見解がしだいに有力となって通説的位置を占めている（樋口他『注
解・憲法Ⅰ』318 頁〔浦部執筆〕参照）。

　このように，14 条 1 項後段列挙事由について厳格審査基準を適用するとす
る最近の通説的見解に従えば，性差別の合憲性をめぐる審査基準については厳
格な審査基準が適用されるはずである。これに対して，上記の支配的学説（芦
部説）はアメリカの判例理論に従って中間審査基準を適用して「厳格な合理性
の基準」を妥当としており，問題が残っている。もし厳格審査基準を採用する
ならば，法律等が「やむにやまれぬ」目的をもち，その目的を達成するための
必要最小限の手段であることを（合憲を主張する側が）挙証しなければならな
いのに対して，中間審査基準では，目的と手段との間に実質的な関連性がある
か否かが問題とされ，これを具体的問題に結びつけて論じることが不可避とな
る。従来の日本の判例や学説は，性差別にかかわる問題について必ずしも明確

に審査基準論を示さず，判例ではむしろ合理的基準を用いて立法裁量を広く広く認めてきたため，具体的問題への適用はあまりなされていない。そこで14条1項後段列挙事由について厳格審査基準を採用するという立場にたつ限りは，性差別についてもこれによると解すべきであるとする見解が提示された（君塚正臣『性差別司法審査基準論』信山社，1996年，91頁以下参照）。

　さらに，ポジティヴ・アクション（PA）ないしアファーマティヴ・アクション（AA）の違憲審査基準については，アメリカでも議論がある。上記の2003年のグラッター判決以降は，人種のAAについても厳格審査基準が適用されるとされたが，性別については，上記のようにアメリカではもともと中間審査基準であるため，性別に関するAAについても中間審査基準によるものと解される。

　日本では，14条1項後段について厳格審査基準を適用する場合には，性別についても厳格審査基準を適用したうえで，PAないしAAについては，人種や性別を問わず，中間審査基準ないし厳格な合理性の基準による，という解釈が妥当となろう。しかしいずれにしても，判例・学説は，性別をめぐるPAの違憲審査基準については明確にしておらず，この点の議論の進展が求められる。

（4）　間接差別と直接差別

　欧米では，基準が性中立的であるにもかかわらず一方の性に差別が生じている場合に，使用者に対して性差別的効果の有無や正当化理由の有無に関する説明を求めることで差別を是正する「間接差別」禁止の法理が確立され，日本にも影響を与えた。とくにイギリスでは，1975年の性差別禁止法で明示されて以降，身長・体重・体力・年齢等を要件とする事例等について判例理論が確立され，欧州司法裁判所でも詳細な判例が蓄積された。

　日本でも，2006年6月に成立した改正男女雇用機会均等法では，「労働者の性別以外の事由を要件とするもののうち，……実質的に性別を理由とする差別となるおそれがある措置として厚生労働省令で定めるもの」を禁止し（同法7条），同省令のなかで，間接差別の定義と禁止対象を明示した。さらに，改正均等法施行規則（2007年4月施行）において，「第7条の厚生労働省令で定められる措置」として，(i)労働者の身長・体重・体力に関する事由を要件とするもの，(ii)住居の移転を伴う配置転換に応じることを要件とするもの，(iii)昇

進に関する措置で，異なる事業所への配置転換の経験を要件とするもの，の３つの要件に限定したため，課題が残っている（詳細は，本書 ⑦ 96 頁参照）。

3　法制度上の諸問題

　憲法 14 条 1 項後段に列挙される「性別」は，本来，男女の生物学的・肉体的性差のことを意味するが，今日では，社会的・文化的性差としてのジェンダーによる差別が問題になる。とりわけ，肉体的性差から導かれた男女の定型化された特性に基づく差別的取扱いや，（家事・育児は女性の役割であるというような）性別役割分業観に根ざした差別的取扱いについては，違憲判断基準について厳格な基準が適用されるべきであり，合憲性の推定は排除されると解すべきであろう。実際に，現行法上も問題になるものが少なからず存在する。

1）　皇室典範の男系男子主義

　従来の憲法学の通説は，天皇制の世襲原則（憲法 2 条）自体が憲法 14 条の平等原理の例外であること，天皇・皇族への人権原理の適用は制約されること，皇位を継承しうる地位等は人権ではないこと等を理由に，皇室典範への憲法 14 条・24 条の適用を否定してきた。これに対して，皇位継承や皇族身分に関する性別に基づく差別的取扱い，とりわけ女性天皇否認論の違憲性と女性差別撤廃条約違反性をめぐる論争を経て，憲法学説でもしだいに皇室典範の違憲説が説かれるようになった。違憲説は，世襲制を憲法上の例外と解しつつも「世襲制に合理的にともなう差別以外の差別は……認められるべきではない」として「例外を拡大する方向で」問題をたてることに反対する。私見も，通説が指摘する憲法上の象徴天皇の地位・権能と世襲原則だけでは，憲法 14 条・24 条に抵触する皇室典範の形式的不平等規定とりわけ性別にもとづく別異取扱いを合理化することはできないと考える。たとえ世襲原則が憲法 14 条の例外だとしても，世襲原則が当然に性差別を内包するものでない以上，例外を拡大しない方向での法解釈によれば，性差別を合理化する積極的根拠が見出せないからである。また，それ以上に，皇室典範上の性差別を合憲として維持することによって，旧憲法下の神権天皇制の伝統と「家」制度，およびその下で醸成された男尊女卑思想や性別役割分業論を維持し，国民の性差別意識を温存する機能をはたすことを無視することはできない。

このような現行法制の非民主性と反憲法性を問題視する観点からすれば，一方で，天皇制を民主化する方向の一般的議論に対して，憲法学がその制度的限界を指摘する課題を担うと同時に，他方では，憲法の基本的価値の実現を不必要に阻害しないために憲法上の例外を拡大しない方向で議論を進めることが望まれる。そして，通常法律としての皇室典範の違憲性のみならず，「女性に対する差別となる既存の法律・規則・慣習および慣行を修正しまたは廃止する」措置を命じた女性差別撤廃条約 2 条 f との抵触が疑わしいことが明らかであり，憲法学が避けることのできない課題であるといえよう。

なお，小泉内閣の時代に「皇室典範に関する有識者会議」が報告書（2005 年 11 月）を提出し「女性天皇・女系天皇への途を開くことが不可欠」という判断から皇位継承制度の早期改正を提言した。しかしその後，皇族男子が誕生したことによって，法改正論議は凍結されたままである。天皇の「生前退位」に関する再検討と併せて，今後の皇室典範改正論議が注目される。

2） 刑法 177 条（強姦罪）

刑法上の強姦罪が「婦女」のみを対象とすることについて，判例は「被害者たる『婦女』を特に保護せんがため」であるため合憲と解し（最高裁大法廷 1953〈昭和 28〉年 6 月 24 日判決，刑集 7 巻 6 号 1366 頁），憲法学の通説も「おそらく異論はない」としてきた（芦部・前掲『憲法学Ⅲ人権各論(1)増補版』43 頁）。1980 年時代以降合憲性を疑う議論も出現し，処女性の保護に根拠をもつものである限り違憲と解する見解も提示された（横田耕一「女性差別と憲法」ジュリスト 819 号 1984 年 74 頁）。さらに，主体・客体を性別によって限定することを「法の下の平等」違反と解する見解も強く，男女の性的自由の観点から二重基準の性モラルが批判されてきた。女性差別撤廃条約 6 条，2 条 f や諸外国の法改正の動向をふまえて，強姦罪規定の改正が必要であるとする傾向が強まり，2008 年 10 月の国連人権規約委員会の勧告や，2009 年 8 月の女性差別撤廃委員会総括所見でも強姦罪規定の見直しが勧告されてきた。

刑法 177 条の保護法益については，旧来のように性的秩序や女性の貞操・安全，女性のみの性的自由として捉えるのではなく，男女両性の性的自由や性的自己決定権，性的人格権の問題として捉えて，憲法 13 条論の個人尊重原則のもとで理論構成することが重要である。このため 2016 年 6 月には刑法 177 条の構成要件見直しや非親告罪化等を内容とする刑法改正案要綱が法制審議会で

まとめられ，刑法改正が近く行われる予定である（本書13 154 頁以下参照）。

3） 国立女子大学

女子のみに入学を認める国立大学の設置を「違憲」ないし「合憲性は相当に疑わしい」と解する憲法学説が，今日では優勢であるようにみえる。1949 年に戦前の女子高等師範学校を前身として国立女子大学 2 校が発足した段階では，戦前と同様に女性に高等教育の機会を与えるための特別の機能をはたしていたにせよ，女性の大学進学率が上昇し男女格差が小さくなった今日では，一種のポジティヴ・アクション（PA）や実質的平等保障としての意味づけが殆ど失われたと解することができるからである。この意味では，性による入学機会や教育内容の別異取扱いを容認する根拠は乏しいといわざるをえない。反面，学術分野における男女共同参画推進の目的で，とりわけ理系分野の女子学生・女性研究者が著しく少ない現状を改善するためのポジティヴ・アクションの意義を認めることは可能となろう。

今日では公立高等学校の男女共学化の傾向が進んでいるが，教育における多様性の確保という観点から理論化する必要がある。また，教科書の性役割分業記載問題など，教育環境上に性差別問題が存在することについても改善を要する。これらの検討に際しては，女性差別撤廃条約 10 条 a 以下で，教育機会・条件等については男女間の平等（equal ）ではなく同一（same）の保障が定められていることが重視されるべきであろう（国際女性の地位協会編『コンメンタール女性差別撤廃条約』尚学社，2010 年参照）。

4） 民法 733 条——再婚禁止期間規定

女子のみ 6 カ月の再婚禁止期間を定める民法 733 条（2016 年 6 月改正以前のもの）は，女性のみが懐胎するという肉体構造にもとづく合理的な区別であると解されてきた。嫡出推定の重複を避け，父子関係の混乱を防止することが立法趣旨とされているが，とくに医科学技術の進歩によって妊娠の有無や父子関係確認が容易になったことから，廃止論あるいは 100 日への期間短縮論などの法改正論が強まっていた。1996 年の民法改正要綱案では制限が 100 日に短縮されており，憲法学説でも 100 日をこえる禁止は違憲の疑いが強いという主張が有力となっていた。

これに対して，最高裁 1995〈平成 7〉年 12 月 5 日第三小法廷判決（判例時報 1563 号 81 頁）は，国家賠償法上の違法性をもっぱら問題にした結果，民法

733 条が憲法の文言に一義的に反するとはいえない，として原告の違憲の主張を斥けていた。しかし 2015〈平成 15〉年 12 月 16 日の最高裁大法廷判決（民集 69 巻 8 号 2427 頁）では，初めて 100 日を超える部分について，憲法 14 条 1 項及び 24 条 2 項に違反することを認めた（国家賠償請求については棄却。辻村『憲法と家族』221 頁以下参照）。最高裁 2015 年判決多数意見では，「厳密に父性の推定が重複することを回避するための期間を超えて婚姻を禁止する期間を設けることを正当化することは困難である。他にこれを正当化し得る根拠を見いだすこともできないことからすれば，本件規定のうち 100 日超過部分は合理性を欠いた過剰な制約を課すものとなっているというべきである。以上を総合すると，本件規定のうち 100 日超過部分は遅くとも上告人が前婚を解消した日から 100 日を経過した時点までには，婚姻及び家族に関する事項について国会に認められる合理的な立法裁量の範囲を超えるものとして，その立法目的との関連において合理性を欠くものになっていたと解される。」とした。ただし，多数意見のうち，櫻井裁判官ら 6 裁判官の共同補足意見では，100 日を超える期間を含めて適用除外の拡大が求められた。このほか，鬼丸裁判官の意見は 100 日を超えない期間についても違憲とし，山浦裁判官の反対意見は，違憲のみならず国賠請求についても認める判断をした。その後，2016 年 6 月 1 日に民法 733 条が改正され，6 カ月が 100 日に短縮されたほか，前婚の解消時に妊娠していない場合にも本条の適用がないことが明示された（本書 ⑨ 116 頁参照）。

5）民法 750 条——夫婦同氏原則違憲訴訟〔夫婦別姓訴訟〕

　民法 750 条は「夫婦は，婚姻の際に定めるところに従い，夫又は妻の氏を称する」と定めて，夫婦が同一の氏を選択すべきことを求めている（夫婦同氏制は明治 31 年に導入された）。この規定は，（733 条とは異なって）男女のいずれかを差別する規定とはなっておらず，形式的平等違反の規定ではないが，実際には，96 ％の夫婦において夫の氏が選択されており，旧姓の維持をのぞむ女性などが事実婚を選ぶ例も生じている。そこで，夫婦別姓問題への関心の高まりと共に夫婦同氏原則を定めた民法 750 条の合憲性を争う訴訟が 1980 年代以降複数提起された。原告 5 人が提訴した国家賠償請求訴訟では，2013 年東京地裁判決，2015 年東京高裁判決に続いて，2015〈平成 27〉年 12 月 16 日大法廷で判決が下された。上告人は，憲法 13 条・14 条・24 条・女性差別撤廃条約 16 条 G 項違反を指摘したのに対して，最高裁多数意見は違憲の主張を退け，

国家賠償請求も棄却した（詳細は本書 ⑨ 117 頁参照）。

6) 労働法上の母性保護と女性保護

　日本では，女性差別撤廃条約批准に際して，1985 年に男女雇用機会均等法制定と労働基準法改正が実施され，この条約に適合するように女性労働者の地位改善がはかられた。同条約 4 条 2 項が母性保護のための特別措置を差別と解してはならないと定めるように，妊娠・出産にかかる母性保護は肉体構造に基づくものであって，本来男性との別異取扱いが許容される。従来は実質的平等保障の名のもとに母性保護と一般女性保護を広く認める傾向があったが，女性の特性論や性別役割分業論にねざした別異取扱いを排する点で，女性の深夜業・休日労働禁止や危険業務禁止などの女性保護の見直しが進んだ。1997 年 6 月の労基法改正で女性保護が撤廃されたことは，理論的には，労働権の保障の観点からの形式的平等保障の方向が認められたものであり，女性差別撤廃条約 11 条 3 項の保護法令見直し規定に沿うものといえる。さらに，この改正によって，募集・採用，配置・昇進，福利厚生，定年・退職・解雇等に関する差別が禁止事項とされ（5 条〜8 条），女性であることを理由として差別的取扱いをしてはならないことが明示された（本書 ⑦ 87 頁参照）。

　女性労働者に係る措置についての特例としての積極的改善措置（ポジティヴ・アクション）についても，1997 年改正法 9 条・20 条で明記されたが，女性労働者のための片面的規定であった。これに対して，男女共同参画社会基本法 2 条では，「男女いずれか一方に対し，（格差を改善するための必要な範囲内において）機会を積極的に提供すること」と定義して両面性を認めたことから，2006 年の均等法改正時にも議論があったが，実際には，全体として片面性が払拭されて「性差別禁止法」の性格をもった反面，「女性労働者に関して行う措置」というポジティヴ・アクションについては例外的に片面性が維持され，上記 9 条・20 条はそれぞれ 8 条・14 条となった（本書 ⑦ 87 頁参照）。

7) 逸失利益算定等における男女格差

　交通事故死した女児の逸失利益算定にあたって，賃金の男女格差を容認することが判例の立場であり（最高裁大法廷 1987〈昭和 62〉年 1 月 19 日判決，民集 41 巻 1 号 1 頁），その結果，年少者の賠償額に男女格差が存在してきた。これに対する憲法学からの議論は少ないが，下級審判例では，「年少者の将来の就労可能性の幅に男女差はもはや存在しないに等しい状況にある」ことから，算

定基準に「女子労働者の平均賃金を用いることは合理性を欠くものといわざるを得ず，男女を併せた全労働者の平均賃金を用いるのが合理的である」として，原審に続き女児の親を勝訴させた東京高裁判決（2001〈平成13〉年8月20日判例時報1757号38頁）が注目された。しかしながら，同じ時期の福岡高裁判決は「女子の平均賃金を基礎収入とすることが合理性を欠くものとはいえない」（2001年3月7日判例タイムズ1061号222頁）とした。その後も下級審において女性労働者の平均を基準とする判決が出されており，問題の解決が待たれる（本書ⅲ頁参照）。

8）　労災保険における男女差別

労働者災害補償保険法施行規則別表では「女性の外貌に著しい醜状を残すもの」と定めて女性は7級，男性は12級として扱い，障害補償金の支給額において男性を女性より低い障害等級と認定する国の基準が憲法に違反するとして，男性が処分取消訴訟を提起した。一審の京都地裁（2010〈平成22〉年5月27日判決，判時2093号72頁）は，厚生労働大臣の裁量を広く認める立場を取りつつも，差別的取扱いの合理性・適法性の立証責任は行政庁の側にあるとし，「男性も顔に障害を受けたら精神的苦痛を感じる。性別による差別に合理的理由はない」として当該障害等級表を憲法14条違反として処分を違法と判断した。このため2011年に厚生労働省令の改正が実現した（本書ⅲ頁参照）。

9）　慣習のなかの男女差別──入会権訴訟

長年にわたって形成されてきた慣習や法慣行の中に男女差別が残存することも多い。沖縄県金武村金武部落（現，金武町金武区）の住民らが「杣山」と呼ばれた林野（入会地）に入って材木を伐採などする入会権について，入会権者（部落民会の会員）の資格を男子孫に限定していた（女子孫については男子の後継者がない場合に例外的に認められた）ことが，民法90条の公序良俗に違反するとされた事件である。一審判決（那覇地裁判決2003〈平成15〉年11月19日，判例時報1845号119頁）は，憲法14条1項及び民法1条の2（現，民法2条）の趣旨に反し，公序に反するとして無効と判示した。控訴審判決（福岡高裁那覇支部判決2004〈平成16〉年9月7日，判例時報1870号39頁）は，一審判決を破棄したが，最高裁は，世帯主要件を認める一方で，原則として男子孫に限定すること（男子孫要件）については，「専ら女子であることのみを理由として女子を男子と差別したものというべきであり，遅くとも本件で補償金の請求がされて

いる平成4年以降においては，性別のみによる不合理な差別として民法90条の規定により無効であると解するのが相当である」として一部破棄し，原審に差し戻した（最高裁第二小法廷2006〈平成18〉年3月17日判決，民集60巻3号773頁）。この判決の2カ月後に当該部落民会は男子孫要件を撤廃する会則変更を行い，92名の女性が正会員となった（後掲『司法におけるジェンダー・バイアス（改訂版）』82頁以下［原田史緒執筆］参照）。

[参考文献]

芦部信喜（高橋和之補訂）『憲法（第6版）』岩波書店（2015）
高橋和之『立憲主義と日本国憲法（第3版）』有斐閣（2013）
谷口洋幸＝齊藤笑美子＝大島梨沙編著『性的マイノリティ判例解説』信山社（2011）
辻村みよ子『選挙権と国民主権』日本評論社（2015）
辻村みよ子『ポジティヴ・アクション──「法による平等」の技法』岩波新書（2011）
辻村みよ子『憲法（第5版）』日本評論社（2016）
辻村みよ子『憲法と家族』日本加除出版（2016）

6 政治参画とジェンダー

1 政治参画および政策・方針決定過程における 女性の参画現状 ●━━━━━━━━━━━━━━━●

　男女共同参画社会基本法から 20 年近くを経ても，日本では男女共同参画の実現状況がきわめて不十分である。とくに政治分野で女性の参画が遅れていることは，2014 年 12 月総選挙後の衆議院女性議員率 9.5 %（IPU 調査によると，当時は世界 190 カ国中 163 位，2016 年 6 月 1 日現在では 193 カ国中 155 位）という数字にもっとも端的に示されているが，これだけではない。内閣府男女共同参画局から刊行された『女性の政策・方針決定参画状況調べ』（2015 年 12 月）(http://www.gender.go.jp/research/kenkyu/sankakujokyo/2015/index.html) および『平成 28 年版男女共同参画白書』にしたがって概観してみよう。

1）国政への参画

　衆参両議院選挙における立候補者・当選者の女性比率は下記の図表 6 − 1，6 − 2 のとおりである。

図表 6 − 1　衆議院議員総選挙立候補者・当選者に占める女性割合

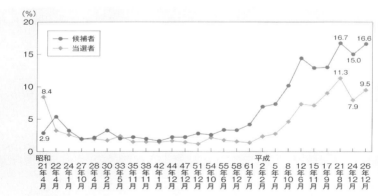

（備考）総務省「衆議院議員総選挙・最高裁判所裁判官国民審査結果調」より作成。

（男女共同参画白書平成 28 年版 28 頁より引用）

図表 6 − 2　参議院議員通常選挙立候補者・当選者に占める女性割合

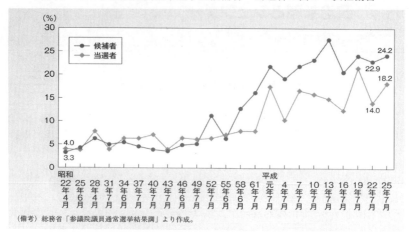

(備考) 総務省「参議院議員通常選挙結果調」より作成。

（男女共同参画白書平成 28 年版 28 頁より引用）

①　有権者数は，1946 年 4 月 10 日の第 22 回衆議院議員総選挙以来，今日まで，一貫して，女性のほうが多い。ちなみに，衆議院選挙では 1946（昭和 21）年では，男性 16,321,000 人，女性 20,558,000 人に対して，2014（平成 26）年 12 月選挙では，小選挙区・比例区選挙とも，女性 53,782,000 人，男性 50,181,000 人である。

②　投票率は，衆議院と参議院では多少の違いがある。衆議院では，1946 年選挙の際には男性 78.5 %，女性 67.0 %であり，1967 年（男性 74.8 %，女性 73.3 %）まで男性のほうが高い。1948 年には，男性 80.7 %，女性 68.0 %と，13 %近い開きがあった。これに対して，投票率がはじめて 70 %を割った 1969 年（男性 67.9 %，女性 69.1 %）以降，2009 年（平成 21）まで女性の投票率のほうが高い。2014 年には小選挙区・比例代表とも，投票率は男性 53.7 %，女性 51.7 %となっている。

参議院選挙では，衆議院より投票率が低い傾向にあり，男女間では当初は男性の投票率のほうが高かった。（1947 年の第 1 回通常選挙では，男性 68.4 %，女性 54.0 %であり，1965 年では男性 68.0 %，女性 66.1 %と，男性のほうが高い。1968 年（男性 68.9 %，女性 69.0 %）以降は，極端に投票率が下がった 1995 年（男性 44.7 %，女性 44.4 %）を除いて 2001 年までは女性の投票率のほ

うが高かったが，2010 年 7 月選挙では選挙区選挙と比例代表選挙区ともに男性 58.4 ％，女性 57.5 ％，2013 年 7 月の第 23 回選挙では，男性 53.5 ％，女性 51.8 ％のように，女性の方が低くなっている。その背景には，全体として，投票率が 80 ％もあった 1949 年と比べ漸減しており，政治への国民の関心がうすれて政治的アパシーが進行した事情がある。戦後初期には女性候補者率も低く，女性が「二級市民」とよばれても仕方のないような投票者としての消極的参画に留まっていたが，その後は性差による投票率の差は特徴的でなくなっていることが理解できる。

③ 立候補者における女性比率は，衆議院において 1949 年から 1986 年まで，長く 2 ～ 3 ％台の低迷を続けてきた。ようやく 1990 年代以降 7 ％を超え 2000 年には 14.4 ％になったが，2003 年 11 月の総選挙では 12.9 ％，政権交代がおこった 2009 年 8 月総選挙では 16.7 ％，2012 年 12 月総選挙では 15.0 ％，2014 年 12 月総選挙では 16.6 ％となった。

参議院では，立候補者に占める女性比率は，衆議院に比べて着実に増加し，2001 年 7 月の通常選挙では 27.6 ％となった。その後 2004 年には 20.6 ％に一時的に減少したが，2007 年 7 月選挙では 24.1 ％，2010 年 7 月選挙では 22.9 ％，2013 年 7 月選挙では 24.2 ％（433 人中 105 人），直近の 2016 年 7 月選挙では 24.7 ％（389 人中 96 人）と漸増している。

④ 当選者数・当選者比率における女性議員数・女性議員比率は，衆議院では，1946 年は大選挙区制であったこともあり，女性議員が 39 人当選し（8.4 ％），2004 年までで最多となった。1947 年選挙では女性議員 3.2 ％（15 人）に減少し，以後も中選挙区制のもとでさらに減り続けて，1976 年には，1.2 ％（6 人）になった。その後，1 ～ 2 ％台の状態が 1993 年まで続いたのは異常といわざるをえない。ようやく小選挙区・比例代表並立制で実施された 1996 年に 4.6 ％（23 人），2000 年には 7.3 ％（35 人）となった。2009 年総選挙では，選挙区選出議員 8.0 ％（24 人），比例代表選出議員 11.1 ％（30 人），全体で 11.3 ％（54 人）になったが，2012 年総選挙では，民主党の後退により 7.9 ％（38 人），2014 年総選挙では 9.5 ％（45 人）になった。選挙制度への依存度が大きく，比例代表選挙制が女性議員の増加に有効であることがわかる。

他方，参議院では，全国区と選挙区，1982 年公職選挙法改正以後は比例区と選挙区という二本立てで実施され，衆議院より女性議員率が高くなっている。

1947 年の第 1 回通常選挙では，女性議員は 10 人（4.0％）であり，1980 年（女性議員 17 名，6.7％）まで，5～7％台で推移した。1986 年に 8.7％（22 人）となった後，マドンナ現象が叫ばれた 1989 年には 13.1％（33 人）となり，1998 年の 17.1％（43 人）まで増加の一途をたどったが，2001 年には 15.4％（38 人），2004 年には 13.6％（33 人）に減少した。その背景には，経済不況下の男女共同参画への逆風も影響していると考えられる。その後民主党が勝利した 2007 年選挙で 21.5％が当選したのち，政権交代後の 2010 年 7 月選挙で 14.0％が当選して全体で 18.2％（44 人），2013 年 7 月選挙では 22 人（18.2％）が当選し，非改選議員とあわせて 39 人（16.1％）になった。直近の 2016 年 7 月選挙では 28 人（23.1％）が当選して過去最多となり（当選率 29％），参議院全体の女性比率は 20.7％（242 人中 50 人）となった。

⑤ 政治分野の男女共同参画の促進は重要な課題であり，政党の自覚的な取組みが期待される。この点では，政党役員における女性比率も重要な意味をもつが，民主党政権下の 2012 年 10 月現在では，民主党 13.5％（36 人），自由民主党 11.5％（23 人），公明党 10.5％（4 人），日本共産党 20.2％（40 人），社会民主党 18.2％（2 人）などであった。2012 年 12 月・2014 年 12 月選挙後の自民党政権下では，2015 年 10 月現在，自由民主党 10.1％（41 人），民主党 13.7％（18 人），公明党 10.9％（6 人），日本共産党 31.3％（10 人），社会民主党 20.0％（1 人）となっている（内閣府『女性の政策・決定過程参画状況調べ』2015 年 12 月，9～15，41 頁参照）。

2）地方政治への参画

地方議会選挙でも，国政選挙と似たような状況にある。

① 統一地方選挙における投票率については，知事・市長・町村長・都道府県議会議員・市議会議員・町村議会議員選挙のすべてにおいて，一貫して女性の投票率が上回っている。例えば，2015（平成 27 年）の各選挙における女性の投票率はそれぞれ以下のとおりである（カッコ内は男性の投票率）。

「知事 47.47（46.78）％・市長 51.38（49.59）％・町村長 70.21（67.84）％・都道府県議会議員 45.23（44.85）％・市議会議員 49.36（47.82）％・町村議会議員選挙 65.39（63.21）％」

これらから，いずれの選挙についても，女性の投票率が男性のそれよりも 2％程度高く，国政以上に地域の生活環境や教育問題に対して女性の関心が高

いことが窺える。しかし，実際に地方の政治を女性が担う状況になっているかといえば，そうではない。

②　女性の議員率の推移は，図表6-3のとおりである。

図表6-3　地方議会における女性議員割合

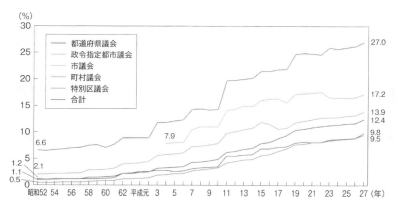

（備考）　1．総務省「地方公共団体の議会の議員及び長の所属党派別人員調等」より作成。
　　　　　2．各年12月末現在。
　　　　　3．市議会は政令指定都市議会を含む。なお，合計は都道府県議会及び市区町村議会の合計。

（男女共同参画白書平成28年版31頁より引用）

2015年12月末現在では，町村議会議員選挙9.5％，都道府県議会9.8％，市区議会議員13.9％，政令指定都市市議会17.2％　特別区27.0％，全体平均で12.4％である。このうち，とくに女性議員の割合が最も高いのは東京都の特別区議会（27.0％）で，政令指定都市の市議会も17％である反面，町村議会では3割以上で女性がゼロであるなど，都市部で高く郡部で低い傾向が強い。都道府県議会ではようやく女性議員ゼロのところがなくなったが，地方議会議員の女性比率が低いことは，諸外国の例と比べても日本の著しい特徴であり，民主主義を生活に密着した地方自治体・地方議会で実践してゆく必要が痛感される。

3）　国の行政への参画

閣僚等では，1980年代の海部内閣の以降，2-3人の女性大臣が任命されてきた。しかし，いずれも短期である上，与党内の年功序列の慣習から適材適所を得ることが困難であり，ファム・アリビ（アリバイとしての女性）の性格

６　政治参画とジェンダー

が強い。部署も，内閣府（男女共同参画・少子化対策担当）・環境庁・科学技術庁・文部科学省・厚生労働省などが多く，性別役割分業の仕組みを反映したものとなっている（例外として，2007年7月から56日間だけ小池百合子氏が防衛大臣を務め，2016年8月からの第三次安倍内閣（第二次改造）でも稲田朋美氏が防衛大臣に任命された）。2009年8月の政権交代後の鳩山内閣では，女性大臣2人（11.1％），副大臣1人（4.0％）・執務官3人であり，2012年12月選挙後の第二次安倍内閣では，女性大臣2人（11.8％），副大臣1人［25人中］（4％）・執務官6人［27人中］（22.2％）であった。第三次安倍内閣では，一時期女性大臣が5人になったが，2015年12月現在では，女性大臣3人（15.0％），副大臣1人［28人中］（3.6％）・執務官4人［27人中］（14.8％）にとどまっている。

　次に国家公務員についてみると，一般職公務員全体における女性割合は，2013（平成25）年度で26.2％である。行政職（一）俸給表適用者に占める女性割合は1980年代後半から増加傾向にあり，とくに女性の採用を積極的に促進した結果，2016年4月1日現在の女性採用比率が34.5％に上昇した（第3次男女共同参画基本計画に定めた成果目標〔2015年度末までに30％程度〕を達成した）。反面，職務の級が上がるにつれて女性割合は減少し，役職者の比率は，本省課室長相当職3.5％，本省課長補佐相当職8.6％，指定職相当職は3.0％と低くなっている（図表6-4参照）。

図表6-4　役職段階別女性国家公務員の割合

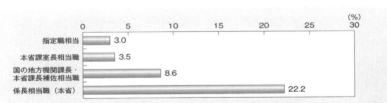

（備考）　1．内閣官房内閣人事局「女性国家公務員の登用状況及び国家公務員の育児休業等の取得状況のフォローアップ」（平成27年12月）及び内閣人事局が別途調査した結果に基づき，内閣府男女共同参画局作成。
　2．一般職の職員の給与に関する法律（昭和25年法律第95号。以下「一般職給与法」という。）の行政職俸給表（一）及び指定職俸給表の適用を受ける職員並びに防衛省の職員の給与等に関する法律（昭和27年法律第266号）に基づき一般職給与法の行政職俸給表（一）及び指定職俸給表に定める額の俸給が支給される防衛省の職員が対象。
　3．「本省課室長相当職」とは一般職給与法の行政職俸給表（一）7級から10級相当職の職員を，「国の地方機関課長・本省課長補佐相当職」とは同俸給表5級及び6級相当職の職員を，「係長相当職（本省）」とは同俸給表3級及び4級相当職の職員のうち本府省において勤務している者をいう。
　4．「本省課室長相当職」，「国の地方機関課長・本省課長補佐相当職」及び「係長相当職（本省）」の値は，専門行政職俸給表が適用される職員（内閣府，厚生労働省，農林水産省，経済産業省及び国土交通省），税務職俸給表が適用される職員（財務省），公安職俸給表（一）が適用される職員（国家公安委員会（警察庁）及び法務省）の職員及び公安職俸給表（二）が適用される職員（法務省及び国土交通省）を含んだ値。

（男女共同参画白書平成28年版29頁より引用）

　なお，これらの傾向に比して，国の審議会の女性委員比率だけは，順調に上昇している。2006年4月の男女共同参画推進本部決定で「2010年末にまでに33.3％」という目標を掲げ，2012年9月30日現在で32.9％，2015年9月30日現在で36.7％となっている。ただし，専門または特別の事項を調査・審議するための専門委員は，24.8％にとどまっている（図表6－5参照）。

図表6－5　国の審議会等における女性委員の割合

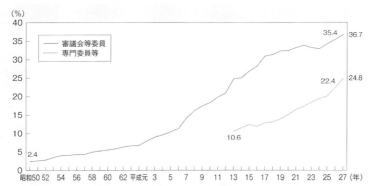

（備考）　1．内閣府「国の審議会等における女性委員の参画状況調べ」より作成。
　　　　　2．昭和63年から平成6年は，各年3月31日現在。7年以降は，各年9月30日現在。昭和62年以前は，年により異なる。

（男女共同参画白書平成28年版31頁より引用）

4）　地方行政への参画

　女性の首長についてみると，都道府県知事では，2015年4月現在，女性知事は2人で4.3％であったが，2016年7月の東京都知事選挙で小池百合子氏が当選し，女性の政治参画に大きなインパクトを与えた。全体としては2015年4月現在，女性の市区長は17人で市区長に占める割合は2.1％，女性の町村長は5人で町村長に占める割合は0.5％（2016年4月現在6人で0.6％）にすぎないなど，非常に低い値になっている。仮に性別役割分業の影響から生活に密着しているほうが女性に適している，という仮説が成立するならば，この状況は説明できないことがわかり，この仮説自体が成りたたないことが示されている。なお，地方公務員管理職（課長職相当以上）の女性比率も，増加傾向にあるといえるものの，2015年4月1日現在では，都道府県で7.7％，政令指定都市で11.9％，市区町村で12.6％にとどまっている。

5）司法への参画

司法分野の女性の比率は着実に増加しており，2015年度には，女性裁判官（判事703人）20.0％（2014年12月現在），検察官（検事424人）22.4％（2015年3月末現在），弁護士18.2％（2015年9月末現在6,614人）である（図表6－6参照）。

いずれも1980年代までは1～3％台の低率であったが，少しずつ増加している。司法試験合格者中の女性比率は，2012年度25.9％から減少して2015年度21.6％となっているが，法科大学院の女子学生比率が約30％であることから，今後の増加が期待される（司法におけるジェンダー・バイアスの問題は，本書 15 192頁参照）。

図表6－6　司法分野における女性の割合

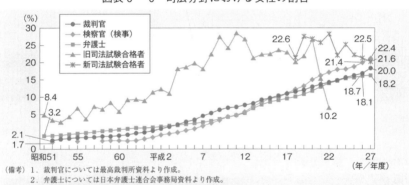

（備考）　1．裁判官については最高裁判所資料より作成。
　　　　　2．弁護士については日本弁護士連合会事務局資料より作成。
　　　　　3．検察官（検事），司法試験合格者については法務省資料より作成。
　　　　　4．裁判官は各年4月現在（ただし，平成27年は26年12月現在），検察官（検事）は各年3月31日現在。弁護士は年により異なる。司法試験合格者は各年の値。

（男女共同参画白書平成28年版33頁より引用）

2　世界の状況

（1）　世界女性の政治参画の展開

世界の女性参政権運動の歴史はすでに見たが，おおむね18世紀から要求が出始め，19世紀に女性参政権運動が組織化されて，19世紀末から20世紀前半にかけて多くの国で女性参政権が実現された。

州のレヴェルでは，1969年アメリカのワイオミング准州，国のレヴェルで

は 1893 年のニュージーランドが最初である。前者では女性の人口比率の低さ
やアメリカでの参政権論の高まりなど，後者では，旧宗主国であるイギリスの
女性参政権論の高まりなどが影響していた（各国の歴史的展開は，辻村『ジェン
ダーと人権』日本評論社，2008 年，第 2 章参照）。

　国のレヴェルでは，1893 年のニュージーランド，1902 年のオーストラリ
アを皮切りに，1906 年フィンランド，1913 年ノルウェー，1915 年デンマー
ク，アイスランド，1917 年ソ連，1918 年カナダ，ドイツ，1919 年オーストリ
ア，オランダ，スウェーデン他，1920 アメリカ，1928 年イギリス，1932 年タ
イ，1937 年フィリピン，1945 年フランス，日本他と続いた。

　第 2 次大戦後は AA 諸国の独立に伴う女性参政権導入が相次ぎ，2016 年 6
月現在では，193 カ国で女性参政権が認められている。長く女性参政権が認め
られてないことで有名であったクウェートでも 2006 年 6 月に認められ，2013
年 7 月の選挙では，65 議席中 1 人（1.5 ％）の女性議員が選出されている。こ
のほか，パラオ，カタール，トンガ，ヴァヌアツなどでは女性議員がゼロで
あることが知られている（IPU〔列国議会同盟〕調査結果，2016 年 6 月 1 日現在，
http://www.ipu.org/wmn-e/classif.htm 参照）。

（2）現　状

　2016 年 6 月 1 日現在の世界各国の女性議員率は，次頁の一覧表（図表 6 - 7）
のとおりである（IPU の統計 2016 年 6 月 1 日現在，http://www.ipu.org/wmn-e/
classif.htm，辻村『選挙権と国民主権』日本評論社（2015）273 頁図表 4 - 5 などを
もとに辻村作成）。

　また，世界全体の女性議員比率は，両院あわせて 22.7 ％，一院もしくは下
院で 22.8 ％，上院で 22.0 ％となっている。地域的に見ても，図表 6 - 8 の
ように，北欧諸国の 41.1 ％を筆頭に，欧州，アメリカ諸国，アフリカ諸国で
は 20 ％台となっている。アラブ諸国，太平洋諸国では 10 ％台にとどまってい
るが，それでも下院（衆議院 9.5 ％）という値が，いかに世界の動向からみて
低い値であるかがわかるであろう。上院（参議院）での増加により，日本の両
院合わせた女性議員比率がようやく総議員数 717 人（475 人＋ 242 人）中 95 人
（45 人＋ 50 人）で 13.2 ％になったとはいえ，世界平均から見ても著しく低い
数字であることを知っておく必要があろう。

図表6－7　世界の女性下院議員比率ランキングと選挙制度・クオータ制

順位	国名	地域	女性議員比率	選挙年月	選挙制度	クオータ制
1	ルワンダ	アフリカ	63.8 %	2013/9	PR	LQ* 30 % RS
2	ボリビア	中南米	53.1 %	2014/10	MMP	LQ　50 % CQ
3	キューバ	中南米	48.9 %	2013/2	M	－
4	セーシェル	アフリカ	43.8 %	2011/9	MMP	
5	スウェーデン	欧州	43.6 %	2014/9	PR	PPQ　50 % CQ
6	セネガル	アフリカ	42.7 %	2012/7	MMP	LQ
7	メキシコ	中南米	42.4 %	2015/6	MMP	LQ
7	南アフリカ	アフリカ	42.4 %	2014/5	PR	PPQ　50 % CQ
9	エクアドル	中南米	41.6 %	2013/2	PR	LQ　50 % CQ
10	フィンランド	欧州	41.5 %	2015/4	PR	－
11	アイスランド	欧州	41.3 %	2013/4	PR	PPQ　50 % CQ
11	ナミビア	アフリカ	41.3 %	2014/11	PR	PPQ　50 % CQ
11	ニカラグア	中南米	41.3 %	2011/11	PR	PPQ　40 % CQ
14	スペイン	欧州	40.0 %	2015/12	PR	
15	モザンビーク	アフリカ	39.6 %	2014/10	PR	LQ　40 % CQ
15	ノルウェー	欧州	39.6 %	2013/9	PR	PPQ　40 % CQ
17	アンドラ	欧州	39.3 %	2015/3	MMP	
17	ベルギー	欧州	39.3 %	2014/5	PR	PPQ　50 % CQ
19	エチオピア	アフリカ	38.8 %	2015/3	PR	PPQ　30 % CQ
20	東ティモール	アジア	38.5 %	2012/7	PR	PPQ　50 % CQ
48	イギリス	欧州	29.4 %	2015/5	M	－
60	フランス	欧州	22.8 %	2012/6	M	LQ
96	アメリカ	北米	19.4 %	2014/11	M	－
106	韓国	アジア	17.0 %	2016/4	MMP	LQ　50 % CQ
155	日本	アジア	9.5 %	2014/12	MMP	－

（IPU 調査結果 http：//www.ipu.org/wmn-e/classif.htm　2016 年 6 月 1 日現在，および辻村『選挙権と国民主権』日本評論社，2015 年，273 頁をもとに作成）
（選挙制度：M 小選挙区制，PR 比例代表制，MMP 並立制・併用制・複合型）
（クオータ制：LQ 法的クオータ制＝網掛け，＊憲法規定有，PPQ 政党の自発的クオータ制，CQ 候補者リスト型，RS 議席リザーヴ型 ——導入無。空欄は IDEA のデータ無）

図表6－8　地域別女性議員比率（2016年6月1日現在）

地域	両院	下院（または一院）	上院
世界全体 総議員数46,024人（うち女性10,327人）	22.7 %	22.8 %	22.0 %
北欧諸国		41.1 %	
欧州（北欧を含む）	25.6 %	25.8 %	24.7 %
アメリカ諸国	27.6 %	27.7 %	27.0 %
アフリカ（サハラ以南）	22.9 %	23.1 %	21.9 %
アジア諸国	18.8 %	19.2 %	15.1 %
アラブ諸国	17.5 %	18.4 %	12.1 %
太平洋諸国	16.0 %	13.5 %	36.0 %

（IPU　http://www.ipu.org/wmn-e/world.htm より引用）

（3）　選挙制度とクオータ制

　世界各国の選挙制度には，全国を複数の選挙区に分け選挙区ごとに1人の議員を選出する小選挙区制，（2人以上の議員を選出する）中選挙区制，大選挙区制，得票数に比例して議席を配分する比例代表制，これらを複合させる方法など多様な形態が存在する。

　一般に，小選挙区制の長所として，(a)有権者が候補者の人物をよく知ることができる，(b)選挙区が狭いため選挙費用が節約できる，(c)二大政党化を促して政局が安定する，などが指摘される。また，短所として，(a)候補者の選択の幅が狭く投票が死票となることが多い，(b)競争が激しく買収等の選挙腐敗がおこりやすい，(c)議員が地域的な利益代表になりやすい，などがある。反対に，大選挙区制では，(a)候補者の選択の幅が広くなる，(b)死票が少ない，(c)地域の利益に縛られない候補者を得ることができる，(d)選挙腐敗が少なくなる，などの長所が指摘できる反面，(a)有権者が候補者の人物を知ることが困難になる，(b)選挙に対する関心も薄くなりがちである，(c)地域が広いため選挙運動費用がかさむ，(d)同一政党内で複数の立候補ができ共倒れとなりやすい，などの短所が指摘される。

　比例代表制は，得票数に比例して議席を配分する点で民意反映機能に優れており合理的な制度であるといえる。投票結果を歪める原因となる死票を最小限にとどめ，民意を忠実に議席に反映しうる制度である反面，政党が中心的な役割を果たすことになり人物中心の選挙を実現しえないこと，小党分立を招き政治の安定性を得ることができないこと，などの欠点が指摘される。さらに，得票に比例して議席を配分する方法はドント式・ヘアー式など多数があり，複雑な制度となるという欠点も存在する。

　世界ではアメリカ・イギリスは小選挙区制，フランスは下院が小選挙区制で上院が比例代表制，北欧・ベネルクス３国・ラテンアメリカ諸国が比例代表制，ドイツが小選挙区・比例代表併用制，日本・韓国が小選挙区・比例代表並立制を採用している。(辻村『選挙権と国民主権』日本評論社，2015 年 218 頁参照)。

　このうち，一院制で拘束名簿式の比例代表選挙制を採用しているスウェーデン・フィンランド・ノルウェーなどの北欧諸国では，候補者名簿について男性と女性を交互に並べる方式（Zipping）を政党レヴェルで導入することによって，高い女性比率を得ることができた。

　他方，韓国では，日本と同様に小選挙区比例代表並立制を採用しているが，議席数が，比例代表区 56，小選挙区 299 となっており，比例区の議席が少ないことから 50％クオータ制を 2004 年の法律によって強制しても憲法違反の恐れが低いと解されている。また，小選挙区選挙では候補者の 30％以上を女性にする努力義務を課し，遵守した政党には政治資金助成金〔女性候補者推薦補助金〕を支給することを定めて，小選挙区制についてもポジティヴ・アクションの有効性を示した（辻村・後掲『ポジティヴ・アクション』55〜61 頁参照）。

　これに対して，女性議員率世界第１位のルワンダでは，憲法によって下院の定数 80 人のうち，女性について 24 人（30％）の議席割当制が定められているが，そのほかに，比例代表選挙による地域代表部分 53 人，全国青年評議会の代表２人（2.5％），障害者協会の代表１人（1.25％）が選出される構造になっている。上院についても，定数 26 人中 30％以上が女性に留保されることが明らかにされ，地方議会代表 12 人，政党の連合体４人，公立大学等の研究者１人，私立大学等の研究者１人のように定められている（ルワンダ憲法 76 条・82 条。辻村・後掲『憲法とジェンダー』306〜307 頁参照）。

　日本の選挙制度や代表制のあり方，ポジティヴ・アクションの導入について

構想する場合に，諸国のさまざまな取組みが参考になると思われる。

3　日本における女性の政治参画状況と課題 ●━━━━━━━●

（1）　女性参政権の定着と低迷の原因

　日本では，終戦直後の 1945 年 10 月 11 日のマッカーサー指令による日本の民主化に関する五大改革の第 1 項目が「参政権の賦与による日本婦人の解放」であったことによって，いわば外圧によって，女性参政権が実現した。1946年 4 月の衆議院選挙で 39 人（8.4 ％）の女性議員が選出され，同年 9 月に地方議会での参政権も実現した。しかし，その後の政治分野における男女共同参画は，男性支配型政治のなかで，なおも大きな限界をもっている。この限界の背景には，女性参政権を阻んだ戦前の家父長的家族制度と「家」意識の残存，そのなかでの性役割分担論と「政治は男の仕事」とする一般世論（とくに女性を家庭に閉じ込めることを要請する男性の労働形態と意識）など，多くの要因が存在していた。1960 年代からの高度経済成長に伴う女性の労働市場への進出と核家族化によって旧来の「家」制度にも一定の崩壊現象が認められるにせよ，日本の経済構造を支える全社会的な分業論・性役割分担論（大家族としての企業社会及びその核としての家庭内での性役割分担論）の変革は容易ではない。

　ところが 1980 年代後半に転機が訪れた。1989 年 7 月の東京都議会議員選挙，参議院議員選挙では，消費税・リクルート疑惑などの争点に対して女性有権者が鋭く反応し，女性党首を仰ぐ社会党の得票率を押し上げて「山を動かす」ことに貢献した。1990 年 2 月の衆議院議員選挙では，「マドンナ・ブーム」のなかで 66 人の女性が立候補し（6.9 ％，うち自民系 0.4 ％，野党系 4.7 ％），12 人（女性比率 2.3 ％）が当選してこの後の比率向上の契機となった。もっとも，当時は，消費生活や環境の改善を謳った野党の女性候補者・議員がことさら性別を強調し，「大根の値段のわかる政治家」「主婦感覚のシロウト議員」をめざしたことで，性別役割分業論に根ざしていた点に限界があった。実際，「女性主権者」の政治活動を質的にみれば，女性候補者がことさら主婦の利益を代弁し，性役割分担論・家庭責任を前提とした主張を展開しようとしたことには，問題があったと思われるからである。

（2）　政治分野の男女共同参画実現のための課題

　さらに，女性議員率が長く低迷してきた背景には，選挙制度や政治の金権体質など，多くの要因があった。これらの要因を除去し，改革することが女性の政治参画を高める課題であるといえよう。

1）　日本の政治体質の改善

　すでに 4（本書42頁）で，女性の政治参画や政策決定過程への進出がきわめて低レヴェルである要因として，(a)日本の戦後政治自体の後進性と民主主義の未成熟，(b)戦後政治のもとでの性別役割分業の固定化を指摘した。前者については，日本の政治の後進性と未成熟をもたらした原因として，1955 年から 1993 年まで一度も政権交代がないまま自民党の長期単独政権が存続た間に農村社会・地域社会を中心に地縁や血縁関係に基づく「三バン政治」（地盤・看板・金力を示すカバン政治）と「金権政治」が横行し，いわゆる「金権選挙」が展開されたことがあげられる。このような構造はその後の政権交代によっても基本的に変化せず，後援会組織や地方組織・企業組織を基盤とした利益誘導型・男性支配型・世襲型選挙において，「三バン」が弱い女性候補者が容易に突破しえない厚い壁が形成された。2009 年からの民主党政権，2012 年からの自民党政権復活を経た今日でも，女性候補者比率・女性議員比率・政党役員の女性比率などが伸び悩んでおり（本書67-68頁），女性の政治参画促進のための自覚的な取組みが求められている。

　このような状況下で，2016 年 7 月の東京都知事選挙結果（小池百合子知事）に続いて，同年 9 月の民進党党首選挙において野党第 1 党党首に女性（蓮舫）が選出された。最近の世界の動向（アジア・アフリカ・ラテンアメリカ諸国の女性大統領・総統に加え，アメリカ合衆国大統領［候補］，イギリス首相，パリ市長，ローマ市長など女性が選出）に近づく現象として成果が期待される。

2）　企業社会における性別役割分業論の打破

　反面，日本の企業社会では，従来からの金権政治を背景に，強固な性別役割分業構造が女性の政治参画を阻んできたことが指摘できる。とくに 1960 年代からの高度経済成長に伴う女性の労働市場への進出と核家族化によって，日本の経済構造を支える社会全体の分業論を基礎として，性別役割分業の固定化が進んだ。このような社会全体の性別役割分業の結果，政治は男性の領域となり，女性がそこに入る場合でも，それは「アリバイ」としてか，そうでなくても政

治の世界内に役割分業を持ち込むことが多かった。

そこで日本社会全体の性別役割分業構造や，性別役割分担意識を改革することが不可欠となる。研修や広報活動の努力も必要であるが，雇用・学術分野その他，社会全体での性別役割分業構造の変革と歩調を合わせる必要がある。この点でも，1999年の男女共同参画社会基本法が性別役割分担構造の改革を目指していることを重視すべきであろう。

3）選挙制度と法学・政治学的ジェンダー分析の必要

さらに，女性の政治参画と選挙制度との関係など政治学・法学分野でのジェンダー視点からの研究の重要性と，これに基づいたポジティヴ・アクション導入の必要性を指摘することができよう。北欧諸国での拘束比例代表性選挙におけるクオータ制導入の展開，小選挙区制のものでのイギリス労働党の取組みをはじめ，世界にはすでにすぐれたモデルがでそろっている。これらに関する憲法学や政治学の分野での専門的な研究を進めるとともに，具体的に，日本の政治分野でのポジティヴ・アクション推進施策を明らかにする必要がある。

とくに日本の場合は，選挙制度と男女共同参画推進との関係等について，各政党での取組みが非常に遅れており，早急な対策が必要である。実際，衆議院に小選挙区比例代表並立制という選挙制度が導入され，比例選挙部分では女性議員率が上昇しても，小選挙区制選挙では女性が当選しにくいという実態がある。また，参議院については，2000年の法改正で，非拘束名簿式が導入されたことで，女性当選者の数や比率が減少した。これらは，現時点では女性候補者にとって不利な選挙であるため選挙制度と女性の政治参画との関係を比較の観点から明確にすることが急務となろう。クオータ制導入の可否，とくに政党の自発性にゆだねるスウェーデン型と，政党法等の法律による強制を伴う韓国型とのいずれを採用すべきかといった問題も，今後の緊急の検討課題である。2009年8月，2012年12月の政権交代，さらに2013年・2016年7月の参議院選挙の結果などをふまえて，政治参画とジェンダーをめぐる理論的研究の深化が求められている。

こうした流れの中で，2016年5月30日，民進党をはじめとする野党4党は，野党共同提案の形で，衆議院に「政治分野における男女共同参画の推進に関する法律案」(A)を提出した。また，民進党の単独提案として，「公職選挙法一部改正法案」(B)を提出した。前者(A)では，「第2条　政治分野における男女共

6　政治参画とジェンダー

同参画の推進は，衆議院議員，参議院議員及び地方公共団体の議会の議員の選挙において，政党その他の政治団体の候補者の選定の自由，候補者の立候補の自由その他の政治活動の自由を確保しつつ，男女の候補者ができる限り同数となることを目指して行われなければならない。」と定められている。

　また後者(B)は，衆議院の小選挙区選挙と比例代表選挙の重複立候補者を比例名簿に登載する際に，当選させる優先順位を付したグループに分けることで一定割合を女性とすることを可能とする複雑な法案であるが，一般にクオータ制推進法案と称されている。これらの法案は今後審議の対象となるため現実の立法動向が注目されるが，理論的にも，立候補者の男女同数という目標が憲法ならびに国際法（女性差別撤廃条約等）の視点からどのように正当化できるのか（政党の自律性や，立候補の自由との関係で問題はないか），女性議員は女性の代表ではないことから，そもそも性別に係るクオータ制がどのような論理で正当化されるのか，フランスの憲法院判決で議論されたような本質論的な議論（本書 3 40～41頁）が必要になると思われる。

[参考文献]

　三浦まり＝衛藤幹子編著『ジェンダー・クオータ　世界の女性議員はなぜ増えたのか』明石書店（2015）

　辻村みよ子『選挙権と国民主権』日本評論社（2015）

　辻村みよ子編『壁を超える』（シリーズ「ジェンダー社会科学の可能性」第3巻）岩波書店（2010）

　辻村みよ子『ポジティヴ・アクション──「法による平等」の技法』岩波新書（2011）

　辻村みよ子『憲法とジェンダー』有斐閣（2009）

　日本政治学会編『年報政治学 2003, 「性」と政治』岩波書店（2004）

　糠塚康江『パリテの論理──男女共同参画の技法』信山社（2005）

　International IDEA, *Women in Parliament*, Stockholm, <http://www.idea.int>

　IPU, http://www.ipu.org/wmn-e/world.htm, http://www.ipu.org/wmn-e/classif.htm

7 雇用とジェンダー

1 雇用における男女共同参画の現状 ●━━━━━━━━━━●

　女性の労働や男女共同参画の現状は，以下のとおりである（『男女共同参画白書28年版』参照）。

　①　総務省「労働力調査（基本集計）」（平成27年）によると，日本の就業者数は6,376万人で，男女別内訳は女性2,754万人，男性3,622万人である。生産年齢人口〈労働力人口〉（15～64歳）の男性は20年以降減少が続いているが，女性は25年以降増加している。2015年には15～64歳で64.6％，25～44歳で71.6％となった。生産年齢人口に女性が占める割合は63.6％である。

　②　日本の男女の生産年齢人口の就業率を他のOECD諸国と比較すると，34カ国中，男性はスイス及びアイスランドに次いで3位であるが，女性は16位となっている（図表7－1参照）。

　女性の年齢階級別労働力率は，いわゆる「M字カーブ」を描いているものの，そのカーブは以前に比べて浅くなっており，M字の底となる年齢階級も上昇

図表7－1　OECD諸国の女性（15～64歳）の就業率（2014年）

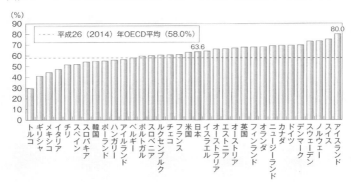

（備考）1．OECD "Employment Outlook 2015" より作成。ただし，チリはOECD "OECD. stat"より作成。
　　　　2．就業率は，「15～64歳就業者数」／「15～64歳人口」×100。

（男女共同参画白書平成28年版39頁より引用）

している。1975 年では 25 ～ 29 歳（42.6 ％）がM字の底となっていたが，2015
年には，35 ～ 39 歳の年齢階級がM字の底となっている。M字カーブは台形に
近づきつつあるが（図表７－１参照），諸外国ではスウェーデンやドイツ，フラ
ンス，　アメリカなどではほぼ台形になっていることがわかる（図表７－２参照）。

図表７－２　主要国における女性の年齢階級別労働力率

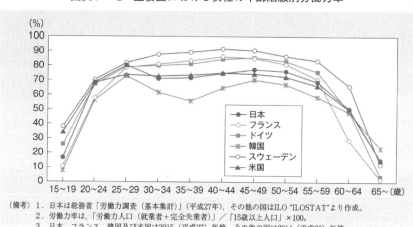

(備考)　1．日本は総務省「労働力調査（基本集計）」（平成27年），その他の国はILO "ILOSTAT"より作成。
　　　　2．労働力率は，「労働力人口（就業者＋完全失業者）」／「15歳以上人口」×100。
　　　　3．日本，フランス，韓国及び米国は2015（平成27）年値，その他の国は2014（平成26）年値。
　　　　4．米国の15～19歳の値は，16～19歳の値。

（男女共同参画白書平成 28 年版 39 頁より引用）

　③　男女とも，パート・アルバイト等の非正規雇用者の割合が増加してい
るが，女性は 2015 年には 56.3 ％と，前年に比べてやや低下した。非正規雇用
者のうち，不本意に非正規の雇用形態についている者の人数（年齢計）は，女
性 158 万人，男性 156 万人で，女性の方がやや多い。不本意に非正規の雇用形
態についている者の割合を男女別，年齢階級別に見ると，女性の場合，15 ～
24 歳の若年層（うち卒業）で最も高く，年齢階級が上がるほど低下する傾向が
見られる（図表７－３参照）。2015 年の女性の非労働力人口 2,887 万人のうち，
301 万人が就業を希望している。現在求職していない理由としては，「出産・
育児のため」が最も多く，32.9 ％となっている。
　④　一般労働者における男女の所定内給与額の格差は，長期的に見ると縮小
傾向にある。2015 年に，男性一般労働者の給与水準を 100 としたときの女性

図表 7 - 3　年齢階級別非正規雇用者の割合の推移（男女別）

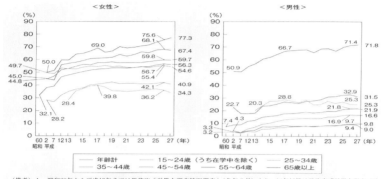

(備考) 1. 昭和60年から平成13年までは総務庁「労働力調査特別調査」（各年2月）より、14年以降は総務省「労働力調査（詳細集計）」（年平均）より作成。「労働力調査特別調査」と「労働力調査（詳細集計）」とでは、調査方法、調査月等が相違することから、時系列比較には注意を要する。
2. 「非正規の職員・従業員」は、平成20年までは「パート・アルバイト」、「労働者派遣事業所の派遣社員」、「契約社員・嘱託」及び「その他」の合計。21年以降は、新たにこの項目を設けて集計した値。
3. 非正規雇用者の割合は、「非正規の職員・従業員」／（「正規の職員・従業員」＋「非正規の職員・従業員」）×100。
4. 平成23年値は、岩手県、宮城県及び福島県について総務省が補完的に推計した値。

（男女共同参画白書平成 28 年版 40 頁より引用）

一般労働者の給与水準は 72.2 であり、前年と同水準であった。また、一般労働者のうち正社員・正職員の男女の所定内給与額では、男性の給与水準を 100 としたときの女性の給与水準は 74.4 となった（図表 7 - 4 参照）。

　男女間の給与水準に差が生じる背景として、雇用形態による給与額の差もあると考えられる。平成 27 年は一般労働者のうち、男性が 69.5 ％を占める正社

図表 7 - 4　男女間所定内給与格差の推移

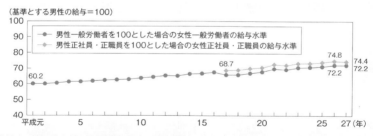

(備考) 1. 厚生労働省「賃金構造基本統計調査」より作成。
2. 10人以上の常用労働者を雇用する民営事業所における値。
3. 給与水準は各年6月分の所定内給与額から算出。
4. 一般労働者とは、常用労働者のうち短時間労働者以外の者。
5. 正社員・正職員とは、一般労働者のうち、事業所で正社員・正職員とする者。

（男女共同参画白書平成 28 年版 43 頁より引用）

員・正職員の1時間当たりの給与水準を100としたとき，女性が50.0％を占
める正社員・正職員以外の1時間当たりの給与水準は64.2である。また，女
性が73.8％を占める短時間労働者の1時間当たりの給与水準は57.1となって
いる。いずれも格差は長期的に縮小傾向にある。

　⑤　女性雇用者の勤続年数は長期化しているが，女性の管理職の割合は依然
として低い水準にある。常用労働者100人以上を雇用する企業の労働者のうち
役職者に占める女性の割合を階級別に見ると，長期的には上昇傾向にあるが，
上位の役職ほど女性の割合が低く，2015年は，係長級17.0％，課長級9.8％，
部長級6.2％となっている（図表7－5参照）。

　管理的職業従事者に占める女性の割合は2015年において12.5％であり，諸
外国と比べて低い水準となっている（図表7－6参照）。

　⑥　1980〈昭和55〉年以降，共働き世帯が増加し，1997〈平成9〉年以降は
共働きの世帯数が男性雇用者と無業の妻からなる片働き世帯数を上回っている。
2015年では，雇用者の共働き世帯は1,114万世帯，片働き世帯は687万世帯
である（図表7－7参照）。

　⑦　共働き世帯では育児休業を取得する女性が増えているが，出産前後に就
業を継続する割合が増えず，6割以上の女性が出産を機に離職する傾向が続い
ている（図表7－8参照）。

図表7－5　階級別役職者に占める女性の割合の推移

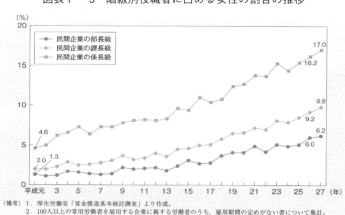

(備考)　1．厚生労働省「賃金構造基本統計調査」より作成。
　　　　2．100人以上の常用労働者を雇用する企業に属する労働者のうち，雇用期間の定めがない者について集計。

（男女共同参画白書平成28年版45頁より引用）

84

図表7−6　就業者及び管理的職業従事者に占める女性の割合（国際比較）

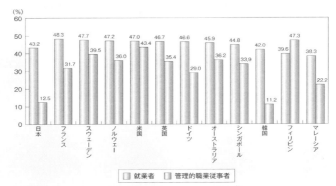

（備考）1．総務省「労働力調査（基本集計）」（平成27年），その他の国はILO“ILOSTAT”より作成。
　　　　2．日本，フランス，スウェーデン，ノルウェー及び英国は2015（平成27）年，米国は2013（平成25）年，その他の国は2014（平成26）年の値。
　　　　3．総務省「労働力調査」では，「管理的職業従事者」とは，就業者のうち，会社役員，企業の課長相当職以上，管理的公務員等。また，「管理的職業従事者」の定義は国によって異なる。

（男女共同参画白書平成28年版46頁より引用）

図表7−7　共働き等世帯数の推移

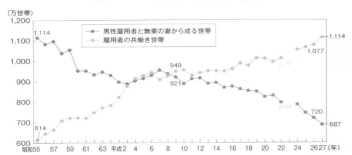

（備考）1．昭和55年から平成13年までは総理府「労働力調査特別調査」（各年2月。ただし，昭和55年から57年は各年3月），平成14年以降は総務省「労働力調査（詳細集計）」より作成。「労働力調査特別調査」と「労働力調査（詳細集計）」とでは，調査方法，調査月等が相違することから，時系列比較には注意を要する。
　　　　2．「男性雇用者と無業の妻から成る世帯」とは，夫が非農林業雇用者で，妻が非就業者（非労働力人口及び完全失業者）の世帯。
　　　　3．「雇用者の共働き世帯」とは，夫婦共に非農林業雇用者（非正規の職員・従業員を含む。）の世帯。
　　　　4．平成22年及び23年の値（白抜き表示）は，岩手県，宮城県及び福島県を除く全国の結果。

（男女共同参画白書平成28年版47頁より引用）

　その理由の1つに，日本では6歳未満の子供を持つ夫の家事・育児関連に費やす時間（1日当たり）は67分と，他の先進国と比較して低水準にとどまっている現状がある（2011年度）（図表7−9参照）。

図表7-8　子供の出生年別第1子出産前後の妻の就業経歴

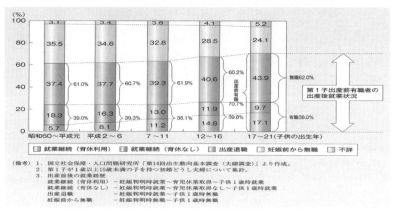

(備考)　1.　国立社会保障・人口問題研究所「第14回出生動向基本調査（夫婦調査）」より作成。
　　　　2.　第1子が1歳以上15歳未満の子を持つ初婚どうし夫婦について集計。
　　　　3.　出産前後の就業経歴
　　　　　就業継続（育休利用）　－妊娠判明時就業～育児休業取得～子供1歳時就業
　　　　　就業継続（育休なし）　－妊娠判明時就業～育児休業取得なし～子供1歳時就業
　　　　　出産退職　　　　　　　－妊娠判明時就業～子供1歳時無職
　　　　　妊娠前から無職　　　　－妊娠判明時無職～子供1歳時無職

（男女共同参画白書平成 28 年版 49 頁より引用）

図表7-9　6歳未満の子を持つ夫の家事・育児時間

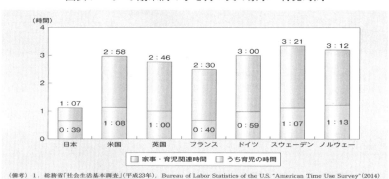

(備考)　1.　総務省「社会生活基本調査」(平成23年)，Bureau of Labor Statistics of the U.S. "American Time Use Survey"(2014)
　　　　　及びEurostat "How Europeans Spend Their Time Everyday Life of Women and Men" (2004) より作成。
　　　　2.　日本の値は，「夫婦と子供の世帯」に限定した夫の1日当たりの「家事」，「介護・看護」，「育児」及び「買い物」
　　　　　の合計時間（週全体平均）。

（男女共同参画白書平成 28 年版 9 頁より引用）

2　男女雇用均等政策と判例の展開

（1）　男女雇用機会均等法の展開

　1 でみたような雇用情勢に対して，一般に「男女雇用機会均等法」と称されている法律（雇用の分野における男女の均等な機会及び待遇の確保等に関する法律）

が女性差別撤廃条約批准に先だって 1985 年に制定（実際には 1972 年制定の勤労婦人福祉法の大幅改訂であるが，法律名も 1985 年に変更）された。しかし 1985 年法では，雇用者に対する法的拘束力が規定されてないなどの限界があり 1997 年に改正（一部を除き 1999 年から施行）された。この改正によって，(i)第 2 章第 1 節 5 条〜8 条で，募集・採用，昇進・配置，福利厚生，定年・退職・解雇等の関する差別が禁止規定とされた。また，(ii)9 条で，（5 条〜8 条の規定は）事業主が機会均等・待遇改善を目的として，「女性労働者に関して行う措置を講ずること」を妨げるものではない，と定め，20 条で事業主の措置に対する国の援助を定めて，いわゆるポジティヴ・アクション（積極的改善措置）に関する規定が導入された。

　その後，2006 年に再度均等法が改正（2007 年 4 月 1 日から施行）され，以下の諸点が改訂された。

　a）第 2 章第 1 節の差別禁止規定について，女性差別禁止という片面的性格から，性差別禁止という両面的性格に変更された。2006 年法では，「事業主は，労働者の募集及び採用について，その性別にかかわりなく機会を与えなければならない」（新 5 条）とされた。第 6 条以下も，改正前は配置・昇進，教育訓練，福祉厚生，定年・解雇，退職に関して，「労働者が女性であることを理由として男性と差別的取扱いをしてはならない」と定めていた（6 条〜8 条）が，2006 年法では，「次に掲げる事項について，差別的取扱いをしてはならない」（新 6 条）と規定し，前記の配置等の諸項目のほか，労働者の職種・雇用形態の変更（同 3 号），退職の勧奨，労働契約の更新（同 4 号）の項目を追加した。

　b）ポジティヴ・アクションについても，両面性に変更するか否かが注目されたが，2006 年法では，上記 1997 年法の 9 条・20 条がそれぞれ新 8 条・14 条に移動されただけで片面的な内容が維持された。

　c）2006 年法 7 条で，「実質的に性別を理由とする差別になるおそれがある措置として厚生労働省令で定めるもの」について禁止を定めることで，いわゆる間接差別禁止の規定を盛り込んだ（本書 95 頁参照）。

　d）2006 年法 9 条で結婚，妊娠，出産等を理由とする不利益取り扱いが禁止された。9 条 4 項では，妊娠中の女性労働者及び出産後 1 年を経過しない女性労働者に対してなされた解雇が無効とされた。

　e）指針（性別差別の禁止規定，間接差別禁止規定及び妊娠・出産等を理由と

する不利益取扱の禁止規定に関する指針）の作成と公表が定められた（10条1項）。

　f）セクシュアル・ハラスメントの対象を男性も含めた全労働者として，セクシュアル・ハラスメントの予防等について，事業主の雇用管理上の措置を義務化した（11条1項関係，本書⑬162頁参照）。

　g）調停の対象にセクハラを加えることも定めた（18条1項・20条・23〜25条）。違反事業主への勧告に従わなかったときはその旨公表する公表制度を明示した(30条)。報告をせず，又は虚偽の報告をした者に対する過料(20万円以下)を創設した（33条）（神尾真知子ほか・後掲『フロンティア労働法』222-223頁参照）。

　このほか，2007年・2014年には短時間労働者法（1993年制定のパート労働法）が改正され，2012年には労働契約法改正，労働者派遣法改正などが実施されて，非正規労働者の処遇の改善がめざされてきた。実際には，有期労働契約から無期労働契約への転換などの法改正が，労働者にとって不利益を伴う運用をもたらさないよう法運用の監視が不可欠となっている（浅倉むつ子「労働と社会保障」山下他『ジェンダー六法（第2版)』345頁以下参照）。

（2）　ワーク・ライフ・バランスの推進

　国連の女性差別撤廃条約（1985年批准）のほか，家族的責任に関するILO156号条約（1995年批准）の実施にむけて，家族的責任と職業の両立支援についても努力が続けられてきた。

　1991年制定の育児休業法が，1995年に育児介護休業法（育児休業，介護休業等育児または家族介護を行う労働者の福祉に関する休業）に改正され，さらに，2001年に改正されて，子の看護休暇等が導入された（2002年から施行）。さらに2003年には「少子化対策基本法」が制定され，2005年から「次世代育成支援対策推進法」が施行された。ここでは育児休業法等を上回る制度の導入や男性の育児休業取得などを含む一般事業主行動計画の策定が，従業員301人以上の企業に対して義務付けられ，300人以下の企業に対しては努力義務とされた（2011年から101人以上の企業にも義務付けられ，厚生労働省の認定マークを得られる仕組みなどが導入された（時限立法であったが，2015年4月1日から10年間有効期限が延長された))。

　育児介護休業法の改正も2009年に再度実施された（一部は同年9月30日，2010年4月1日，他は2010年6月30日施行，100人以下の企業については一部

2012年6月30日施行）。ここでは，①3歳までの子を養育する労働者が希望すれば利用できる短時間勤務制度（1日原則6時間）を設けることを事業主の義務とした，②3歳までの子を養育する労働者は，請求すれば所定外労働（残業）が免除される，③休暇の取得可能日数を延長して，小学校就学前の子が1人であれば年5日，2人以上は年10日にした，④母（父）だけでなく父（母）も育児休業を取得する場合，休業可能期間が（父の場合，育児休業期間の上限は1年間。母の場合は産後休業期間と育児休業期間を合わせて1年間）が1歳2カ月に達するまでに延長される，などの変更が加えられた。

　しかし日本では，長時間労働の問題が解決されておらず，ワーク・ライフ・バランスの確保が大きな課題になっている。実際，週間就業時間60時間以上の雇用者の割合を男女別に見ると，特に，子育て期にある30歳代及び40歳代男性が，他に比べて高い水準となっている。また，パートタイム労働者を除く常用労働者の年次有給休暇の取得率は，男性は女性より低く，2014年は女性53.3％，男性44.7％にとどまっている。

　男性の育児休業取得率についても，2014〈平成26〉年度では民間企業が2.3％，国家公務員が3.1％，地方公務員が1.5％にすぎない。上昇傾向にあるものの，いずれも女性（民間企業86.6％，国家公務員98.7％，地方公務員93.2％）と比較すると依然として低水準で男女間で大きな差があることが問題である（図表7－10参照）。

図表7－10　男性の育児休業取得率の推移

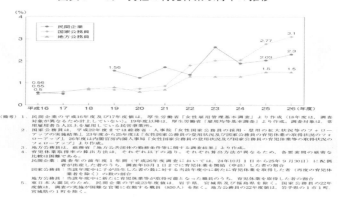

（男女共同参画白書平成28年版50頁より引用）

（3） 判例の展開

　女性労働者の定年・昇進差別等をめぐって多くの訴訟が提起され，多くの判例が積み重ねられてきた。これらは女性の労働権の保障をはかる上で重要な意義を担ったといえるが，なお解決されない問題も多い。以下では，女性の労働権をめぐる判例の展開を概観しておこう。

1） 結婚退職制──住友セメント結婚退職制事件判決

　女性労働者に対する定年・退職差別についての最初の判例として重要な位置をしめたのが，結婚退職制差別をめぐる住友セメント事件判決（東京地裁1966〈昭和41〉年12月20日，労民17巻6号1406頁）である。1933年に本採用され1939年に結婚を理由に解雇を通告された女子職員が提訴したこの事件では，被告会社側は，女子職員に対して「結婚又は満35才に達したときは退職する」ことを労働契約の内容とすることを定めて念書も提出させていた。その理由として，女子職員は結婚後は家庭本位となり，欠勤が増える等労働能率が低下するため，「比較的労働能率の高い結婚前のみ雇用して企業経営の効率的運用に寄与させる方針」を採用したと主張した。東京地裁判決は，「女子労働者のみにつき結婚を退職理由とすることは，性別を理由とする差別をなし，かつ，結婚の自由を制限するものであって，しかもその合理的根拠を見出し得ないから，労働協約，就業規則，労働契約中かかる部分は，公の秩序に違反しその効力を否定されるべきである」として，民法90条違反と認定して解雇の意思表示を無効とした。

2） 定年差別──日産自動車男女別定年制事件判決

　著しく不合理な若年差別定年制や結婚退職制を公序良俗違反とすることが判例・学説で承認されてくると，次に，男女の定年年齢差が比較的近接している場合の差別の合理性が問題となった。男女間に10歳差を設けた伊豆シャボテン公園事件判決では，一審・二審の無効判決を経て，最高裁1975〈昭和50〉年8月29日第三小法廷判決（労判233号45頁）も無効と判断した。ついで，男女間の定年年齢5歳差の事例として日産自動車男女別定年制事件が注目された。この訴訟では，地位保全等の仮処分申請は棄却されたが，本案訴訟の一審の東京地裁判決（1973〈昭和48〉年3月23日，判時596号36頁）後，二審の東京高裁判決（1979〈昭和54〉年3月12日，労民30巻2号283頁）も，不合理な性差別禁止は民法90条の公序の内容をなし，「定年制における男女差別は，企業経営上

の観点から合理性が認められない場合，あるいは合理性がないとはいえないが社会的見地において到底許容しうるものではないときは，公序良俗に反し無効である」とした。1981〈昭和56〉年3月24日第三小法廷判決（民集35巻2号300頁）は，「女子従業員について労働の質量が向上しないのに実質賃金が上昇するという不均衡が生じていると認めるべき根拠はないこと」を指摘し，「少なくとも60歳前後までは，男女とも通常の職務であれば企業経営上要求される職務遂行能力に欠けるところはな（い）」と判断し，各個人の労働能力にかかわらず一律に従業員として不適格として排除する理由はないとした。そして就業規則中の女子の定年を男子より低く定めた部分は「専ら女子であることのみを理由と〔する〕」性別のみによる不合理な差別にあたるとして民法90条により無効とした。

3）　**賃金差別**──秋田相互銀行賃金差別事件判決

　女性の労働権に対する差別のなかで，最も可視的で顕著なものは賃金である。秋田相互銀行事件判決では，男女別に適用される二つの賃金体系を設けて女子職員全体に低賃金の体系を適用したことに対し，そのような賃金差別は労基法4条・13条に基づいて無効であるとして，原告の女性労働者の請求を認容した（秋田地裁1975〈昭和50〉年4月10日判決，労民26巻2号388頁）。

4）　**家族手当差別**──岩手銀行家族手当差別事件判決

　家族手当に関する岩手銀行事件では，共働き女性に対する家族手当等の支給を制限する給与規定部分が違法な差別的取扱いにあたるか否かが争われたところ，一審（盛岡地裁1985年3月28日判決，判時1149号79頁）判決はこれを労基法4条違反で無効とし，二審判決（仙台高裁1992年1月10日判決，判時1410号36頁）も，労基法4条に違反し民法（1条の2＜当時＞）により無効であるとした。判旨は，「社会通念，社会的許容性とか公序良俗という概念はもともと不確定概念で〔ある〕……ことは否定できない。しかしながら，これら〔の〕概念は不確定なるが故に発展的動態において捉えられねばならない。そうでないと，旧態は旧態のままで社会の発展は望み得ないことになるからである。それは私的自治の支配する私企業の労使関係における賃金等労働条件を規律する法的基準としても同様である」として，憲法14条1項の男女平等の理念や労基法4条の男女同一賃金原則は理念にすぎないとした銀行側の主張を斥けた。夫婦の家庭内での固定的役割の打破や，社会通念の変化を通じて憲法等の男女

平等理念の達成に接近しようとする判決の姿勢が評価されよう。

　5）　コース別雇用・昇格差別管理——住友電工事件・兼松事件等

　日本の企業では，男女をコース別に採用して総合職・一般職等に分け，昇格・賃金格差を温存する制度が一般化していた。これに対して，東京地裁は，改正均等法の施行前については公序良俗違反ではないとしても，同法施行後の1994年4月以降のコース別雇用管理について，初めて違法性を認め，請求の一部を認容して損害賠償の支払いを命じた（2002〈平成14〉年2月20日判決，判時1781号34頁）。これに対して，同じ裁判長が担当した兼松事件1審東京地裁判決（2003年11月5日労働判例867号19頁）では，コース別処遇は憲法14条の趣旨に反するとしても，労基法3条・4条はこれを禁止しておらず旧均等法も努力義務規定をおくに過ぎないから，公序良俗違反にならないとした。また職掌別賃金制度も，職掌転換制度が合理的である以上，違法ではないとした。

　また，男女の昇格差別については，芝信用金庫事件控訴審判決（東京高裁判決2000〈平成12〉年12月22日，労判796号5頁）が，職能資格制度における資格が賃金に連動していることから昇格請求を認め，改正均等法施行後のコース別雇用を違法としていた。

　これに対して，改正均等法施行前の昇給・昇格差別が問題となった住友電工事件では，第一審大阪地裁判決（2000年7月31日判時1746号94頁）が，当該昇給・昇格差別は「憲法の趣旨に反するが，採用時点で公序良俗に反したとはいえない」として請求を斥けた。その後大阪高裁の和解勧告により2003年12月24日に和解が成立し，原告の昇格が認められた。これによって従来からの一連の判決に対する批判的な一石が投じられることになった（宮地光子監修『男女賃金差別裁判，「公序良俗」に負けなかった女たち——住友電工・住友化学の性差別訴訟』明石書店，2005年参照）。

　その後，コース別雇用による賃金差別が問題となった兼松事件で，東京高裁判決（2008〈平成20〉年1月31日）は，コース別雇用導入時以降の処遇について，男性との賃金格差の合理的理由は認められないとして違法な差別であることを認定し，原告女性の4人に対して7,750万円（毎月10万円）の支払いを命じた。最高裁判決第三小法廷（2009〈平成21〉年10月21日）も上告を棄却したため，東京高裁判決による兼松側の敗訴が確定した。

6） セクハラ訴訟・マタハラ訴訟最高裁判決

職場におけるセクシュアル・ハラスメントの展開等は後述するが（本書⑬160頁以下），従来は下級審判決に留まっていたのに対して，最高裁第一小法廷（櫻井龍子裁判長）が 2015〈平成 27〉年 2 月 26 日，懲戒処分無効確認等請求事件判決（集民第 249 号 109 頁）でセクハラを理由とする懲戒処分を有効と判断したことは重要である。本件では，会社の管理職である男性従業員 2 名が同一部署内で勤務していた女性従業員らに対してそれぞれ職場において行った性的な内容の発言等によるセクシュアル・ハラスメント等を認定し，これを理由として実施された出勤停止の各懲戒処分は，次の(1)〜(4)など判示の事情の下では，懲戒権を濫用したものとはいえず，有効である，とした。

また，近年では，いわゆるマタニティ・ハラスメント（職場において，女性が，妊娠や出産を理由として受ける，精神的・肉体的嫌がらせ）に関して最高裁第一小法廷が 2014〈平成 26〉年 10 月 23 日に差し戻し判決を下して注目された。これは妊娠中の軽易な業務への転換に際して副主任を降格させられ，育児休業の終了後も副主任に任ぜられなかった事案において，「明確な同意」や特段の事情がない限り，妊娠を理由とした降格は原則違法」との基準を示し，降格措置が男女雇用機会均等法第 9 条第 3 項〔事業主は，妊娠又は出産に関する事由であって厚生労働省令で定めるものを理由として，当該女性労働者に対して解雇その他不利益な取扱いをしてはならない〕に違反し違法・無効なものに当たりうることを認めたものである。その後広島高裁の差し戻し控訴審でマタハラ降格に 150 万円の賠償命令が下され，女性が逆転勝訴した。

3 今後の理論的・実践的課題 ━━━━━━━━━━━━●

（1） 憲法の平等原理と「公序良俗」

上記の判例の展開では，まず，住友電工事件「憲法の趣旨に反するが公序良俗に反したとはいえない」という論理が問題となる。その前提として，これまでの多くの判例の中で，憲法 14 条の平等原則違反でなく，民法 90 条の公序良俗違反とされてきた点について，憲法の間接適用の法理（私人間効力ないし第三者効力論の問題）を確認しておかなければならない。

すなわち，憲法の人権保障規定は，近代以降，個人対国家の関係を規律する

ものであると理解されてきたが，現代では社会的権力や集団による人権制約が問題となってきた。そこで，私的自治の原則を害しない範囲で，私法上の一般条項を介在させて，間接的に憲法の趣旨を私人間の権利保障にも及ぼそうとする間接適用説が一般的となり，日本の通説・判例となった（上記日産自動車定年差別訴訟判決等）。このような私法上の一般条項には，民法1条（基本原則）のほか，「公ノ秩序又ハ善良ノ風俗ニ反スル事項ヲ目的トスル法律行為ハ無効トス」と定める民法90条の公序良俗規定が含まれる。

　最近では，このような間接適用説の通説化について再検討が進み，ドイツ憲法学における基本権保護義務論との関係で公序良俗論が「精緻化」された。その後，このような傾向に対抗して，憲法の人権規定は私人間に適用されないという「新無効力説（高橋説）」が登場したが，多くの疑問が提起されて学界で議論が続いている。この問題については，憲法14条自体が「政治的，経済的，社会的関係において差別されない」と明示していることや，上記高橋説が根拠としたフランス革命期の法構造等からさらに再検討の余地があろう。

　とくに，上記の住友電工事件判決等に示された「公序良俗」優先説は，理論的にも，重要な問題を含んでいる。この判決では，男女雇用機会均等法改正施行の前後で論理を分断し，改正均等法施行（1999年4月）前においては「憲法の趣旨に反するが公序良俗に反したとはいえない」という論理が用いられた。

　この問題はおもに労働法学界で検討され，改正均等法施行（1999年）以前には公序良俗違反であることを否定する見解は，「時代制約論」として論じられてきた。その論拠として，「①実定法（労基法3条，4条）違反ではないこと，②旧均等法はこれらを努力義務にとどめていたこと，③企業には広範な採用の自由があること，④企業における効率的労務管理の必要性があったことなど」が指摘される。しかし①は極端な形式論である（労基法に直接違反していれば公序の判断は不要であり，かつ，民法1条ノ2〈現行法では2条〉を無視している）。また，公序違反の判断時は行為時点であり，その「当時の社会意識」を基準にしてきたことに対しても，当時のSeinとしての意識ではなく，当時のSollenとしての規範意識を重視すべきであるとの批判がある（浅倉「女性差別撤廃条約と企業の差別是正義務」国際人権14号（2003年）28頁以下参照）。

　これに対して，憲法学界では，私人間の憲法保障について再検討傾向が非常に高まっているにもかかわらず，このような裁判例における「時代制約論」に

ついての検討はなお不十分であり，今後の検討を要する。実際，住友電工事件地裁判決の論理は，従来の間接適用説によって民法90条の公序良俗違反を問題とすることが妥当性を持つと解した場合にも，憲法の最高法規性を損なうものであり，妥当ではないと考えられる。改正均等法施行（1999年）以前において，仮に，コース別雇用・昇格差別が憲法14条の趣旨に反する不合理な差別に当たると判断される場合には，その時点で，憲法の趣旨と同様に解釈された民法90条に違反していたと解するのが理論的にも妥当であり，これに反する社会通念等を判断基準におくことはできないというべきだからである。

（2）　雇用におけるポジティヴ・アクション（PA）の問題

　すでにみたように，男女共同参画社会基本法制定（1999年）以前に改正機会均等法（1997年）が女性労働者のためのPAを導入していたことから，その定義や観念に離齬が存在してきた。すなわち，「男女共同参画社会基本法」上の「積極的改善措置」は，「前号に規定する機会[男女共同参画の機会]に係る男女間の格差を改善するため必要な範囲内において，男女のいずれか一方に対し，当該機会を積極的に提供することをいう」（2条2号）と定義し，女性のみのためのPAを認めているわけではない。これに対して，改正雇用機会均等法（1997年改正法律）9条は「事業主が雇用の分野における男女の均等な機会及び待遇の確保の支障になっている事情を改善することを目的として女性労働者に関して行う措置を講ずることを妨げるものではない」と定め，20条では，この措置を講じる当該事業主に対して国が援助できることを規定していた。このように，均等法では，「女性労働者に関して行う措置」のみを対象としており，その片面性を改めるか否かがその後の均等法改正のポイントとなった。しかし2006年の改正法では，差別禁止規定についてその片面的性格を改めて男女双方の労働者に対する差別禁止を定めた反面，PAに関する上記の9条・20条はそれぞれ8条・14条としてその片面的性格が維持された（本書87頁参照）。

（3）　間接差別とコース別採用・非正規雇用の問題

　欧米では，基準が性中立的であるにも拘らず一方の性に差別が生じている場合に，使用者に対して性差別的効果の有無や正当化理由の有無に関する説明を求めることで，差別を是正する「間接差別」禁止の法理が確立された。

　イギリスでは，1975年の性差別禁止法で明示され，身長・体重・体力・年

齢等を要件としたりシングル・マザーの差別をもたらす事例について，判例理論が確立された。アメリカでは「不利益効果の法理（disparate impact theory）」が合衆国裁判所判例のなかで確立され，1991年の改正公民権法第7編のなかで明確にされた。とりわけ詳細な判例理論の展開が認められるのは，EC/EUである。EC/EUでは，1976年の男女均等待遇指令のなかで「直接的であれ，間接的であれ，性別とくに婚姻上または家族上の地位に関連した理由によるいかなる差別も存在してはならない」（2条1項）とし，1997年の「性差別訴訟における挙証責任に関する指令97/80/EC」によって間接差別の存在について定義した。さらに欧州司法裁判所はこれについて詳細な判例理論を確立し，正当性の抗弁を企業側の挙証責任のもとにおくことで，実際に女性労働者たちの救済に寄与してきた。

日本でも，2003年7月の国連女性差別撤廃委員会の総括所見で，間接差別についての定義を明確にすべきことが指摘されたことをうけて，厚生労働省の男女雇用機会均等政策研究会が2004年6月に報告書を提出し，間接差別とは，「外見上は性中立的な規定，基準，慣行等が，他の性の構成員と比較して，一方の性の構成員に相当程度の不利益を与え，しかもその基準等が職務と関連性がない等合理性・正当性が認められないものを指す」と定義した。その後，2006年6月に成立した改正男女雇用機会均等法では，「労働者の性別以外の事由を要件とするもののうち，……実質的に性別を理由とする差別となるおそれがある措置として厚生労働省令で定めるもの」を禁止し（同法7条），同省令のなかで，間接差別の定義と禁止対象を明示した。さらに，改正均等法施行規則（2007年4月施行）において，「第7条の厚生労働省令で定められる措置」として，(i)募集・採用に関する措置で，労働者の身長・体重・体力に関する事由を要件とするもの，(ii)募集・採用に関する措置（いわゆるコース別雇用の場合）で，住居の移転を伴う配置転換に応じることを要件とするもの，(iii)昇進に関する措置で，異なる事業所への配置転換の経験を要件とするもの，の3つの要件に限定した（本書57頁参照）。これらの間接差別禁止の法理については理論的にもなお多くの課題が残っている。

日本の判例ではまだ間接差別と明確に認定されたものはないが，関連する例として以下のものがある。日産自動車家族手当事件判決（1989〈平成元〉年1月26日東京地裁判決，1990年8月に東京高裁で和解が成立）で，実質的な世帯主で

ある従業員に対してのみ家族手当を支給する規定について，不合理ではないと
判断された。また，三陽物産事件（1994〈平成 6〉年 6 月 16 日東京地裁判決，1995
年 7 月東京高裁で和解が成立）では，非世帯主・独身の世帯主等には男女別に異
なる賃金体系をとっていたことが，労働基準法 4 条の男女同一賃金原則に反し
て無効であるとされた。今後，改正均等法で明示された間接差別禁止の法理を
どのように運用してゆくか注目される。実際，日本の間接差別法理は，諸外国
で形成されてきたものとは「似て非なるもの」となっており，その実効性の欠
落が批判されている（水谷・後掲『ジェンダーと雇用の法』225〜228 頁参照）。

（4）　2015 年女性活躍推進法の展開

　女性の職業生活における活躍の推進に関する法律（女性活躍推進法）が 2015
年〈平成 27〉年 8 月 28 日に国会で成立した。これによって女性の活躍推進に
向けた数値目標を盛り込んだ行動計画の策定・公表や，女性の職業選択に資す
る情報の公表が事業主（国や地方公共団体，民間企業等）に義務付けられること
になった（労働者が 300 人以下の民間事業主については努力義務）。

　本法の目的は，「男女共同参画社会基本法の基本理念にのっとり，女性の職
業生活における活躍の推進について，その基本原則を定め，並びに国，地方公
共団体及び事業主の責務を明らかにするとともに，基本方針及び事業主の行動
計画の策定，女性の職業生活における活躍を推進するための支援措置等につい
て定めることにより，女性の職業生活における活躍を迅速かつ重点的に推進し，
もって男女の人権が尊重され，かつ，急速な少子高齢化の進展，国民の需要
の多様化その他の社会経済情勢の変化に対応できる豊かで活力ある社会を実現
すること」にある（1 条）。そのため，国は，女性の職業生活における活躍の
推進に関する基本方針を策定（閣議決定）し（5 条），地方公共団体（都道府県，
市町村）は上記基本方針等を勘案して当該区域内における女性の職業生活にお
ける活躍についての推進計画を策定することとされた（6 条）。

　国と都道府県については計画策定のほか，事業主が取組みを円滑かつ効果的
に実施できるよう法に基づく必要な支援を行うとともに，女性に対する支援措
置や，職業生活と家庭生活との両立のために必要な環境整備を図ることが義務
づけられたが，市町村については計画策定が努力義務とされた。実際には，市
町村特定事業主行動計画の策定は 2016〈平成 28〉年 7 月 31 日現在，全 1,741

中 1,735 市町村で実施され，策定率はほぼ 100 ％（99.7 ％）となっている。

　また，事業主が定める「一般事業主行動計画」では「計画期間，女性の職業生活における活躍の推進に関する取組の実施により達成しようとする目標，実施しようとする女性の職業生活における活躍の推進に関する取組の内容及びその実施時期」を定めるものとされる。一般事業主は，厚生労働省令で定めるところにより，採用した労働者に占める女性労働者の割合，男女の継続勤務年数の差異，労働時間の状況，管理的地位にある労働者に占める女性労働者の割合その他のその事業における女性の職業生活における活躍に関する状況を把握し，女性の職業生活における活躍を推進するために改善すべき事情について分析した上で，その結果を勘案してこれを定めなければならないとされた。

　本法施行後 2016 年 4 月末までに大企業（常時雇用する労働者 301 人以上の企業）の行動計画策定届出率は全国で 85.0 ％になっている（義務対象企業数 15,398 社中，届出企業数は 13,087 社）。行動計画の策定・届出が努力義務となっている中小企業（常時雇用する労働者 300 人以下の企業）については行動計画策定の届出企業数は 859 社である。また女性活躍推進企業データベースの掲載状況（平成 28 年 5 月 18 日時点）は掲載企業数 5,069 社で，女性の活躍状況が優良な企業の認定状況は，全国で 46 社に及んでいる。

　待機児童の増加に見られるように，実際の両立支援体制が伴わない状況下での女性の活躍推進政策には「両刃の剣」の危惧があることも事実であるため，今後の運用状況と本法制定の成果について監視が必要であろう。

［参考文献］
　大沢真理編『承認と包摂へ──労働と生活の保護』（シリーズ「ジェンダー社会科学の可能性」第 2 巻）岩波書店（2011）
　神尾真知子ほか『フロンティア労働法』法律文化社（2010）
　ジェンダー法学会編『講座ジェンダーと法（第 2 巻）固定された性役割からの解放』［第Ⅰ部］日本加除出版（2012）
　水谷英夫『ジェンダーと雇用の法』信山社（2008）
　森戸英幸・水町勇一郎『差別禁止法の新展開』日本評論社（2008）

8　社会保障とジェンダー

1　福祉国家と社会保障

（1）「女性の貧困化」と両立支援策

　グローバリゼーションのもとでヒト・カネ・モノが世界規模で流通し，経済発展を促して，世界の貧富の格差を縮小させたかのようにみえる。しかし実際には，南北の経済格差が増大しただけではなく，ジェンダーの差にもとづく経済格差が顕著になり，世界の 12 億の貧困層の約 7 割を女性が占めているという現状がある。「貧困の女性化（feminization of poverty）」の問題である。

　日本でも，超高齢化が進み，2015 年 10 月 1 日現在，日本の総人口 1 億 2,711 万人のところ，65 歳以上の人が占める割合（高齢化率）は 26.7％に達し，男性では 5 人に 1 人以上（23.7％），女性では 3 割近く（29.5％）となっている。65 歳以上の人口の 6 割近く（56.7％）を女性が占める。国立社会保障・人口問題研究所「日本の将来人口推計（平成 24 年 1 月推計）」によると，日本の高齢化は今後さらに進み，2035 年には 3 人に 1 人，2060 年には 5 人に 2 人（39.9％）となると推計されている（男女共同参画白書平成 25 年版 90 頁）。

　厚生労働省が 2016〈平成 28〉年 7 月に発表した 2015 年分の簡易生命表の概況によると，2015 年における日本の平均寿命は，男性が 80.79 歳，女性が 87.05 歳となった。

　このような高齢化社会で経済力の男女間格差や無償労働の問題が顕著となり，日本でも貧困の女性が問題となってきた。

　例えば，就業率の変化を見ると，55 歳から 69 歳までの高齢男女の就業率は，男女とも各年齢階級で上昇している（総務省「労働力調査（基本集計）」，男女共同参画白書平成 28 年版 55 頁）。2015〈平成 17〉年の 60 〜 64 歳の就業率は，女性（49.4％）が 17 年から 10.4％ポイント増えており，15 歳以上の各年齢階級の中で最も上昇幅が大きい。また，65 歳以上の雇用者については，2015 年には男女とも 7 割以上が非正規雇用であり，女性については 55 〜 64 歳で 67.4％が非正規雇用である（本書 [7] 83 頁，図表 7 − 3，男女共同参画白書平成

8 社会保障とジェンダー

28 年版 40 頁参照)。

　また，ひとり親世帯の多くが母子世帯であり，1983（昭和 58）年以降，母子世帯の割合が 8 割以上で推移している（図表 8 − 1 参照）。ひとり親世帯は増加する傾向にあり，1983 年から 2011〈平成 23〉年の約 30 年間で，母子世帯数は約 1.7 倍に，父子世帯数は約 1.3 倍に増加した。

図表 8 − 1　母子世帯数及び父子世帯数の推移

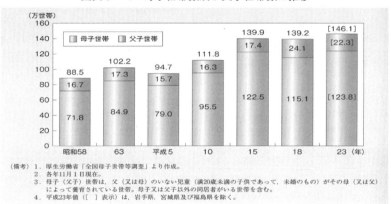

（備考）　1．厚生労働省「全国母子世帯等調査」より作成。
　　　　　2．各年 11 月 1 日現在。
　　　　　3．母子（父子）世帯は，父（又は母）のいない児童（満 20 歳未満の子供であって，未婚のもの）がその母（又は父）によって養育されている世帯。母子又は父子以外の同居者がいる世帯を含む。
　　　　　4．平成 23 年値（〔　〕表示）は，岩手県，宮城県及び福島県を除く。

（男女共同参画白書平成 28 年版 47 頁より引用）

　しかも，母子世帯のうち 46.5 ％が年間所得額 200 万円未満であり，49.4 ％が生活を「大変苦しい」と感じているなど，日々の生活に苦しむひとり親世帯が多い（厚生労働省「国民生活基礎調査」（平成 25 年），男女共同参画白書平成 28 年版 57 頁）。子供の養育費を離婚相手から実際に受け取っているのは，母子世帯で 19.7 ％，父子世帯で 4.1 ％（2011 年度）であることも知られている。

（2）　社会保障とジェンダー

　20 世紀の社会国家で実質的平等確保のために社会権が出現し，社会保障制度が導入された。日本では，日本国憲法第 25 条が「健康で文化的な最低限度の生活を営む権利」としての生存権の保障を定め，これを実現するための社会保障制度を確立した。社会保障の制度には，①生活不能状態にある生活困窮者に対する「所得保障」である「公的扶助」，②生活危機事故の発生に備えて予め保険料を徴収し，事故発生時に保険給付を行う「社会保険」，③保険料を徴

収することなく，生活危機事故時に定額給付する「社会手当」，④所得保障では十分ではない生活障害状態に対して，機能回復訓練や介護を施す「社会福祉救援サービス」などが含まれる。

　①の「公的扶助」は，生活保護法によって実現される。保護の内容は，同法第11条以下で定められ，生活扶助・教育扶助・住宅扶助・医療扶助・介護扶助・出産扶助・生業扶助・葬祭扶助の８種類である。このうち「困窮のため最低限度の生活を維持できない者」に対して行われる生活扶助が中心である。いずれも，保護の申請に基づいて保護が開始され，厚生労働大臣の定める基準によって測定した要保護者の需要を基として「不足分を補う程度」において認められる（7条・8条）。これらの保護は，「補足性の原則」に従って行われる。すなわち「保護は，生活に困窮する者が，その利用しうる資産，能力その他あらゆるものを，その最低限度の生活の維持のために活用することを要件として行われる」（10条1項）。さらに，民法に定める扶養義務者の扶養などなどが，生活保護法による保護に優先して行われる（同条2項）。さらに，保護は原則として世帯単位で行われる。

　上記の補足性の原則，私的扶養優先の原則，世帯単位主義の原則に関連して，夫婦世帯の世帯主の殆どが男性である現状から，ジェンダーに関わる問題が生じうる。例えば，正式に離婚していない夫婦では，妻からの生活保護申請については必ず扶養義務者である夫に照会がいくため，DV被害者が夫から逃れて生活保護を受けることができないなどの例がある。手続的には，離婚が成立していなくても，別居中で別生計であることが証明できれば生活保護申請が受けられるが，別居を証明する住民票の提出，家裁の調停等の離婚手続中であることの証明，夫や親族への扶養義務の照会を条件としているため，夫に居所を知られる恐れがある。このため，厚生労働省では扶養照会を省略できる旨の通達を出し，自治体によってはこれを省略している所もあるが，すべてではない。この問題は，後に見る児童扶養手当等の受給の場面でも顕在化している。

（3）社 会 手 当

　保険料を徴収することなく定額給付される一時金や種々の社会手当がある。健康保険法上では，出産育児一時金のほか，家族出産一時金，出産手当金などが支給される。雇用保険法上では，法定の育児休業（最長1年6カ月）を取得

した労働者に対して，雇用保険から育児休業給付が支給される。また，児童扶養手当は，1961年の児童扶養手当法に基づくもので，従来は，母子家庭のみが対象とされ，父子家庭が除外されていたが，2010年の法改正で「子と生計を同じくしている父」についても支給対象となった（2010年8月1日施行）。

　さらに，2009年8月以降の民主党政権下で，15歳以下の子を扶養する保護者等に対し子ども手当を支給する制度（一律月1万3,000円，所得制限なし）が2010年4月1日から実施されていたが，自由民主党と公明党の要望により法律の名称を児童手当法に基づく児童手当に戻すこととなり，子ども手当は2012年3月31日をもって廃止された。以後は，3歳未満に月1万5,000円，3歳〜中学生に月1万円，第3子以降の3〜12歳は月1万5,000円となった。所得制限（夫婦と児童2人世帯で税引き前年収960万円程度以上）が付されて，制限を超える場合は一律5,000円の特例給付が定められた。

2　税金・年金とジェンダー

（1）　配偶者控除制度—— 103万円の壁

　租税は，国や地方公共団体が，その課税権に基づいて，経費に当てるための資金調達の目的で，一定要件に該当するすべての者に課する金銭給付であり，日本国憲法30条に定める「国民の納税の義務」を実現するものである。

　税制は，公平性と中立性の原則に従って，租税法律主義のもとで法律によって賦課の内容や徴収手続が決定される。納付先による分類では，国税と地方税にわかれ，国税には，所得税・法人税・贈与税・相続税など，地方税には，住民税・固定資産税・事業税・自動車税・地方消費税などが含まれる。納付方法による分類では，直接税と間接税に分かれ，間接税には，消費税・地方消費税・酒税等が含まれる。

　日本の所得税は，個人の所得に対して課税される国税であり，原則として個人単位で課税される。納税者個人の申告納税額は，合計所得金額（収入金額から必要経費もしくは給与所得控除を差し引いた額）から所得控除額を引いた課税所得金額に一定の税率をかけて所得税額を算出し，この所得税額から税額控除額を差し引いた額である。

　ここでいう所得控除は，納税者個人の生活状況を考慮して税金の減免を行う

ためのもので，基礎控除，扶養控除（2011 年から縮小），配偶者控除，配偶者特別控除，勤労学生控除，老年者控除，寡婦・寡夫控除，障害者控除，寄付金控除，社会保険控除，医療費控除などがある。

　このうち，配偶者控除は，「居住者が控除対象配偶者を有する場合には，その居住者のその年分の総所得金額，退職所得金額又は山林所得金額から 38 万円（その控除対象配偶者が老人控除対象配偶者である場合には，48 万円）を控除する」（所得税法 83 条）ものである。ここでいう控除対象配偶者とは，「居住者の配偶者でその居住者と生計を一にするもののうち，合計所得金額が 38 万円以下である者をいう」（2 条 1 項 33 号）と定義され，老人控除対象配偶者とは「控除対象配偶者のうち，年齢 70 歳以上の者をいう」（同 33 号の 2）。

　所得税の非課税限度額（2016 年 9 月現在）は給与収入の場合 103 万円（給与所得控除の最低額 65 万円＋基礎控除額 38 万円）である。また，配偶者控除の適用限度額も非課税限度額と同額（103 万円）であるから，例えば，配偶者（妻）の給与収入が 103 万円以下である場合には，夫が 38 万円の所得控除を受け，同時に妻本人も課税所得金額がゼロとなり，税制上優遇される。

　このような配偶者控除の仕組みは 1961 年に導入され，専業主婦の「内助の功」を反映させて，単なる被扶養者でなく夫の増収にも貢献しうる制度として歓迎された。この制度は性別役割分業を前提とした経済成長をさせることにつながったが，妻の収入が 103 万円を超えると夫の税金計算上，配偶者控除の適用はなく減収になることから，妻の経済的自立を阻害する「103 万円の壁」として機能した。また，法律婚をした給与所得者にのみ適用される制度であることから，シングルや自営業の女性との不平等取扱いの問題も生じた。

　さらに，1987 年には「配偶者特別控除」制度が導入された。この制度は，納税者の給与所得金額が 1,000 万円以下で，配偶者の年収が 103 万円以上 141 万円未満の場合に，金額に応じて（38 万円を限度に）段階的に控除を得られるものである。これによって，妻の年収が 103 万円以下のときは配偶者控除 38 万円と配偶者特別控除 38 万円の合計 76 万円が控除され，103 万円以上 141 万円未満の場合は，配偶者特別控除のみ最大 38 万円が控除されるという制度であった。この配偶者特別控除は，「2003 年税制改革」によって，2004 年度から配偶者控除に上乗せして適用された一部が廃止された（これにより年間収入が 76 万円を超えた場合特別控除額 38 万円を受けることができなくなった）。

そもそも配偶者控除・配偶者特別控除の存在自体が，性別役割分業を前提とした専業主婦の配偶者に対する税制優遇措置として導入され，「103 万円の壁」という就業制限によって女性の経済的自立を阻害してきた。実際 2010 年でも，有配偶の女性の年間雇用所得の分布において各年齢階級で 100 万円付近が高くなる傾向が認められる（図表 8 - 2 参照）。そこで政府税制調査会によって配偶者控除の見直しが進められ，「夫婦控除」案も検討されている（2016 年 9 月現在）。将来は，原則として世帯単位の発想から個人単位の課税へと発想を転換すべきであろうが，弱者の切り捨て政策にならないための注意が必要であることはいうまでもない。

図表 8 - 2　有配偶者の女性の年間雇用所得の分布

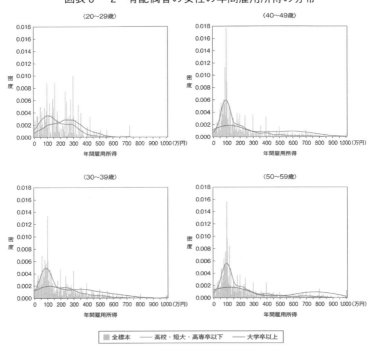

(備考)　1. 厚生労働省「国民生活基礎調査」（平成22年）を基に，内閣府男女共同参画局「男女共同参画関連政策の定量的分析に関する研究会」における特別集計により作成。
　　　　2. 教育別のグラフは，Epanechnikov関数を用いたカーネル推定による。
　　　　3. ヒストグラムの幅は5万円である。年間雇用所得1,000万円以上は合計して示している。

（男女共同参画白書平成 28 年版 38 頁より引用）

（2）　第3号被保険者制度──「130万円の壁」

　公的年金制度もまた制度改革の渦中にある。これまでは，国民年金を基礎年金として，被用者年金（厚生年金，共済年金等）と国民年金の2つが積みあがっている「二階建て方式」が採用されてきた。国民は，第1号被保険者（自営業等），第2号被保険者（被用者），第3号被保険者（第2号被保険者の配偶者）に分けられ，1・3号被保険者は国民年金加入，2号被保険者（被用者）は，民間サラリーマンの場合は厚生年金，公務員は共済年金に加入する仕組みである。

　1985年の国民年金法改正によって，自営業者等を対象としていた国民年金を全被用者世帯に適用拡大した基礎年金制度が導入された。この基礎年金制度の導入によって，世帯類型に応じた給付水準の分化が図られ，単身世帯は「基礎年金＋報酬比例年金」，片働き世帯は「夫と妻の各基礎年金＋報酬比例年金」，共働き世帯は「夫と妻の各基礎年金＋夫と妻の報酬比例年金」を受け取る形になった。また，第3号被保険者制度が創設され，被用者（第2号被保険者）の被扶養配偶者も第3号被保険者として国民年金の強制適用の対象となった。国民年金法第7条では「第2号被保険者の配偶者であって主として代位号被保険者の収入により生計を維持するもののうち20歳以上60歳未満のもの」が第3号被保険者と定義されている。実際には，被用者の妻はこれによって保険料の負担をせずに第3号被保険者として国民年金が適用されるが，年収130万円を超えたときは第1号被保険者として保険料を負担することになる。このような第3号被保険者制度の導入によって，「基礎年金部分について専業主婦も含めた女性の年金権を確立するとともに，共働き世帯の増加等に対応し世帯類型に応じた給付水準の分化を図り，ライフ・スタイルの多様化に制度的にも一部対応した」制度がめざされた（厚生労働省検討会報告書参照）。

　しかし女性のライフ・スタイルが一層多様化し，女性の就業が増加したことから，第3号被保険者制度について，廃止や見直しの方向で検討が進んだ。本人自身が保険料を納付することなく年金（基礎年金）が保障される第3号被保険者を抱える片働き世帯を優遇する制度が，共働き世帯や単身世帯（ひとり親世帯を含む）と比べて給付と負担の関係が不公平になっているからである。また，短時間労働者が第3号被保険者に留まるために就業調整を行う原因となり，女性の就労や能力発揮の障害となっていることが指摘された。

　厚生労働省「女性のライフ・スタイルの変化等に対応した年金の在り方に関

する検討会」報告書（2001 年 12 月）をうけて，2004 年 6 月に年金制度改革法（「国民年金法等の一部を改正する法律案」）が成立した。この法律は，社会経済と調和した持続可能な制度の構築と制度に対する信頼の確保，多様な生き方・働き方に対応した制度の構築，の 2 つを基本的な考え方としており，女性と年金に関して，(ⅰ)第 3 号被保険者期間の厚生年金の分割，(ⅱ)離婚時の厚生年金の分割（婚姻期間中の当事者双方の合計額の半分を上限），(ⅲ)遺族年金制度の見直しなどの改正を含んでいた。この 2004 年改正は，第 3 号被保険者制度の不合理さを解消することなく，離婚時の分割等の一時的措置をとるにとどまった。

その後，2012 年 8 月の社会保障・税一体改革関連法の成立に伴い国民年金法等の一部が改正された（2014 年 4 月から施行）。なお，国民年金の「第 3 号被保険者記録不整合問題」に対処するために主婦年金の追納を認めた改正法案が提出されたが，2012 年 11 月の国会解散によって廃案になった。そして自民党政権下で「持続可能な社会保障制度の確立を図るための改革の推進に関する法律」（社会保障制度改革推進法，略称プログラム法）が 2013 年に制定され，社会保障と税の一体改革が進められた。政府は一億総活躍社会の目標を掲げて「希望出生率 1.8」「介護離職ゼロ」の実現などをめざしているが，待機児童解消の課題（保育士 9 万人確保），放課後児童クラブ 30 万人整備などの目標の実現は容易ではないようにみえる。

[参考文献]

遠藤みち『両性の平等をめぐる家族法・税・社会保障』日本評論社（2016）

大沢真理編『承認と包摂へ』（シリーズ「ジェンダー社会科学の可能性」第 2 巻）岩波書店（2011）

嵩さやか＝田中重人編『雇用・社会保障とジェンダー』東北大学 21 世紀 COE ジェンダー法・政策研究叢書第 9 巻・東北大学出版会（2007）

深澤和子『福祉国家とジェンダー・ポリティックス』東信堂（2003）

水島郁子「社会保障とジェンダー」牟田和恵編『ジェンダー・スタディーズ』大阪大学出版会（2009）

9 家族とジェンダー

1 近代家族の現代的変容 ●─────────────●

（1） 近代国民国家の家族

　家族は，生命や労働力の再生産，保護・休息，性愛の充足等の多様な機能を営む，親族からなる集団である。一般には親族・集団・基本的機能・愛情等の要素を考慮して定義されるが，厳密な定義は困難である（山田昌弘ほか「家族とジェンダー」江原＝長谷川ほか『ジェンダーの社会学』新曜社，2004 年，96 頁以下参照）。

　近代国民国家の成立時には，一面では，家族は国民統合の装置であるとともに，他面では，国家権力の介入を防ぐ防波堤の機能を果たしていた。国家対個人の二極構造の中間団体として，一方では国家によってひとつの公序として法的に保護され，他方では，私的領域への権力不介入を確立した公私二元論によって，この 2 つの面をもった家族が存立し得た。そして私的領域に定礎された家族の内部では，家長個人主義の下で，家長が家族を代表し，（寡婦を除いて）多くの場合，家父長が女・子供を支配する家父長支配と性支配が確立された。さらに資本制の進展によって，女性は，性支配と階級支配の二重のくびきの下におかれた。しかも，家族の問題を私的領域に押しこめたことで，女性の隷従が固定化され隠蔽されたことは，フェミニズムが批判したとおりである。

　このように，フェミニズムからの公私二元論批判は，女性が多く家事やケアなどの役割を担い，男性が公的な役割を担うという旧来の役割分業論に対する批判をこえて，近代家族の本質（近代家父長制のもとで女性が性支配をうけ内なる差別が内包されていた特質），あるいは近代人権論の限界（個人の自由・平等をといた近代個人主義人権論が，家族の外に対する自由・平等にとどまって，内では不平等を内包して家長個人主義にすぎなかったという限界）を鋭く指摘するものであった。

　実際，このような近代家族制度は，1804 年のナポレオン民法典によって法的に確立され，20 世紀まで影響を与えた。ナポレオン民法典では，妻は夫の

後見の下におかれ，固有財産の処分権や夫婦共有財産の管理権を否認された。貞操義務や離婚要件にも明白な不平等が存在し，夫は，妻の不貞を理由に離婚の訴えを提起しえたのに対して，妻は，夫が夫婦の住居に女性をひきいれた場合でなければ離婚請求はできなかった。また，妻の姦通は検察官の請求で懲役刑を課せられたのに対して，夫の姦通は原則として不可罰，夫婦の住居に女性をひきいれた場合のみ罰金が課せられた。

　このような不平等はフランスでも 20 世紀まで続き，夫権が廃止されて妻が自己の固有財産の処分権を得るのは 1938 年，自由意思による協議離婚が認められるのは 1970 年代のことである。

（2）　家族の現代的転換とジェンダー構造

　現代においても家父長制の本質は基本的に変わらず，女性が，資本制と家父長制の二重の拘束の下におかれる構造が維持された。しかし，20 世紀後半以降，現代憲法のもとで国家による家族の保護と男女平等が確立され，個人主義化傾向が進展するに従って，家族の公化・憲法化と家族の解体（私化・個人化の徹底）という 2 つの局面が出現し，しだいに家族の変質がおこった。

　フランスでも，近代の家長個人主義に支えられてきた家族制度を解体する意味をもつ民事連帯契約法（通称パクス法）が 1999 年に制定され，婚姻関係以外の異性間および同性間の民事連帯契約による家族形成が認められた。ホモセクシュアルを含む婚姻外のカップルに婚姻類似の効果を及ぼすことを国法で定め，パクス法の合憲性や外国人の家族結集権の問題が憲法院で判断されたことにより，一方で，家族（私法）の憲法化，家族の公化が承認された。他方，家族の個人化の側面では，パクス法は，契約と自己決定による家族形成の新しい形態を容認するものであり，契約としての家族，個人の幸福追求権や性的指向をも充足させる共同生活空間としての家族の位置づけが明らかにされた。さらに 2013 年には，フランスで同性婚も認められた。

　このような「制度（公序）としての家族」から「契約としての家族」，あるいは，「個人の幸福追求権を実現する共同生活空間としての家族」へという展開は，世界各国で認められている（辻村・後掲『憲法と家族』4 頁以下参照）。

2　日本における家族の憲法上の地位 ●—————————————●

　日本では，ナポレオン民法の影響をうけて起草された1890（明治23）年の民法人事編において，戸主権や家督相続制を基礎とする「家制度」が構築された。この旧民法草案が施行延期された後，1898（明治31）年に制定された「民法　親族・相続編（いわゆる明治民法）」では，家父長的な「家制度」がさらに強化され，妻の「無能力」（行為能力の否定，家督相続からの排除など），同居・貞操義務が確立された。この制度は，大日本帝国憲法の天皇主権原則と結びついて天皇を頂点とする天皇制家父長家族を形成し，国家による国民統合の装置として家族を機能させた。

　第2次大戦後，1946〈昭和21〉年に制定された日本国憲法は，国家と家族の基本原理を一新した。憲法24条は，13条の個人尊重原則や14条の平等原則の規定をうけて，婚姻の自由と夫婦同等の権利（1項）を定め，婚姻や家族に関する法律が，個人の尊厳と両性の本質的平等（2項）に立脚して制定されなければならないことを定めた。

　以下では，まず憲法24条の制定過程に示された家族像を明らかにしたうえで，戦後社会の変容過程と現代家族に関する理論的な問題点をみておくことにしよう。

（1）　憲法制定過程に示された家族像

　日本国憲法の憲法制定過程では，GHQ草案作成の9日間（1946年2月4〜12日）に，人権条項がベアテ・シロタ・ゴードン氏によって起草された事情が明らかになってきた（ベアテ・シロタ・ゴードン（平岡訳）『1945年のクリスマス』柏書房，1995年参照）。現行憲法24条にあたるマッカーサー草案23条が成立する以前のベアテ・シロタ草案では，「家族（family）は，人類社会の基礎であり，その伝統は，善きにつけ悪しきにつけ国全体に浸透する。それ故，婚姻と家族とは，法の保護を受ける」と定められ，他にも，妊婦及び幼児をもつ母親に対する国の保護，婚外子に対する法的差別の禁止と婚外子の権利，長男の権利の廃止，児童の医療の無償等の豊富な規定がおかれていた。ドイツのワイマール憲法や北欧諸国の憲法，旧ソ連憲法等を参考にして起草されたこれらの諸規定は人権委員会で承認されたが，運営委員会で削除され，個人の尊厳と両

性の本質的平等に立脚して家族法が制定されるべきことを定めた総論部分だけが，マッカーサー草案23条として成立した。日本政府はマッカーサー草案の「家族は，人類社会の基礎であり……国全体に浸透する」の一文を削除して家族保護の色彩を払拭することに主眼をおいたため，その規定は婚姻中心のものに変化した。

さらに，1946年6月からの帝国議会審議の過程では，一方で保守派議員から日本型家父長家族（「天皇のお膝元に大道が通じている」日本国の国体としての天皇制家父長家族制度）擁護論が主張され，他方で社会党などの左派議員からワイマール憲法型の家族保護論が主張された。結局，この両者を同時に排除する形で，「家」制度の否定による近代化・民主化が志向された。いわば左右両派の攻勢に対する妥協として，個人尊重主義を基礎とした画期的な憲法24条が成立したということができる。

（2） 戦後の家族と憲法24条論の展開

1） 家族制度改革と憲法改正論議

憲法24条の成立をうけて，1947年に民法の親族・相続編が改正された。審議過程でも「家を重しとするか，人を尊ぶか」の選択が問題となったが，「柔軟性」と「先取り性」を特徴とする現代家族法が成立した。実際，民法は「家制度」の根幹である戸主権を廃止し，夫婦の氏の決定（民法750条）や，離婚の際の財産分与等についても当事者の協議を優先する個人主義的色彩を示した。他方，親族の扶養義務や祭祀承継に関する規程など，運用次第では，旧来の家制度や家意識が存続される可能性が残った。

実際に，上記民法750条は，形式的には性に中立に，夫婦のいずれかの氏を選択することと定めたが，その後も，約96％の夫婦で夫の氏を選択している。さらに祭祀承継者の決定に際して，かつての家督相続と同様に長子が優先され，結婚披露宴に際して個人名でなく両家の名で開催されるなど，冠婚葬祭における家意識・家中心の慣行が存続されている実態もある。

戦後の家族改革や改憲論の展開をみると，1946年から1950年代前半まで戦後家族改革が進行したのち，1950年代の明文改憲論のなかで，早速と家族制度復活論が台頭したことが，戦前との連続性を示唆している。

1950年代後半から1970年代前半までは，高度経済成長・核家族化を背景

に憲法下の近代型家族像がある程度定着し，日本型の女性の自立傾向（専業主婦化による妻の座権の向上の反面，女性の人権や実質的平等の点では不十分な自立）が認められた。夫がいわゆる「内助の功付き労働者」として外で働き，妻が内で支えるという社会全体と家族内での性別役割分業や，女性のM字型就労形態が固定化された。一方で，封建的な「家」制度の復活を求める復古的な改憲案は影をひそめた。

　1970年代後半から1980年代には，産業社会批判やいわゆる「男社会のゆきづまり」を背景にした家族の変容傾向が出現した。例えば，核家族の増加率が1975年までは12.2％であったのに対して，その後10年間で傾向が変わり，1985年以降減少に転じた。また，女性の労働力率が上昇し，性別役割分業の矛盾が自覚され始めた。ライフ・スタイルの変化，離婚・少子化・シングルの増加，単身赴任の増加等による母子家族・父子家族の増加が認められ，家族の多様化と解体傾向が始まった。女性差別撤廃条約や「子ども［児童］の権利条約」など国連を中心にした国際的人権条約の進展のなかで，日本の家族法制のあり方が見直され，再婚禁止規定や夫婦同氏原則の強制が憲法24条2項や女性差別撤廃条約16条に反するとして，訴訟が提起された。

2）　1990年代以降の展開と民法改正論議

　1990年代以降も，シングル・非婚の増加による少数家族化，家族の多様化の傾向が続いた。とくに女性の晩婚化と高学歴化，就業率の上昇が続き，共働き家庭が増加し，従来の性別役割分担に対する意識にも変化が生じてきた（後述）。最高裁が1987〈昭和62〉年9月2日判決（民集41巻6号1423頁）によって判例を変更して条件付ながら有責配偶者からの離婚請求を認めたこともあり，事実上破綻した夫婦の離婚を承認する判例傾向のもとで，離婚率が増加を続けた。

　上記のような1990年代からの家族の変容に直面して，民法改正作業が進展した。これまでは「時代先取り性」を保ってきた家族法が，ついに時代に追い越されることになったといえる。1991年に活動を開始した法制審議会民法部会身分法小委員会は1994年に民法改正要項試案を発表し，1996年に「民法の一部を改正する法律案要綱」が答申された。この要綱では，選択的夫婦別姓制度の導入，婚外子の相続分平等化，再婚禁止期間の100日への短縮，5年間の別居による離婚制度の導入等が定められた。

　しかし，1996 年に成立した民法改正案要綱は以後 15 年近くたっても実現し
なかったことから，女性差別撤廃委員会への日本政府第 6 回報告に対する総括
所見が 2009 年 8 月に提示され民法 731 条（婚姻適齢）・733 条・750 条の改正
が要請された。これをうけて，2009 年 8 月 30 日総選挙による政権交代後民主
党政権によって民法改正を実施する方針が示されたが，2012 年 12 月の自民党
の政権復帰後はこの動きが遠のいた。逆に，2012 年 4 月に公表された自民党
憲法改正草案では，「家族は互いに助け合わなければならない」（24 条 1 項後段）
という規定が追加され，現行憲法 24 条のリベラルな性格が後退していること
が窺える。

3　日本の家族の現状

1）少数家族化・少子化の傾向

　1970 年代以降，シングル・非婚の増加による少数家族化，女性の晩婚化と
高学歴化，就業率の上昇，離婚率の増加などの現象が顕著となった。
　実際に，典型的な核家族（夫婦と子供から成る世帯）は減少が続き，かわって
単独世帯が増加して 2010 年には 3 世帯に 1 世帯の割合に達した。
　さらに少子化傾向が著しく，合計特殊出生率（15 歳から 49 歳までの 1 人の女
性が一生に産む子供の平均数）が低下した。この数値は，戦後の第 1 次ベビー
ブーム期には 4.3 を超えていたが，その後低下し，2005 年には 1.26，2014 年
には 1.42 となった（図表 9 - 1 参照）。近年では国際的な比較においても低下
しており，アジアの諸国でも，シンガポール 1.28（2008 年），韓国 1.19（2008
年），台湾 0.91（2010 年）のように全体的に低くなっており，世界的な課題と
なっている。

2）非婚化・晩婚化の傾向

　出生率低下の主な要因は，非婚化・晩婚化であり，その背景には，就業率の
上昇，家数数の減少等がある。2010〈平成 22〉年の総務省「国勢調査」による
と，25 ～ 39 歳の未婚率は男女とも高くなり，男性では，25 ～ 29 歳で 71.8 %，
30 ～ 34 歳で 47.3 %，35 歳～ 39 歳で 35.6 %，女性では，25 ～ 29 歳で 60.3 %，
30 ～ 34 歳で 34.5 %，35 ～ 39 歳で 23.1 % となっている。さらに生涯未婚率
も，30 年前と比べて相当高く，男性は 2.60 %（1980 年）から 20.14 %（2010

図表 9 － 1　出生数及び合計特殊出生率の年次推移

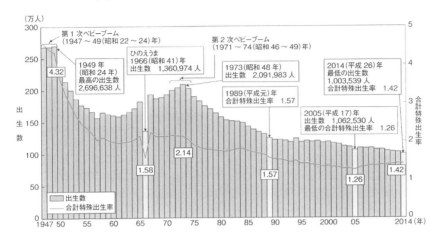

資料：厚生労働省「人口動態統計」

（少子化社会対策白書平成 28 年版 3 頁 1 － 1 － 1 図より引用）

年）へと約 8 倍，女性は 4.45 ％（1980 年）から 10.61 ％（2010 年）へと 2.4 倍
になっている。男性の 5 人に 1 人が生涯未婚（非婚）であるという実態は驚く
べきことであろう。

　また，日本人の平均初婚年齢は，2011 年には夫が 30.7 歳（対前年比 0.2 歳
上昇），妻が 29.0 歳（同 0.2 歳上昇）と上昇傾向を続けており，晩婚化が進行
している。1980 年には，夫が 27.8 歳，妻が 25.2 歳だったことと比較すると，
ほぼ 30 年間で夫は 2.9 歳，妻は 3.8 歳，平均初婚年齢が高くなった。さらに，
出産時の母親の平均年齢をみると，2011 年には第 1 子 30.1 歳，第 2 子 32.0 歳，
第 3 子 33.2 歳となり，初めて第 1 子の出産年齢が 30 歳を超えた。

3）性別役割分担意識の変化

　性別役割分担に対する意識にも変化が生じてきた。総理府・内閣府の調査
では，「夫は外で働き，妻は家庭を守る」という考え方について 1973 年には，
男女ともに賛成（「賛成」＋「どちらかといえば賛成」）が 8 割を超えていたが，
2002 年に，47.0 ％（男性 42.1 ％，女性 51.1 ％）がこの考え方に反対し（「反対」
＋「どちらかといえば反対」），反対派と賛成派（46.9 ％）と拮抗するようになっ

た。2004 年に反対と賛成の比率が逆転し，2014 年には，反対が上回っている。女性では反対が 51.6%・反対 43.2% であるが，男性は賛成・反対共に 46.5 % になっている（図表 9 − 2 参照）。

図表 9 − 2　性別役割分担に対する意識

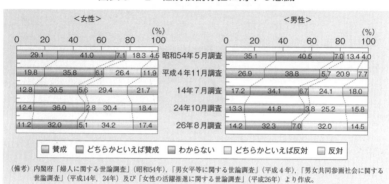

（備考）　内閣府「婦人に関する世論調査」（昭和54年）,「男女平等に関する世論調査」（平成4年）,「男女共同参画社会に関する世論調査」（平成14年，24年）及び「女性の活躍推進に関する世論調査」（平成26年）より作成。

（男女共同参画白書平成 28 年版 48 頁より引用）

4）　離婚率の増加

　最高裁の前記 1987〈昭和 62〉年 9 月 2 日判決によって有責配偶者からの離婚請求が認められて以降，事実上破綻した夫婦の離婚を承認する判例傾向が定着し，離婚率が増加を続けたことも近年の特徴である。

4　家族をめぐる訴訟の展開

　家族をめぐる憲法訴訟の展開をみると，民法の夫婦同氏原則や婚外子差別などに対する訴訟が数多く提起され，2015〈平成 27〉年 12 月 16 日には再婚禁止期間規定について一部違憲の最高裁判決も下された。

1）　婚外子差別違憲訴訟（住民票続柄差別訴訟・婚外子相続分差別訴訟）

　（最高裁大法廷決定 1995 年 7 月 5 日，2013 年 9 月）

　婚外子（嫡出でない子）を嫡出子との関係で差別した諸法制を，憲法 14 条や国際条約（国際人権規約 B 規約 24 条 1 項，子どもの権利条約 2 条など）に反するものと主張する訴訟が数多く提起された。住民票続柄差別訴訟のほか，嫡出でない子の相続分を嫡出子の 2 分の 1 と定める民法 900 条 4 号ただし書の合憲性

を争う相続分差別訴訟もそのひとつである。最高裁は 1995〈平成 7〉年 7 月 5 日決定（最大決・民集 49 巻 7 号 1789 頁）において合憲と判断したが，2003 年の 2 判決（2003 年 3 月 28 日，同年 3 月 31 日）では，いずれも 5 名中 2 名の裁判官が反対意見を述べ，3 対 2 の僅差であった。2009〈平成 21〉年 9 月 30 日決定（最高裁第二小法廷，裁判集民事 231 号 753 頁）では，多数意見は従来の判例を踏襲して合憲と解したが，今井裁判官反対意見では，最高裁 2008〈平成 20〉年 6 月 4 日の大法廷国籍法違憲判決（下記 2）をふまえて民法 900 条 4 号ただし書についても違憲と判断した。そして 2013〈平成 25〉年 9 月 4 日，大法廷の全員一致の決定により，はじめて民法 900 条 4 号ただし書が憲法 14 条 1 項違反であることを認め，原判決を破棄して原審に差し戻した（民集 67 巻 6 号 1320 頁）。ここでは，家族制度の多様化や意識の変化，子の権利の尊重などの諸要素を総合すれば，当該事件の相続が開始した 2001 年当時において本規定の合理的根拠は失われていた，とした。他方，法的安定性の観点から個別的効力にとどめたため早期の法改正が求められ，同年 12 月に同条但し書きを削除する法改正が行われた。

2）国籍法違憲判決

（最高裁大法廷 2008〈平成 20〉年 6 月 4 日違憲判決，民集 62 巻 6 号 1367 頁）

　法律上の婚姻関係にない日本人の父とフィリピン人の母との間に日本で出生した子らが，出生後父から認知を受けたことを理由に国籍取得届を提出したところ，日本国籍が認められなかった事件で，最高裁は，（国籍取得に両親の婚姻＝準正を要件とした）国籍法 3 条 1 項を憲法 14 条違反とした。ここでは，「我が国における社会的，経済的環境等の変化に伴って，夫婦共同生活の在り方を含む家族生活や親子関係に関する意識も一様ではなくなってきており，今日では，出生数に占める非嫡出子の割合が増加するなど，家族生活や親子関係の実態も変化し多様化してきている。このような社会通念及び社会的状況の変化に加えて，近年，我が国の国際化の進展に伴い国際的交流が増大することにより，日本国民である父と日本国民でない母との間に出生する子が増加している」ことを認め，「日本国民である父が日本国民でない母と法律上の婚姻をしたことをもって，初めて子に日本国籍を与えるに足りるだけの我が国との密接な結び付きが認められるものとすることは，今日では必ずしも家族生活等の実態に適合するものということはできない」として違憲判断を下した。

3) 再婚禁止期間違憲訴訟

　女子のみ 6 カ月の再婚禁止期間を定める民法 733 条は，嫡出推定の重複を避け，父子関係の混乱を防止することが立法趣旨とされ，女性のみが懐胎するという肉体構造に基づく合理的な差別であると解されてきた。しかし，民法学の分野でも従来から有力な反対論があり，次第に廃止論あるいは 100 日への期間短縮論などの法改正論が強まっていた。前記 1996 年の民法改正要綱案でも，100 日に制限が短縮されていた（本書 111 頁参照）。

　この問題について，前夫との間で離婚調停を成立させて未成年の子の親権者となった女性が翌年再婚届出をしたが民法 733 条を理由に受理を拒否された事件で，国家賠償請求訴訟が提起された。第一審の広島地裁 1991〈平成 3〉年 1 月 28 日判決，控訴審の広島高裁 1991 年 11 月 28 日判決も，国家賠償法上違法であるためには「法規の内容が憲法等の一義的な文言に違反していることが必要」であり，「一見不合理であるとは到底いえない」として，国家賠償法上の違法性を否定した。最高裁第三小法廷判決も，国家賠償法上の違法性を問題にした結果，民法 733 条が憲法の文言に一義的に反するとはいえないとして原告の違憲の主張を斥けた（1995〈平成 7〉年 12 月 5 日，判時 1563 号 81 頁）。

　その後も 2008 年 3 月に前夫と離婚し，同年 10 月に現夫と再婚したが岡山県総社市の 20 代の女性が，民法 733 条の規定で離婚後 6 カ月以上待たなければならず精神的苦痛を受けたとして，憲法違反を理由に国に 165 万円の損害賠償を求めた事件で，1 審岡山地裁判決（2012 年 10 月 18 日），控訴審の広島高裁岡山支部判決（2013〈平成 25〉年 4 月 26 日）も合憲判断を下した。しかし，近年では，長く最近禁止期間規定を置いてきたフランスの民法でも 2004 年にこの規定自体が削除され，韓国やベルギーでも削除されている。そのため，女性差別撤廃委員会 2009 年 8 月の総括所見や国際人権規約委員会等から，民法 733 条等の早期改正が勧告されてきた。

　このような状況をふまえて，2015 年 12 月 16 日判決（民集 69 巻 8 号 2427 頁）では，100 日をこえる制限を違憲と判断した。100 日を超えない部分についても，妊娠していないことが明らかな場合も例外なく女性のみについて再婚禁止期間を課すことは憲法 14 条・24 条および女性差別撤廃条約 16 条違反であり女性差別の規定であると考えられる。さらに，当該女性との結婚を望む男性の婚姻の自由や当該女性の再婚の自由を制約する点でも憲法 13 条違反の疑いが

強く，また，この規定によって不利益を受けることの多い子どもの権利の制約
であるといえる。この意味でも 2016 年 6 月に民法改正が実現したことは妥当
であった（本書 61 頁参照）。

4）　夫婦別姓訴訟

夫婦別姓問題への関心の高まりとともに，夫婦同氏原則を定めた民法 750 条
の合憲性を争う訴訟もいくつか提起された。

①　別姓選択の婚姻届不受理事件（1989〈平成元〉年 6 月 23 日岐阜家裁合憲判
決，家裁月報 41 巻 9 号 116 頁）では，原告が，婚姻届に婚姻後の氏として夫婦
それぞれの姓を選択する旨記載して提出したところ，民法 750 条，戸籍法 74
条 1 号に規定する婚姻後の夫婦の氏の選択がないものとして，市長が受理を拒
絶した。そこで，「民法 750 条は，人格権の一部である氏を保持する権利を侵
害するものであるから憲法 13 条に違反し，また同 24 条 1 項に違反する」とし
て，不受理の処分に不服の申立をした。岐阜家庭裁判所は，「家庭は……親族
共同生活の場として，法律上保護されるべき重要な社会的基礎を構成するもの
である。このような親族共同生活の中心となるべき夫婦が，同じ氏を称するこ
とは，主観的には夫婦の一体感を高めるのに役立ち，客観的には利害関係を有
する第三者に対し夫婦であることを示すのを容易にするものといえる。した
がって，国民感情または国民感情及び社会的観衆を根拠として制定されたとい
われる民法 750 条は，現在においてもなお合理性を有するものであって，何ら
憲法 13 条，24 条 1 項に違反するものではない」と判示した。

②　最高裁大法廷 2015〈平成 27〉年国家賠償請求事件は，夫婦別姓を認め
ていない民法の規定が憲法違反であるとして，東京，富山，京都在住の男女が
提訴したものである。原告 5 人は「家族，結婚生活の意識や実態が変化し，夫
婦同姓を強制する根拠が失われた」とし，「夫婦別姓の法改正を怠り，精神的
苦痛を受けた」として，国に対して立法不作為による総額 600 万円の損害賠償
を求めていたが，2013〈平成 25〉年 5 月 29 日東京地裁判決は両性の平等を定
めた憲法 24 条について「夫婦がそれぞれ婚姻前の姓を名乗る権利が憲法上保
障されているとはいえない」として，原告側の請求を棄却した。控訴審の東京
高裁 2014〈平成 26〉年 3 月 28 日判決は，「氏の変更を強制されない権利」は，
いまだ憲法 13 条によって保障される具体的な権利として承認すべきものであ
るとはいえない。」「憲法 24 条によって直接，何らの制約を受けない「婚姻の

自由」が保障されていると解することはできない。「国会議員らが民法750条を改正して選択的夫婦別氏制度を導入していない立法不作為が，国家賠償法1条1項の規定の適用上，違法の評価を受けることにはならない」として控訴を棄却した。

　上告審の最高裁大法廷2015〈平成27〉年12月16日判決（民集69巻8号2586頁）は，次のように指摘して憲法13条・14条・24条のいずれにも違反しないとして上告を棄却した。「現行の法制度の下における氏の性質等に鑑みると，婚姻の際に「氏の変更を強制されない自由」が憲法上の権利として保障される人格権の一内容であるとはいえない。本件規定は，憲法13条に違反するものではない。」「本件規定は，夫婦が夫又は妻の氏を称するものとしており，夫婦がいずれの氏を称するかを夫婦となろうとする者の間の協議に委ねているのであって，その文言上性別に基づく法的な差別的取扱いを定めているわけではなく，……本件規定は，憲法14条1項に違反するものではない。」「憲法24条2項は，具体的な制度の構築を第一次的には国会の合理的な立法裁量に委ねるとともに，その立法に当たっては，同条1項も前提としつつ，個人の尊厳と両性の本質的平等に立脚すべきであるとする要請，指針を示すことによって，その裁量の限界を画したものといえる。……夫婦がいずれの氏を称するかは，夫婦となろうとする者の間の協議による自由な選択に委ねられている。……氏の通称使用が広まることにより一定程度は緩和され得るものである。以上の点を総合的に考慮すると，本件規定の採用した夫婦同氏制が，夫婦が別の氏を称することを認めないものであるとしても，……直ちに個人の尊厳と両性の本質的平等の要請に照らして合理性を欠く制度であるとは認めることはできない。したがって，本件規定は，憲法24条に違反するものではない。」

　これに対して，岡部裁判官ら女性裁判官3名と木内・山浦裁判官を含む5名の裁判官が違憲判断を示し，山浦裁判官は国家賠償法にも違反するとした。

　本判決については，憲法学者の高橋意見書により実質的平等違反の現状は間接差別に当たるとして憲法14条違反が主張されていたほか，憲法13条で保障される氏名権よりも夫婦同氏制度に関する立法裁量を優位させる論理などに多くの批判論が提示されている（辻村『憲法と家族』252頁以下参照）。

5)　親子関係をめぐる最新最高裁判決

①　**性別変更審判後の嫡出推定**—— 2013〈平成 25〉年 12 月 10 日第三小法廷決定

　2004 年に「性同一性障害者の性別の取扱いの特例に関する法律」が施行され，性同一性障害の人は，戸籍上の性別を変更することが可能となった。同法 3 条 1 項は「家庭裁判所は，性同一性障害であって次の各号のいずれにも該当するものについて，その者の請求により，性別の取扱いの変更の審判をすることができる。」とし，その要件として，「① 20 歳以上であること，②現に婚姻をしてないこと，③現に未成年の子がいないこと，④生殖腺がないこと又は生殖腺の機能を永続的に欠く状態にあること，⑤その身体について他の性別に係る身体の性器に係る部分に近似する概観を備えていること」を定めた。このうち③の「子なし要件」が憲法 13・14・25 条に反して無効であるとして審判を申し立て，却下されたことに対して即時抗告し，さらに特別抗告をした事例で，最高裁は，「[法律 3 条 1 項 3 号の規定は，]現に子のある者について性別取扱いの変更を認めた場合，家族秩序に混乱を生じさせ，子の福祉の観点からも問題を生じさせかねない等の配慮に基づくものとして，合理性を欠くとはいえないから，国会の裁量権の範囲を逸脱するものということはできず，憲法 13 条，14 条 1 項に違反するものとはいえない」と判断して，特別抗告棄却の決定を下した。

　しかし離婚した妻との間に子を設けていた男性が，離婚後，女性への性別適合手術を受け，性同一性障害特例法による性別変更を申し出た事例が問題となった事例で，すでに手術を受けたのちに法的な性別変更が認められないことは，本人の性的アイデンティティに反することから，憲法 13 条違反の疑いが強いといえよう。

　また，女性として出生した X が性同一性障害と診断されて性別適合手術を受け，男性への性別変更の審判を受けた事例で，第三者の精子の提供を受けて配偶者が出産し X が出生届を提出したところ，X に男性として生殖能力がないことから嫡出子として認められないとされた。戸籍訂正許可申請却下審判に対する抗告事件で，特別抗告審の最高裁第三小法廷判決（2013〈平成 25 年〉12 月 10 日）決定（民集 67 巻 9 号 1847 頁）は，父子関係を認めるべきであるとの立場から戸籍訂正の申立てを許可すべきと（3 対 2 の僅差で）判断した。この問題は，民法 772 条の嫡出推定制度の在り方にも関わっており，②と同様に制度

（外観）と親子関係の真実（DNA）との関係が焦点となった（辻村前掲『憲法と家族』282 頁以下参照）。

② **DNA 鑑定に基づく親子関係不存在確認訴訟**── 2014〈平成 26〉年 7 月 17 日第一小法廷判決

DNA 鑑定技術が進み，自然血縁による親子関係が 99 ％以上の確率で判明するようになり，一般人が業者に DNA 鑑定を手軽に依頼することも可能となった。このような状況下で，夫とは別の男性の子を妊娠・出産した妻が，民法 772 条によって嫡出推定された子の法定代理人として親子関係不存在確認の訴えを起こす事例が多発している。大阪事件では，婚姻期間中に妻が妊娠・出産し，嫡出子として養育したが，誕生 3 年後に別の男性の存在が明らかとなり，別居後離婚調停に至り，妻が離婚訴訟を提起するとともに子の法定代理人として親子関係不存在確認の訴えを起こした。第 1・2 審は子と妻の請求を認容したが，夫が上告した。最高裁では，「民法 772 条 2 項所定の期間内に妻が出産した子から，科学的証拠により生物学上の父でないとして親子関係不存在確認を請求できるか」が争点となったが，2014〈平成 26〉年 7 月 17 日最高裁第一小法廷が判決を下し（民集 68 巻 6 号 547 頁），破棄自判して，訴えを不適法として却下した。ここでは嫡出推定が及ばない事例でないため，親子関係不存在の訴えをもって父子関係の存否を争うことはできない（嫡出推定が及ぶ限り嫡出否認の訴えによらなければならない）と形式的に判断した（辻村前掲『憲法と家族』295 頁以下参照）。

③ **認知者による認知無効請求事件**── 2014〈平成 26〉年 1 月 14 日最高裁第三小法廷判決

本件は，血縁上の父子関係がないことを知りながら子を認知した父が，子に対し，認知の無効の訴えを提起した事案である。不実認知者の無効主張を認めるか否かが争点となり，最高裁が原審の判断を覆して無効主張を認める立場を初めて明らかにした点で注目された。一審広島家裁・控訴審広島高裁判決は，民法 785 条は認知者自身による認知無効請求を一切認めないとすべきではないと判断したところ，上告審の最高裁第三小法廷 2014〈平成 26〉年 1 月 14 日判決（民集 68 巻 1 号 1 頁）も原審の判断は是認できるとして，上告を棄却した。これにより，血縁関係がないにもかかわらずなされた認知（不実認知）は無効である，とする立場が多数を占めたが（5 人中 3 裁判官の多数意見），不実認知

者の扱いという重大問題に関わるほか，血縁と制度の対抗関係が課題として存在している（辻村前掲『憲法と家族』309頁以下参照）。

　この構図を大まかに，（Ⅰ）事実主義・血縁主義・（具体的な）子の利益優先主義，子どもや女性の権利重視の方向，と（Ⅱ）制度や公序重視・法的安定性の尊重，という二つの対抗と考えれば，上記①と②の判決では血縁よりも嫡出推定制度を優先した（Ⅱの立場）が，③の判決ではむしろ（Ⅰの立場から）「事実主義を徹底した」ようにみえる。いずれも立法的解決が図られることが急務であるが，それに至らない場合に，これらの解釈論的課題を克服することは容易ではない。そのように解決困難な状況にあっては，解決の指針として，憲法13条の個人の尊重，人格権（とくに子どもの人権），14条1項の差別禁止（ないし実質的平等保護，子や妻の保護），24条1項の婚姻の自由と夫婦同権，同2項の「個人の尊厳と両性の本質的平等」などの憲法的価値の基本に立ち戻ることが肝要であると考えられる。

　これらの事例にも示されるように，最近では家族の在り方も多様化しており，家族をめぐる諸課題を憲法や人権の基本原理（個人の尊重）という視座から再検討することが，ますます重要になるであろう。

[参考文献]

井上俊＝伊藤公雄編『近代家族とジェンダー』世界思想社（2010）
ジェンダー法学会編『講座ジェンダーと法（第2巻）固定された性役割からの解放』［第Ⅱ部］日本加除出版（2012）
辻村みよ子編『かけがえのない個から』（シリーズ「ジェンダー社会科学の可能性」第1巻）岩波書店（2011）
辻村みよ子『憲法（第5版）』日本評論社（2016）
辻村みよ子『憲法と家族』日本加除出版（2016）
中里見博『憲法24条＋9条』かもがわ出版（2005）
二宮周平『家族法（第3版）』新世社（2009）
二宮周平「最大判平27・12・16と憲法的価値の実現(1)(2)」戸籍時報736-737（2016）

10 リプロダクティヴ・ライツ

1 リプロダクティヴ・ライツの定義と内容 ●————————●

（1） 国連人口・開発会議における定義

　第二波フェミニズムの展開のなかで，人工妊娠中絶等に関する女性の自己決定権が強く主張された。1979 年の女性差別撤廃条約では，「締約国は，……男女の平等を基礎として……子の数および出産の間隔を自由にかつ責任を持って決定する同一の権利，ならびにこれらの権利の行使を可能にする情報，教育および手段を享受する同一の権利を確保する」（16 条 1 項 e）と定めて子の数等の決定における男女同権が保障された。

　また，発展途上国における人口増加に対する人口政策の必要や，欧米での優生学にもとづく人口政策に対する女性の反発などを背景に，生殖と人口政策の問題が世界の環境や開発との関連で論じられるようになった。

　このような女性の自己決定権論の高まりと人口政策問題の深刻化という 2 つの歴史的な流れを背景に，1992 年の国連環境開発会議（リオデジャネイロ会議）で「子の数と出産の間隔を決定する権利」が明確にされ，1994 年の国際人口開発会議（ICPD，カイロ会議）の成果としてのカイロ宣言・行動計画では，生殖に関する自己決定権がリプロダクションの権利（リプロダクティヴ・ライツ，以下国際文書等はリプロダクティブ・ライツと表記）として明確な定義を与えられることになった。

　それによれば，「リプロダクティブ・ライツは，国内法，人権に関する国際文書，ならびに国連で合意したその他の関連文書ですでに認められた人権の一部をなす。これらの権利は，すべてのカップルと個人が，自分たちの子どもの数，出産間隔，ならびに出産する時を，責任をもって自由に決定でき，そのための情報と手段を得ることができるという基本的権利，ならびに最高水準の性に関する健康およびリプロダクティブ・ヘルスを得る権利を認めることにより成立している。その権利には，人権文書に述べられているように，差別，強制，暴力を受けることなく，生殖に関する決定を行える権利も含まれる。この

権利を行使するにあたっては，現在の子どもと将来生まれてくる子どものニーズおよび地域社会に対する責任を考慮に入れなければならない」（1994年のカイロ行動計画）とされた。この記述内容が，1995年の北京行動綱領（パラグラフ95）でも再度確認され，「女性の人権には，強制，差別及び暴行のない性に関する健康及びリプロダクティヴ・ヘルツを含む，自らのセクシュアリティーに関する事柄を管理し，それらについて自由かつ責任ある決定を行う権利が含まれる。」〔96パラグラフ前段〕として，「性と生殖に関する権利」を「女性の人権」として確立した。そしてこの権利こそが，女性のエンパワーメントの基礎である〔92パラグラフ〕ことが明らかにされた。

　ただし，日本の外務省訳では，「性と生殖に関する健康・権利（リプロダクティブ・ヘルス／ライツ）」のように，リプロダクティヴ・ライツとリプロダクティヴ・ヘルスの2つの言葉が，たえず併せて用いられており，両者の関係について問題が残っている。そこで次にリプロダクティヴ・ヘルスの定義についてみておこう。

（2）　リプロダクティヴ・ヘルスとの関係

　リプロダクティヴ・ヘルスは，1970年代から世界保健機関（WHO）として用いた概念であるが，カイロ行動計画では，「リプロダクティヴ・ヘルスとは，人間の生殖システム，その機能と（活動）過程のすべての側面において，単に疾病，障害がないというばかりでなく，身体的，精神的，社会的に完全に良好な状態にあることを指す」と定義された。この定義は，WHOの健康の定義に依拠したもので，出産可能年齢のみならず生涯の健康を意味し，子どもを持たない人々を含めたすべての個人に保障されるべき健康の概念として理解すべきであると考えられる。ただ，カイロ宣言は，これに続けて「リプロダクティヴ・ヘルスは，人々が安全で満ち足りた性生活を営むことができ，生殖能力をもち，子どもを産むか産まないか，いつ産むか，何人産むかを決める自由をもつことを意味する。この最後の条件で示唆されるのは，男女とも自ら選択した安全かつ効果的で経済的にも無理なく，受け入れやすい家族計画の方法，ならびに法に反しない他の出生調節の方法についての情報を得，その方法を利用する権利，および，女性が安全に妊婦・出産でき，またカップルが健康な子どもをもてる最善の機会を与えるような適切な機会を与えるような適切なヘルス

ケア・サービスを利用できる権利が含まれる」と指摘する。ここで、「子ども
を産むか産まないか、何人産むかを決める自由」が含まれる点で、リプロダ
クティヴ・ライツとの区別が明確でないことも事実である。歴史的にも、リプ
ロダクティヴ・ヘルスの概念は、「国家による強制的な人口政策」に反対する
フェミニズム運動を基盤に発展し、性や生殖に関する自己決定権（リプロダク
ティヴ・ライツ）と不可分であると解されてきたからである。実際、国連文書
においても、リプロダクティヴ・ヘルスを享受することは基本的な人権である
として位置づけられてきたため、単に健康のためのサービスを提供するだけで
なく、「個人やカップルの性や生殖に関する選択権の保障」を実現するために、
個人やカップルが望む時に望む子どもを望む場所で妊娠・出産できる環境の整
備が不可欠とされてきた。

（3）　リプロダクティヴ・ライツの主体と内容

　これらのことは、人権論としてリプロダクティヴ・ライツを検討する際の主
体論や内容について、理論的検討課題を含んでいるように思われる。
　まず、権利主体について、上記の国際文書はいずれも「個人やカップル」が
決定権や選択権の主体とされており、中絶か出産かの決定に際して、女性本人
の意思のみで足りるか、相手方男性（夫など）の同意を要するかについては明
らかではない。カップルを権利主体にすることについても、一般的な人権論の
理論枠組みに関して、グループ・ライツを認める趣旨かどうか、集団の人権論
を個人の人権との関係でどのように理論的に構築するか、カップルの中の個人
（男女）の権利の優劣を認めるか否かなど、課題はつきない。
　日本でも、①子どもを産むか否かの決定権、②産むか否かの決定を実現する
権利を、リプロダクティヴ・ライツの具体的内容として捉える場合にも、その
権利主体はいまだ明確でない。例えば、地方公共団体の男女共同参画推進条例
のなかでも、埼玉・新潟・石川・長野県等などでは、男女共同参画推進の基本
理念の中に「生涯にわたる性と生殖に関する健康と権利が尊重されること」を
明記しているが、誰の権利か明確にされてない。この点で、宮城・山梨・愛媛
県等では「男女の生涯にわたる性と生殖に関する健康と権利の尊重」、岩手県
では「生殖に関する事項につき双方の意思が尊重」、秋田県では「相互の……」、
京都府では「男女双方の意思……」などの規定をしており、札幌市のように

「女性の性と生殖に関する健康と権利が生涯にわたり尊重されること」のように女性に限定している自治体もある。このような表現の差異のなかにも，リプロダクティヴ・ライツ／ヘルスについての理論的検討課題が示されている。

（4）　生殖補助医療をめぐる国際的法規制の展開

　20世紀後半には，1948年の世界人権宣言で人間の尊厳，私生活の保護，差別禁止などが定められ，1966年の国際人権規約（A社会権規約・B自由権規約）に「科学の進歩及びその利用による利益を享受する権利」（A規約15条）および家族形成権が明示された（B規約23条2項）。1979年の女性差別撤廃条約（16条e「子の数及び出産の間隔を自由にかつ責任をもって決定する同一の権利並びにこれらの権利の行使を可能にする情報，教育及び手段を享受する同一の権利」）採択後，1989年に採択された子どもの権利条約（児童の権利に関する条約）7条では，「子どもは出生の後直ちに登録される。子どもは，出生の時から氏名を有する権利及び国籍を取得する権利を有するものとし，また，できる限りその父母を知りかつその父母によって養育される権利を有する」として，子の出自を知る権利が明示された。EUでは「生物学と医学の応用に関する人権および人間の尊厳の保護のための条約（生命倫理条約）」（1997年ヒトクローンに関する追加議定書）や基本権憲章（2000年）で，生命倫理に関する規定が置かれた。ここでは，人間の尊厳，生命に対する権利のほか，優生学的施策やヒトクローン生成の禁止が定められた（Ⅱ－3条(63)）。また，2005年にはユネスコで「生命倫理と人権に関する世界宣言」（生命倫理の共通規範に関する宣言）が出され，リプロダクティヴ・ライツや人工生殖の問題が，生命倫理との関係で国際的・国内的規制のもとにおかれるようになった。

　同時に，人間の尊厳と自己決定権にかかわることから，リプロダクティヴ・ライツや生殖補助医療の問題が，憲法的に論じられるようになった。従来から，1949年ドイツ連邦共和国基本法（ボン基本法）では，「人間の尊厳は不可侵である。これを尊重し保護することが，すべての国家権力に義務づけられている。」（1条1項），「各人は，生命への権利および身体を害されない権利を有する。」（2条2項）と定められ，堕胎罪を合憲と解する根拠になってきた（後述）。

　また1999年制定のスイス連邦憲法（2000年施行）では，「胚の提供およびあらゆる種類の代理出産（surrogate maternity）は，禁止される。」〔119条1項d〕

と定めて代理出産の禁止を憲法上に明示している。

2 人工妊娠中絶と自己決定権——「産まない権利」

　広義の人工生殖の概念には，避妊や人工妊娠中絶，そして，医学的に援助された妊娠（生殖補助医療，狭義の人工生殖）が含まれる。このうち人工妊娠中絶とは，胎児が母体外で生命を維持できない時期に人工的に胎児を母体外に排出する行為をさすが，これを含めて，自然の分娩期に先立って人為的に胎児を母体外に排出する「堕胎」が各国の刑法で犯罪とされてきた。ところが，1960年代から1970年代にかけて第二波フェミニズムの影響下に女性の権利意識が高まり人工妊娠中絶合法化の動きが強まった。適応規制型（合法的に人工妊娠中絶できる適応を限定した型）のイギリス1967年妊娠中絶法や，期限規制型（妊娠初期一定期間内の人工妊娠中絶を，理由を問わず合法化する型）のフランス1975年法などが制定された。

　こうして，広く人工妊娠中絶を自由化する動きが強まり，今日では，世界の人口の約60％が無制限もしくは比較的緩やかに人工妊娠中絶が認められる国で生活している。反対に，世界の人口の約26％が，宗教的理由などによってこれが禁止された国で生活しており，前者でも多くの国で中絶反対運動が強まっている現実がある。また，アメリカやドイツ等の違憲訴訟では，独自の理論構成による判例理論が展開をみせているため，諸国の特徴を対比的に概観しておこう。

（1）　アメリカにおける判例理論の展開

　アメリカでは，避妊の自由がプライヴァシー権として保障されることを合衆国最高裁が1965年のグリスワルド（Griswold）判決で認めて以来，避妊の権利や女性の負担を回避する法的利益が確立された。その後，女性の人工妊娠中絶決定権を認めてテキサス州の堕胎罪規定を違憲とした1973年の合衆国（連邦）最高裁判所ロウ（Roe）判決から，規制強化の契機となった1989年のウェブスター（Webster）判決，1992年のケイセィ（Casey）判決へと展開した。

　ロウ判決では，婚姻，生殖，避妊，家族関係，子の養育・教育に関する権利のほか，妊娠を人工的に中絶するか否かを決定する権利が憲法上のプライヴァシー権に含まれることを明らかにし，その権利は母体の健康と胎児の生命の保

持という州の利益による制約に服するとした。そして州の「やむにやまれぬ利益」を基準として，州の規制は妊娠の3半期の第1期までは認められず，胎児の母体外生存可能時以降は原則として可能であると判断して，当該州法を修正14条のデュー・プロセス条項に違反すると結論した。ここでは，胎児は修正14条で生命権を保護された「人（person）」ではないという見解が前提にあった。しかしロウ判決を基本的に踏襲したウェブスター判決では，「人間の生命は受胎に始まる」とするミズーリ州法を違憲とせず，3期区分を前提としなかった。そして，妊娠20週以後には生存可能性の検査を義務づけ，公立病院での非治療的中絶を禁止して事実上中絶を困難にする州法の規定を合憲とした。

　ついで，中絶規制要求が社会的に強まるなかで出されたケイシィ判決では，ロウ判決を維持することを宣明する一方で，妊婦の同意要件や未成年の場合の親の同意要件，届出・報告要件その他に関してペンシルヴァニア州法を合憲（配偶者への通知要件のみ違憲）とした。その際，多くの論点について中絶の権利を後退させた。第1に，権利の根拠について，多数意見では，中絶の自由を修正14条のデュー・プロセス条項によって保護された自由として構成するにとどめた。第2に，違憲審査基準について，ロウ判決が「やむにやまれぬ利益」という厳格な審査基準を提示したのに対して，厳密な3期区分論を前提としないケイシィ判決では，州による規制が「不当な負担」でなければよいとする緩やかな基準を採用し，不当な負担か否かの立証責任は女性の側にあると解した。

　その後，2007年4月18日のゴンザレス判決（Gonzales v. Carhart）では，妊娠後期に胎児の一部を子宮の外に出して死亡させる中絶を禁止した連邦法（部分的分娩中絶禁止法，2003年）の合憲性が争われたところ，政府は胎児の生命を保護する権限があることを理由に合憲と判断した。現状では妊娠初期についてロウ判決が維持されると考えられるものの，アメリカでは判例理論が揺らいでいる。もともと中絶の自由をおもに私的領域の問題としてのプライヴァシー権の面から根拠づけてきたことに限界があったと考えられるが，胎児の生命権との関連では，一定期間の法規制を排除するフランスと，生命権を重視するドイツとの対比が示唆的である。

（2） フランスの人工妊娠中絶法をめぐる議論

　1972 年のボビニー事件等を契機として 1975 年に制定された人工妊娠中絶法（ヴェイユ法）は，妊娠 10 週以内に医療機関で医師によってなされる自発的意思にもとづく中絶（interruption volontaire）について堕胎罪の適用を停止した。この法律の合憲性を認めた 1975 年 1 月 15 日憲法院判決は，根拠となる憲法規範として 1789 年人権宣言第 2 条の自由の原則（中絶に関する自由の保障）と 1946 年憲法前文（子どもと母に対する健康の保護）を掲げ，とくに後者を憲法規範としたことで注目された。

　その後，2001 年 5 月に新たな「人工妊娠中絶と避妊に関する法律」が制定され，困窮状態にある女性の場合に妊娠 12 週まで対象を拡大し，未成年者の中絶についての保護者の同意要件を原則として廃止した。フランス憲法院もこれを合憲と解しており，人間の尊厳との対抗関係において相対的に女性の自由，人工妊娠中絶決定権の優位という基調が維持された。

（3） ドイツの違憲判決と胎児保護義務

　ドイツでは，フランスと対照的に，基本法 1 条 1 項の「人間の尊厳」の保障と 2 条 1 項の生命に対する保護義務が受胎以後の胎児について認められ，相談義務を伴う期限規制型の立法が違憲とされた（第 1 次堕胎判決）。1974 年の旧西ドイツ第 15 次刑法改正に対する違憲判決に続いて，1993 年 5 月 28 日連邦憲法裁判所判決は，1992 年の「妊婦及び家族援護法」制定に伴う刑法改正により 12 週以前の中絶を「違法でない」とした新 218 条 a) 1 項を違憲・無効と判断した（第 2 次堕胎判決）。その判決の多数意見では，胎児（未生児）の生命権に対する国の保護義務を根拠として中絶を原則として禁止しうることを前提に，女性の憲法的地位は例外状況でのみ許容されうる，として女性の自己決定権を相対化した。

（4） 日本の議論と課題

　日本では，刑法上堕胎罪が存在し，自己堕胎でも 1 年以下の懲役，医師による業務上堕胎で 3 月以上 5 年以下の懲役が科せられている（212 条〜216 条）。同時に，戦後の人口増加に伴う出産調整問題が起こる中で，人口抑制政策と戦前からの優性政策の延長として 1948 年に優生保護法が制定された。1949 年と 1952 年に改正され，いわゆる経済条項によって，医師の判断による堕胎が可

能となった。ここでは適応型規制を緩やかに解することによって，刑法の堕胎罪の規定がほとんど空文化し，22週までの人工妊娠中絶が広く許容されてきた。1995年に刑法が口語化されて改正された際にも上記堕胎罪の規定はそのまま維持されたが，1996年に優生保護法が母体保護法と改称され，優生学的目的が削除されて，不妊手術・人工妊娠中絶を定める法律に変更された。

　母体保護法第1章総則第1条では「この法律は，不妊手術及び人工妊娠中絶に関する事項を定めること等により，母性の生命健康を保護することを目的とする」と定められ，かつての優生保護法上の優生学的理由によって人工妊娠中絶を認める規定（妊婦や夫が精神病や遺伝性疾患・奇形等を有している場合に等は妊娠中絶が認められた）は削除された。

　しかし，この法律上に，リプロダクティヴ・ライツ等の新しい人権観念が盛り込まれることはなく，参議院において「リプロダクティブヘルス・ライツ＜性と生殖に関する健康・権利＞の観点から，女性の健康等に関わる施策に総合的な検討を加え，適切な措置を加えること」という付帯決議が付されるにとどまった。

　このような人工妊娠中絶をめぐる人権問題については，女性の生殖に関する自己決定権として憲法13条で構成することが一般的に承認されているため，ドイツ憲法研究の成果をもふまえて，胎児の生命権や人間の尊厳と女性の人権との関係で議論を深めることが求められる。

3　生殖補助医療と法規制──「子をもつ権利」「産む権利」 ●━━━━━━━●

　次に，人為的に子の出生を可能にする生殖補助医療（狭義の人工生殖）についてみよう。そこには人工授精と体外受精が含まれる。人工授精は，男性側に原因のある不妊の治療法として，精液を直接子宮内に注入する方法であり，精子提供者によって配偶者間人工授精AIHと非配偶者間人工授精AIDに分かれる。体外受精は，女性側に原因のある不妊の治療法として，人為的に卵巣から採取した卵子を培養器の中で精子と受精させ，受精卵や胚を子宮や卵管に移植する方法である。提供された精子による体外受精，提供された卵子による体外受精，提供された胚の移植などさまざまな類型がある。最近では，第三者の女性が不妊女性に代わって出産する代理母・代理懐胎（代理出産）が重要である。

　代理懐胎には人工授精型（サロゲートマザー）と，体外受精型（いわゆる借り腹，ホストマザー）の二種類がある。前者は，不妊のカップルの夫の精子を人工授精によって代理母の子宮に注入し，受精・出産するものであり，代理母が遺伝的な母であり，かつ，分娩した母となる。これに対して，後者は，不妊カップルの夫妻（男女）の精子と卵子を体外で受精させたのち，代理母の子宮に移植し，代理母が出産するもので，遺伝子上の母と分娩する母とが分離するものである。

　いずれも，カップルもしくは個人の「子をもつ権利」の実現手段として位置づけることができるが，実際には，AID における父の認定や代理母契約をめぐるトラブル，外国で代理母が出産した場合の子の国籍や戸籍の問題，さらに出生前診断や減数手術，死後の凍結受精卵使用など，一義的に解決しえない大変困難な問題が起こっている。

　昨今では，一定のガイドラインの下で州の判断に委ねられているアメリカに対して，ドイツ，オーストリア，スウェーデン，イギリス，フランス等の諸国で法制化が進展している。とくに代理母契約については，スイスでは憲法上，ドイツ・フランス・イタリア・オーストリア等では法律によって禁止している。これに対して，アメリカ一部州，イギリス，オランダ，ベルギー，カナダ，ハンガリー，フィンランド，オーストラリア一部州，イスラエルなどでは一定の条件のもとで承認されている。このうちイギリスでは，1985 年の代理懐胎法（Surrogacy Arrangement Act），1990 年ヒト受精および胚研究法によって，代理母募集広告などを禁止し罰則を科しているものの，非商業的なものは合法化されており，親子関係についても裁判所の決定や養子縁組によって認める方途が法制化されている。

　以下では，アメリカ，およびこれと対極をなすとされるフランスとドイツの例について概観し，日本の問題を考えることにしよう（辻村・後掲『代理母問題を考える』参照）。

（1）　アメリカにおける生殖の権利

　子どもを産まない権利（消極的生殖の権利）については，州（国家）の母体保護・胎児の生命の保護の利益よりも，女性の人工妊娠中絶の自由・決定権をプライヴァシー権として優先させてきたが，最近では合衆国最高裁判所の判例理

論が後退していることは既にみた。これに対して，子どもを産む権利（積極的生殖の権利）については，1942年のスキナー（Skinner）判決が，重罪の常習者に対する強制的断種を規定した州法を違憲とした。また，1972年のスタンレー（Stanley）判決などで合衆国最高裁判所は，「妊娠する権利と自分の子どもを育てる権利」が基本的な権利であることを明らかにした。ここでは，生殖の権利が子を産むことと家族形成権の両者を含むものとして認められたといえる。

これに対して，生殖補助技術を使用する権利については，まだ合衆国最高裁判所が明確な判断を示すには至っていない。連邦地方裁判所では，人工授精で妊娠した女性教師に対する契約更新拒否が公民権法に違反するか否かが争点となった1991年のキャメロン（Cameron）事件判決のなかで「女性は人工授精によって妊娠する権利を有する」ことが明示されている。また，州の服役囚が妻との体外受精を行うために精子を治療施設に郵送することを求めたが認められなかったことが生殖の権利の侵害にあたるとして訴訟を起こしたガーバー（Gerber）事件では，2001年の第九巡回控訴裁判所は，「生殖の積極的権利が存在する」として服役囚に権利を保障した。

他方，代理懐胎（代理出産）について，アメリカでは人工授精型の代理出産が1970年代から実施され，体外受精型は1985年以来，数多く実施されてきた。法規制については州によって対応が異なり，アーカンソー，フロリダ，イリノイ，テキサス，ユタ州など約10州では代理母契約を許容する法律がある（このうちネヴァダ，ニューハンプシャー，ワシントン州などでは，報酬・対価を伴うものは禁止している）。これに対して，アリゾナ，インディアナ，ケンタッキー，ミシガン州など10州では，代理懐胎契約を無効とする法律があり，ニューヨーク州やミシガン州などでは刑罰をもって禁止している。連邦法による統一的規制法はないが，親子関係に関する統一州法（モデル・ロー）として，統一親子関係法が作成されており，そのGestational Agreementの章に代理懐胎に関する規定が置かれて各州が随意施行できるようになっている（樋口範雄・土屋裕子編『生命倫理と法』弘文堂，2005年，309頁以下参照）。

このような状況のため，アメリカでは商業的な斡旋による代理母契約も広く実施されており，依頼者のカップルと代理母との間で，争いが絶えない状況にある。最も有名なベビーM事件では，10,000ドルの報酬による代理母契約（人工授精型）が締結されて女児が生まれたが，代理母（サロゲートマザー）が

自分の子として育てたいと思うようになり，報酬の受取りを拒否して自己の子として出生届を出した。依頼者夫婦は子の引渡しを求めて裁判を起こし，一審のニュージャージー州裁判所では，引渡しを命じる判決が下された。ところが，州の最高裁では，養子縁組を規制する法律および公序良俗に反しているとして代理母契約を無効とした上で，子の養育については，「子どもの最善の利益」のテストに従って，実父に引き渡すことを認めた。

（2） フランスの生命倫理法

フランスでは，1983 年の諮問委員会設立以降長い歳月をかけて臓器移植や生殖・遺伝子関連技術を対象とする総合的な法制化を試みてきたが，1994 年 7 月に，人体に関する法律，臓器移植・生殖介助等に関する法律，記号データに関する法律の 3 つからなるいわゆる生命倫理法が制定された 。その原則を示した「人体に関する法律」は，民法の私権に関する章に人体に関する節を追加し，自己の身体が尊重される権利，人体の尊厳，人体の不可侵性と処分不可能性，人の種の一体性などの保障を明示した。その原則にそって，臓器等が財産権・特許権の対象にならず，他人のための出産・妊娠契約が無効であることを明らかにし，臓器等を対象とする有償契約や代理母斡旋行為について刑罰を課した。また，人工生殖の適応範囲を「生殖年齢にあり，生存するカップル」（婚姻中もしくは 2 年以上の共同生活を証明できる男女）に限定し，独身者や同性カップルの人工授精と体外受精，死後の配偶子の利用を排除するとともに，カウンセリングの義務づけ等の規制や余剰胚の利用等についても規定した。

これらの二法については，憲法院に合憲審査の付託がなされ，1994 年 7 月 27 日に合憲判決が出された。憲法院は，（前記妊娠中絶法の場合と同様）1946 年憲法前文と 1789 年人権宣言の諸規定に憲法的価値を認めた上で，生命の始まりからの人の尊重と人格の優位等の原則を表明する当該法律が，人間存在の尊重を保障するという憲法的価値をもつ点で憲法に合致するとした。

その後，5 年後の見直し規定に即して 2004 年 8 月に改正法が成立し，第三者を伴う生殖補助医療の制限や先端医療庁の設置等が定められた。さらにフランスでは，子をもつ権利（droit à l'enfant）や生殖補助医療を用いる権利などの権利論について，憲法学や民法学の学説上議論されるようになった。

代理母（mères-porteuses）についても，上記 1994 年の生命倫理法および民

法で「代理出産・妊娠の契約は無効」と定められ，斡旋や売買については重い刑が科せられている。しかし，上記先端医療庁が2006年12月〜2007年1月に実施した世論調査の結果では53％が法による容認に賛成しており，生命倫理法見直しにむけて議論が開始された。2007年10月のパリ控訴院判決などをふまえて，2008年6月には元老院（上院）の調査委員会が代理出産の解禁を提案したこともあり大論争になったが，2011年6月の改正法では，代理出産契約の無効規定が維持された。

（3） ドイツの胚保護法

ドイツでは，東西統一後の1990年12月13日に制定された胚保護法で，基本的に不妊治療の手段としての生殖技術を認め，人の生命（胚）の保護を目的として，その他の研究目的での利用や不正利用に対して刑罰による厳しい規制を行った。ここでは，卵子と精子の細胞核融合の時点からの受精卵（＝胚）を保護し，代理母，男女の産み分け（性の選択），本人の同意を得ない受精や胚移植，死亡後の人工授精，生殖系細胞の人工的改変・クローニング等が明示的に禁止された。他方で非配偶者による人工授精（AID）や非婚姻者の場合については明示されず，州の立法や判例による解決に委ねられることになった。

ドイツでは，ナチス期の人体実験等に対する反省から，とくに胚保護のための厳しい国家規制が行われているが，胚の保護という観点からの規制傾向は，オーストリア（1996年）やスイス（1998年・2001年）などドイツ語圏諸国の法制にも影響を与えた。他方，バチカンの影響を受けたイタリアでも2004年の補助生殖法によって胚の凍結保存を禁止するなどとくに体外受精（IVF）に対して厳しい制約を定めた。これらに対して，女性の権利・利益を擁護する側からの批判も強く，諸国での議論は尽きない状況にある。

（4） 日本の現状と課題——生殖補助医療の進展と代理母問題

日本でも，タレントMの代理母契約や，産婦人科医Nの日本産科婦人科学会会告（指針）違反の行為等が話題を集め，生殖補助医療のあり方が社会問題化した。実際には，AIDは1949年に第1号子誕生以降増加し，体外受精も1983年以降増加して，累計で43万人以上が出生（うち21万人が凍結保存）したことが知られている（2016年9月16日朝日新聞朝刊参照）。

日本では，1997年に「臓器の移植に関する法律」，2000年に「ヒトに関する

クローン技術等の規制に関する法律」が制定されているが，生殖補助医療を直接規制する法律はいまだ存在せず，日本産科婦人科学会の会告（指針）(A)や特定病院の内部指針などの個別的対応にとどまっている。これに対して，1998年10月に旧厚生省（現厚生労働省）の厚生科学審議会先端医療技術評価部会に「生殖補助医療技術に関する専門委員会」が設置されて検討が始められた。2000年12月に「精子・卵子・胚の提供等による生殖補助医療のあり方についての報告書」(B)が提出され，2003年4月に厚生科学審議会生殖補助医療部会の「精子・卵子・胚の提供等による生殖補助医療制度の整備に関する報告書」(C)が出された。さらに，提供された精子等によって生まれた子の親子関係について，法務省法制審議会生殖補助医療関連親子法部会で検討され2003年4月に要綱中間試案がまとめられた(D)。2006年末には，法務大臣および厚生労働大臣から日本学術会議に対して諮問され，「生殖補助医療の在り方検討委員会」で法学・医学・倫理学等の広い視座にたって検討された結果，2008年4月に報告書が公表された(E)。ここでは代理懐胎は（原則的に）禁止としつつも，子宮に異常がある限定的な場合などに特定の医療機関によることなどの条件下で試行的に許容するという方向を提示した（日本学術会議 対外報告「代理懐胎を中心とする生殖補助医療の課題──社会的合意に向けて──」 http://www.scj.go.jp/ja/info/kohyo/pdf/kohyo-20-t56-1/pdf. 参照）。

　このほか日本弁護士会も，早急な法制化を求める立場から2000年に「生殖医療技術の利用に対する法的規制に関する提言」を提出し，2007年にはその補充提言を日本学術会議に対して提出した(F)。

　これらの報告書の殆どが代理母契約を禁止するなど規制を強化する方向での提言や報告であるのに対して，他方で，代理懐胎や第三者の卵子提供等による体外受精を認める方向での提言や意見書など(G)も提出された。また，厚生労働科学研究費補助金による「生殖補助医療技術についての意識調査2003」（2003年5月）の結果（回答者3,647名）では，代理母（仮り腹）について，女性42.9％，男性50.2％が「認めてよい」と回答していた。2007年2〜3月の調査（回答者3,400名）では，妻が子どもを産めない場合に夫婦の受精卵を使って代理母に産んでもらう代理出産に対して，54％が「認めてよい」と回答していた。

1）　代理懐胎の規制根拠と母子関係

　上記のうち，(A)では婚姻した健康な夫婦に医療補助を限定してきたため，非配偶者間の提供精子体外受精・提供卵子体外受精・胚提供・借り腹（代理母）は認められていない。日本産科婦人科学会会告「代理懐胎に関する見解」（平成15年）が「代理懐胎の実施は認められない」とする理由は，①生まれてくる子の福祉を最優先すべき，②代理懐胎は身体的な危険性・精神的負担を伴う，③家族関係を複雑にする，④代理懐胎契約は倫理的に社会全体が許容していると認められない，の4つである。さらにこの第4点について，「代理懐胎契約は，有償であれば母体の商品化，児童の売買又は取引を認めることに通じ，無償であっても代理母を心理的に，又は身体的に隷属状態に置くなどの理由により，公序良俗に反するという見解が有力である。」とされ，放置されれば，⑤営利を目的とする斡旋業者・機関が出現し，⑥経済的に弱い立場にある女性を搾取の対象とし，⑦実質的に児童の売買といえる事態が生じかねないので，「斡旋についても禁止する」と記されている。

　上記(C)では，「子の福祉」の優先，安全性の配慮，優生思想の排除，商業主義の排除，人間の尊厳を守ることなどの基本的な考え方に依拠した上で，①精子・卵子提供，胚提供は認められるが，胚提供については環境整備等を条件に認める，②代理懐胎（代理母，借り腹）は禁止，③兄弟姉妹からの精子・卵子提供，胚提供は当分の間認めない，④出自を知る権利については，提供者の氏名・住所等の内容を含めて開示を認める，⑤公的管理運営機関は，同意書・個人情報等を80年間保管する，⑥親子関係で紛争が起きたときは開示請求できる，ことなどを定めている。

　これらの問題について，実際には，生殖補助医療によって生まれた子の「出自を知る権利」（提供者公開）の問題，代理母利用の可否，生まれた子の親子関係等，きわめて多くの検討課題があり，代理母（ホストマザーないしサロゲートマザー）が他国の女性である場合には，国際私法上の問題も生じるため，解決は非常に困難である。すなわち，ホストマザーの場合には卵子提供者と代理母，サロゲートマザーの場合には，卵子提供者・代理母・代理出産依頼者という三種類の母親が存在することになり，法律上の扱いも大変複雑になる。さらに，生殖医療に同意した夫の地位（法律上の親になれるか，嫡出否認できるかなど）の問題が加わって，大変複雑な法律関係が生じることになる。

　現実に，タレントMの事例では，子宮頸がんのために子宮を摘出し卵巣を温存して卵子を採取し，夫の精子と体外受精して米国ネヴァダ州在住の女性（ホストマザー）と代理出産契約を結び 2003 年 11 月に双子の男児が生まれた。ネヴァダ州裁判所はM夫妻を両親とする出生証明書を発行したが，翌年 1 月，東京都品川区役所に出生届を提出したところ，6 月に法務所が不受理の決定をした。M夫妻はこれを不服として東京家庭裁判所に処分取り消しを申し立てたが却下されたため，東京高等裁判所に即時抗告した。東京高裁は 2006〈平成 18〉年 9 月 29 日決定で，ネヴァダ州裁判所の判決の効力を日本でも認めて出生届受理命令を下した。ここでは，(B)が根拠として示した「6 原則」（①子らの福祉の優先　②人を専ら生殖の手段として扱うことの禁止　③安全性　④優生思想の排除　⑤商業主義の排除　⑥人間の尊厳）について，本件事案にはあてはまらないと解した。さらに D で代理出産契約が日本法の「公序良俗」に反するとしたことに対して，本件では，外国判決承認の上で日本の民法を適用する余地はなく，実質的に公序良俗にあたらないとした（判例時報 1957 号 20 頁）。

　これに対して，上告審である最高裁の 2007〈平成 19〉年 3 月 23 日決定は，「立法による速やかな対応が強く望まれる」としつつも「母子関係は出産という客観的事実によって当然に成立する」とした 1962 年判決に依拠し，ネヴァダ州裁判所の判決が日本法の公序良俗に反すると解することによって，東京高裁決定を破棄した（民集 61 巻 2 号 619 頁）。これによってM側の敗訴が確定し，子の日本国籍は認められなかったが，その後，国際養子により日本で養育されている。

　このように，生殖補助医療や代理出産契約のことを全く想定していない日本の民法や判例など現行法制度の枠内では，たとえ夫婦の遺伝子を受け継ぐ子どもであっても実子として国籍や戸籍を得られないのが現実である。代理母契約を禁止する法律等が存在しない以上，これによる不利益を避けること（子どもの権利を保障できるような制度に改めること）が「子の福祉」に適うものと考えられるが，実際には，社会の利益（上記(A)④，(B)②③の倫理観・安全性など）が優先されているようにみえる。

　この点でも，幸福追求権としての「子をもつ権利」や生殖をめぐる自己決定権，リプロダクティヴ・ライツの観点から，生殖技術を利用する側の権利と，子の側の権利（自己のアイデンティティを知る権利や胎児の生命権）および公共

の利益とを調整するための十分な検討が求められる。従来の権利制約根拠や対抗利益（とくに「子の福祉」と女性の権利・利益との関係）を明確化し，「子の福祉」の内実を精査すべきであろう。また，親子関係の複雑化（上記(A)③）など，（技術革新に対応しきれていない）現行法制度を根拠に個人の権利・利益を制約することは，（権利を保障するために制度があることからして）本末転倒であり，制度から論じる従来の議論については今後見直すべきであろう。またその背景には民法改正が容易にできない状況があるため，これに対する立法府の迅速な対応が必要となる。

　また，立法化に際しては，禁止ないし制約を伴う場合にはその内容を明確化し，限界事例や条件・範囲・条件・環境等（カウンセリング，第三者機関等）を明示することが不可欠となる。少なくとも，憲法上の個人の尊重，個人の（人間としての）尊厳という原則からすれば，フランスやドイツなどの諸国と同様に，生殖目的にかかわらない胚の不正利用や商業目的の利用，生殖細胞の人工的改変の禁止は問題なく認められよう。また，代理母契約や婚姻外カップルの利用の是非についてはなお検討の余地があるにせよ，人権論の観点からすれば，不妊克服を目的とする生殖補助医療利用権や「子をもつ権利」を，憲法上保障された権利として認めることは理論上も十分に可能であろう（例えば，国家の人口政策等に基づいて，一切の不妊治療を禁ずる法律が制定されたとしたら，これは憲法違反と判断されることになるであろう）。これらの権利の存在を前提的に（抽象的に）認めたうえで，具体的な権利制約の可否について，出生後の子の保護や母親の身体の保護の観点，あるいは生殖作用を商業主義から守るという観点にたった検討や立法的対応が求められる。この点で，一定の事実婚のカップルにも人工生殖の利用を認めるほか，細かな条件を定めるフランスの法制や，代理母契約も一定の条件のもとで許容しているイギリスなど多くの国々の法制度や条件を参考にすることが望まれる。

2）生殖補助医療とジェンダー論——新たな視座からの検討の必要性

　代理懐胎をはじめとする生殖補助医療の進展の背景には，リプロダクティヴ・ライツについての国際人権論の展開と女性の権利意識の向上があった。すでにみたように，女性のリプロダクティヴ・ライツへの関心の高まりは，とりわけ私的領域の問題について女性の権利を重視した第二波フェミニズムの成果といってもよいであろう。

　実際，人工妊娠中絶だけでなく，生殖補助医療技術の利用について，女性の自己決定権や選択の自由が重視されるようになったことの意義は大きい。とくにリベラリズムを基調とするフェミニズムでは，代理母契約を含めて選択の自由が大きな意味をもつことになり，不妊の場合を含めリプロダクティヴ・ライツの実現が歓迎されることになろう。

　反面，代理母をめぐる論争では，フェミニズムの分断が認められる。すなわち，多くのフェミニストは，代理母契約が女性を道具化し搾取するものであるとして，これに反対している。必ずしも明確かつ体系的に論じられてきたわけではないが，フェミニズム（とくに母性を尊重するエコロジカル・フェミニズムに近い立場や，欧米の生殖技術に批判的なフェミニスト）やジェンダーの視点からすれば，代理母批判論として下記の諸点が指摘されることになろう。

　①代理母になる女性の身体に著しい負担をかけ，女性を道具化として扱う点で，女性の人権や尊厳の侵害になりうる。②女性の自己決定権を重視する場合も，妊娠・出産に伴うリスクや人間の尊厳などについての真摯な意思や十分な知識が欠如する場合には，自己決定権の陥穽になる。③生殖補助医療が一般に男性医師や男性研究者によって担われ，女性がたえず「実験台になる」という医療現場のジェンダー・バイアス。④女性が産む性であることを重視し，「産まない」「産めない」女性を差別化する母性イデオロギー（とくに生殖医療を積極的に推進してきた男性医師のなかに母性イデオロギーがありうること）。⑤自己の遺伝子を保有する子孫を残したいと願う，不妊カップル側の家父長イデオロギー。⑥人工生殖技術や生命操作のかげに優生思想が内包されている危険性。⑦世界的なグローバリゼーションや経済格差のなかで，アジア女性等を生殖の道具として扱い人身売買につながる危険。⑧生殖補助医療技術の利用資格を婚姻カップルや異性間カップルに限定することによる少数者（非婚カップルや同性カップル）の差別化の危険性，などである。

　また最近では上記⑤⑦に相当するインドの代理母利用の例が露見した。それは，40歳代の日本人医師が自己の遺伝子を保有する子孫を得ることを目的に，2002年に代理母契約を合法化しているインドで，2007年11月に代理母契約を結んで2008年7月に女児が誕生した事例である。契約締結直前に日本人妻と婚姻したが，女児誕生前の2008年6月に離婚したため養子縁組ができず，日本国籍取得や渡航ができないことが問題化した（結局，子の救済の観点から渡航

証明書申請が発行され，日本に渡航できた）。このような事例は，女性の自己決定権やリプロダクティヴ・ライツを前提にしてきたこれまでの議論とは根底的に異なるものであり，一部男性の子孫を持つ願望によってアジア女性の身体を利用し，搾取することには，正当な利益や権利性を認めることはできない。現にインドでは，45－50万円程度の報酬で代理母契約を結ぶ例が増えているといわれるが，この傾向を容認できないことはいうまでもない。

　そこで今後の立法化に際しては，禁止ないし制約を伴う場合にはその内容を明確化し，限界事例や条件・範囲・条件・環境等（カウンセリング，第三者機関等）を明示することが不可欠となる。少なくとも，憲法上の個人の尊重，個人の（人間としての）尊厳という原則からすれば，生殖目的にかかわらない胚の不正利用や商業目的の利用，生殖細胞の人工的改変の禁止は問題なく認められよう。また，代理母契約や婚姻外カップルの利用の是非についてはなお検討の余地があるにせよ，人権論の観点からすれば，不妊克服を目的とする生殖補助医療利用権や「子をもつ権利」を，憲法上保障された権利として認めることは理論上も十分に可能であろう。これらの権利の存在を前提的に（抽象的に）認めたうえで，具体的な権利制約の可否について，出生後の子の保護や母親の身体の保護の観点，あるいは生殖作用を商業主義から守るという観点にたった検討や立法的対応が求められる。この点で，一定の事実婚のカップルにも生殖補助医療の利用を認めるほか，細かな条件を定めるフランスの法制や，代理母契約も一定の条件のもとで許容しているイギリスなど，多くの国々の法制度や条件を参考にすることが望まれる。

[参考文献]

　大野和基『代理出産——生殖ビジネスと命の尊厳』集英社（2009）

　厚生労働省「精子・卵子・胚の提供等による生殖補助医療制度の整備に関する報告書」（2003）

　辻村みよ子『憲法とジェンダー』有斐閣（2009）

　辻村みよ子『代理母問題を考える』岩波書店（2012）

　谷口真由美『リプロダクティブ・ライツとリプロダクティブ・ヘルス』信山社（2007）

　米本昌平『バイオポリティックス』中央公論社（2006）

11　ドメスティック・ヴァイオレンス

1　ドメスティック・ヴァイオレンス（DV）の法理 ●────────●

（1）　ドメスティック・ヴァイオレンス概念確立の経緯

　第二波フェミニズムは「個人的なことは政治的である」という標語を掲げて従来の公私二元論を批判し，私的な「親密圏」の問題とされてきた家庭内での夫から妻に対する暴力の問題を社会問題化した。とくに，1970年代以降，現代家族における性支配構造や社会全体の性差別構造が告発され，従来は個人的な問題として片づけられてきたドメスティック・ヴァイオレンス（domestic violence，以下 DV）やレイプ，セクシュアル・ハラスメントなどが社会的に注目されるようになった。

　アメリカでは，被害者のためのシェルターが各地に建設され，DV 被害者に法的保護を与えるための法律が，1976年のペンシルヴァニア州法，1978年のマサチューセッツ州法などで制定された。1983年までに49州とコロンビア特別区で DV 法制が整備され，1994年には連邦法として「女性に対する暴力防止法（Violence Against Women Act）」が成立した。この法律では，DV が刑事犯罪であることから，DV 防止のための加害者の逮捕などを認め，DV の犯罪化を前提として確立した。

　日本でも，女性差別撤廃条約批准後，国連の DV に関する決議（1985年），女性に対する暴力撤廃宣言（1993年），北京宣言・行動綱領（1995年）等の展開をうけて，1990年代から DV に対する関心が高まった。1999年秋に総理府で「男女間における暴力に関する調査」を実施した結果，夫から命の危険を感じる程度の暴力を受けた経験のある女性が4.6％，つきまとい行為をうけた女性が13.6％にのぼった。

　これらの状況をふまえて「配偶者からの暴力の防止及び被害者の保護に関する法律(以下，DV 防止法)案」が2000年4月に提出され，2001年4月に可決されて，同年10月13日（一部は2002年4月1日）から施行された。その後，3年後の見直し期間を経た2004年5月27日に改正法が成立した（2004年12月2

日施行）。2004 年法の主な改正点は，以下のとおりである。①対象の拡大（配偶者のみに限定されていたのを，元配偶者，内縁関係，離婚後にも拡大した），②暴力の定義の拡大（身体的暴力に限定されていたのを，「心身に有害な影響を及ぼす言動」を追加した。ただし保護命令の対象からは除外），③住居からの退去期間の延長（2 週間を 2 カ月に延長し，再度の申立ても可能にした），④接触（接見）禁止対象の拡大（被害者のみから，被害者と同居している子どもにも拡大した）。

　さらに 2007 年の改正法（2007 年 7 月 11 日公布　2008 年 1 月 11 日施行）では，①都道府県だけでなく，市町村についても，基本計画と DV 相談支援センター設置が努力義務とされたほか，②保護命令に関する 10 条のなかに 8 項目が追加され，「保護命令」の対象となる行為の拡大（言葉による脅迫でも「将来，生命や身体に重大な危害を受ける恐れが大きい」と認められる場合は対象になる），対象の拡大（裁判所が必要と認めれば，被害者の親族や関係者も保護対象に加えられる），禁止行為の拡大が認められた（後述）。

　しかしその後も DV の被害は後を絶たず，2014 年の調査では，これまでに結婚したことのある人のうち，配偶者（事実婚や別居中の夫婦，元配偶者も含む）から「身体に対する暴行」，「精神的な嫌がらせや恐怖を感じるような脅迫」，「性的な行為の強要」のいずれかについて「何度もあった」という人は，女性 9.7 ％，男性 3.5 ％，「1，2 度あった」という人は，女性 14 ％，男性 13.1 ％となっており，1 度でも受けたことがある人は，女性 23.7 ％，男性 16.6 ％である（図表 11 - 1 参照）。

　さらに交際相手に対するストーカー殺人事件なども多発している。このため，議員立法による法改正が進められ，2013 年 6 月 26 日，「生活の本拠を共にする交際相手」からの暴力と被害者にも DV 防止法の諸規定を「準用」する改正法が成立した（28 条の 2，2013 年 7 月 3 日公布，2014 年 1 月 3 日から施行。法律名が「配偶者からの暴力の防止及び被害者の保護等に関する法律」に改められた）。

　ここで「準用」とされた理由は，従来の立法の経緯に鑑みると，「配偶者」と「生活の本拠を共にする交際相手」とは，婚姻意思の有無及び婚姻届の有無という点で，被害者と加害者との関係性の程度が異なるため，「生活の本拠を共にする交際相手からの暴力」を，DV 防止法上「配偶者からの暴力」と全く同一のものとして位置付けることは難しい」ためである。他方で「生活の本拠を共にする交際相手からの暴力」については「外部からの発見・介入が困難で

図表11－1　配偶者からの被害体験

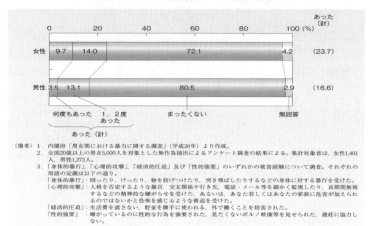

(備考) 1．内閣府「男女間における暴力に関する調査」(平成26年) より作成。
2．全国20歳以上の男女5,000人を対象とした無作為抽出によるアンケート調査の結果による。集計対象者は，女性1,401人，男性1,272人。
3．「身体的暴行」，「心理的攻撃」，「経済的圧迫」及び「性的強要」のいずれかの被害経験について調査。それぞれの用語の定義は以下の通り。
「身体的暴行」：殴ったり，けったり，物を投げつけたり，突き飛ばしたりするなどの身体に対する暴行を受けた。
「心理的攻撃」：人格を否定するような暴言，交友関係や行き先，電話・メール等を細かく監視したり，長期間無視するなどの精神的な嫌がらせを受けた，あるいは，あなた若しくはあなたの家族に危害が加えられるのではないかと恐怖を感じるような脅迫を受けた。
「経済的圧迫」：生活費を渡さない，貯金を勝手に使われる，外で働くことを妨害された。
「性的強要」：嫌がっているのに性的な行為を強要された，見たくないポルノ映像等を見せられた，避妊に協力しない。

(男女共同参画白書平成28年版59頁より引用)

あり，かつ，継続的になりやすい」ということが認められ，ストーカー規制法や刑法による救済が困難であり，配偶者からの暴力の被害者と同様の救済の必要性が認められることから，「準用」という形で配偶者暴力防止法の対象とすることとしたもの」であると説明されている（「改正法Ｑ＆Ａ」参照）。

　なお，警察庁「平成27年におけるストーカー事案及び配偶者からの暴力事案等の対応状況について」によれば「生活の本拠を共にする交際相手」に関する事案は，2015（平成27）年度9,226件（前年比1,824件24.6％増加）にのぼる。またこの資料によれば，同年度の配偶者からの暴力事案等の相談件数のうち，88.0％（55,584件）において女性が被害者となっている。

（2）　DV防止法における定義

１）2001年に成立し2004・2007・2013年に改正された「配偶者からの暴力の防止及び被害者の保護等に関する法律」では，法律の制定趣旨を以下のように定める。

　「配偶者からの暴力は，犯罪となる行為をも含む重大な人権侵害であるにもかかわらず，被害者の救済が必ずしも十分に行われてこなかった。また，配偶者からの暴力の被害者は，多くの場合女性であり，経済的自立が困難である女性に対し

て配偶者が暴力を加えることは，個人の尊厳を害し，男女平等の実現の妨げとなっている。……ここに，配偶者からの暴力に係る通報，相談，保護，自立支援等の体制を整備することにより，配偶者からの暴力の防止及び被害者の保護を図るため，この法律を制定する。」

2）DV 防止法ではドメスティック・ヴァイオレンスの言葉は使用せず，2001 年成立段階では，「この法律において『配偶者の暴力』とは，配偶者（婚姻の届出をしていないが，事実上婚姻関係と同様の事情にあるものを含む）からの身体に対する不法な攻撃であって生命又は身体に危害を及ぼすものをいう」（1条1項）と定義していた。しかし 2004 年改正法で「配偶者の暴力」の観念のなかに身体に対する危害以外のもの（「これに準ずる心身に有害な影響を及ぼす言動（以下この項において「身体に対する暴力等」と総称する。）」）を含めて，保護対象を拡大した。

3）この法律において「被害者」とは，「配偶者からの暴力を受けた者（配偶者からの暴力を受けた後婚姻を解消した者であって，当該配偶者であった者から引き続き生命又は身体に危害を受けるおそれがあるものを含む。）をいう」（1条2項。カッコ内は 2007 年法改正により追加）。さらに「配偶者」には，婚姻の届出をしていないが事実上婚姻関係と同様の事情にある者を含み，「離婚」には，婚姻の届出をしていないが事実上婚姻関係と同様の事情にあった者が，事実上離婚したと同様の事情に入ることを含むものとする」（1条3項）と定められて事実婚も加えられた。

　法律婚と事実婚の違いについては，「婚姻意思」「共同生活」「届出」のうち「届出」がないものを事実婚として整理するのが一般的であるところ，2013 年改正法で対象とされた「生活の本拠を共にする交際相手」は，「婚姻意思」も認定されず「共同生活」のみを送っている場合を想定したものであると説明される。したがって，共同生活を送っているが「婚姻意思」が認定されないために「事実婚」として救済対象とならなかったようなケースが，今回新たに保護の対象となる（上記「Q＆A」参照）。

2 DV 防止法 (2001 年制定, 2004 年・2007 年・2013 年改正) の内容 ●━━━━━━━━━━━━━━━━━━━━━━━━━━●

(1)「配偶者からの暴力」の認定

　上記のように, 2001 年制定の DV 防止法では, 「配偶者からの暴力は犯罪となる行為である」として, DV を犯罪と定めたことに大きな意義があった。2004 年改正では, 「配偶者からの暴力」の定義に, 身体的暴力だけでなく, 性的暴力や, 心理的暴力 (脅迫) を含めた (1条)。これによって, 「配偶者からの暴力」がすべて即, 犯罪であるという構成はとらず, 「犯罪行為を含む重大な人権侵害行為である」と定めた。

(2) 国と地方自治体の責務 (防止および被害者の安全確保)

　2001 年法 2 条は, 「国及び地方公共団体は, 配偶者からの暴力を防止し, 被害者を保護する責務を有する」と定め, 国と地方公共団体の責務として暴力防止と被害者保護の 2 つを挙げた。2004 年改正法では, 主務大臣と都道府県の責務の具体的内容を明らかにし, 2007 年改正法では, 市町村も基本計画を策定することを努力義務とした (2 条の 2, 3〜5 項参照)。配偶者暴力相談支援センターの業務の実施を定めたことで, 地方公共団体の取組みの実効性が高まった。

(3) 配偶者暴力相談支援センターでの相談・援助等

　2001 年法は第 2 章に配偶者暴力相談支援センターに関する規定を設け, 「都道府県は, 当該都道府県が設置する婦人相談所その他の適切な施設において, 当該各施設が配偶者暴力相談支援センターとしての機能を果たすようにするものとする」と定めた。これによって, 都道府県が, 売春防止法上設置を義務づけられている婦人相談所や, その他の施設で DV 被害者の相談や一時保護業務を行うことについて, 法的な位置づけを与えた。

　2004 年改正法では, 新たに市町村が設置する施設でもこのセンターの機能を果たすことができるようにした。執行状況をみると, 2004 年 4 月には, 支援センターの機能を果たす施設は全国で 87 施設であったが, 2016 年 3 月現在では, 配偶者暴力相談支援センターの数は全国で 262 カ所 (市町村が設置するものは 899 カ所) であり, 相談, カウンセリング, 被害者やその同伴家族の一

時保護，各種情報提供等を行っている。2014 年度に全国の配偶者暴力相談支援センターに寄せられた相談件数は 102,963 件で，増加している。

（4） 被害者の保護——警察等による保護・防止措置

DV 防止法の第 3 章は，被害者の保護に当てられ，第 6 条は，配偶者からの暴力の発見者による通報等について下記のように定める。

　「1　配偶者からの暴力（配偶者又は配偶者であった者からの身体に対する暴力に限る。以下この章において同じ。）を受けている者を発見した者は，その旨を配偶者暴力相談支援センター又は警察官に通報するよう努めなければならない。
　2　医師その他の医療関係者は，その業務を行うに当たり，配偶者からの暴力によって負傷し又は疾病にかかったと認められる者を発見したときは，その旨を配偶者暴力相談支援センター又は警察官に通報することができる。この場合において，その者の意思を尊重するよう努めるものとする。」

また，第 8 条は，「警察官は，通報等により配偶者からの暴力が行われていると認めるときは，警察法，警察官職務執行法その他の法令の定めるところにより，暴力の制止，被害者の保護その他の配偶者からの暴力による被害の発生を防止するために必要な措置を講ずるよう努めなければならない」として，警察官に，被害防止等のために必要な措置をとるべき努力義務を課した。2004 年改正法は，第 8 条の 2 を追加し，警視総監・道府県警察本部長・警察署長等は，配偶者からの暴力を受けている者から援助を受けたい旨の申出があるとき，「配偶者からの暴力による被害の発生を防止するために必要な援助を行う」ことを定めた。実際には，配偶者間の犯罪のうち，夫から妻への暴力の検挙件数が増加しており，近年は暴行が急増している（図表 11 - 2 参照）。

（5） 保護命令制度

2001 年法は，被害者が配偶者からの暴行でその生命又は身体に重大な危害を受けるおそれが大きいとき，裁判所は，その生命又は身体に危害が加えられることを防止するため，接近禁止命令と退去命令の 2 種類の保護命令を発することができるものとした。2004 年改正法では，保護命令の対象は身体被害のみに限られること，さらに，配偶者からの身体に対する暴力を受けた後に，離婚又は婚姻を取り消した場合も含むことが明示されたが，その後 2007 年改正

図表 11 － 2　夫から妻への犯罪の検挙件数の推移

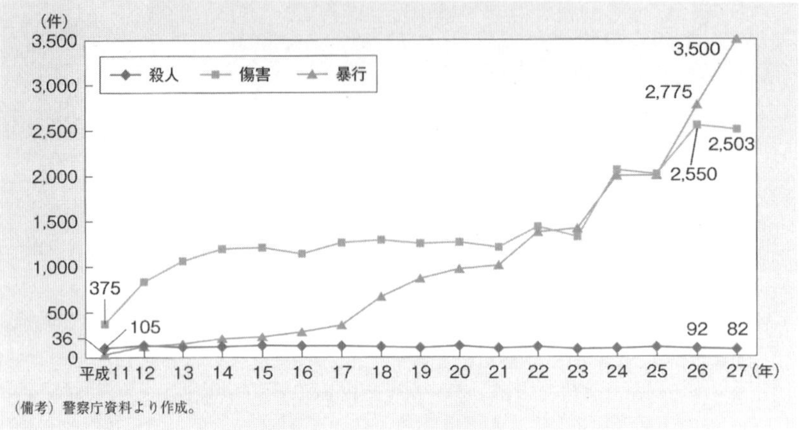

(備考) 警察庁資料より作成。

(男女共同参画白書平成 28 年版 60 頁より引用)

法で，接近禁止命令に関して 10 条 2 項で諸項目が追加された（下記参照）。

1）接近禁止命令

保護命令の第 1 は，「命令の効力が生じた日から起算して 6 月間，被害者の住居（当該配偶者と共に生活の本拠としている住居を除く。以下この号において同じ。）その他の場所において被害者の身辺につきまとい，又は被害者の住居，勤務先その他その通常所在する場所の付近をはいかいしてはならない」（10 条 1 項 1 号）という「接近禁止命令」である。接近禁止期間は 6 カ月である。

2004 年改正法では，子への接近禁止も命ずることができるようになった。子への接近禁止命令の要件は，上記の「配偶者からの身体に対する暴力を受けた」が，「配偶者からの更なる身体に対する暴力によりその生命又は身体に重大な危害を受けるおそれが大きい」場合で，かつ，「被害者がその成年に達しない子と同居しているときであって，配偶者が幼年の子を連れ戻すと疑うに足りる言動を行っていることその他の事情があることから被害者がその同居している子に関して配偶者と面会することを余儀なくされることを防止するため必要があると認めるときばあい」に限られる。ただし，当該の子が 15 歳以上のときは，その同意が必要である（2007 年改正前 10 条第 2 項，改正後第 3）。

2007 年改正法では，接近禁止命令を発する裁判所又は発した裁判所は，被

146

害者の申立てによって，「その生命又は身体に危害が加えられることを防止するため」に，命令の効力が生じた日以後 6 カ月間は，下記のように，粗野な言動やメール送信等の行為の禁止を命ずることができるものとした（2007 年改正後 10 条 2 項）。

　「①面会を要求すること。②その行動を監視していると思わせるような事項を告げ，又はその知り得る状態に置くこと。③著しく粗野又は乱暴な言動をすること。④電話をかけて何も告げず，又は緊急やむを得ない場合を除き，連続して，電話をかけ，ファクシミリ装置を用いて送信し，若しくは電子メールを送信すること。⑤緊急やむを得ない場合を除き，午後十時から午前六時までの間に，電話をかけ，ファクシミリ装置を用いて送信し，又は電子メールを送信すること。⑥汚物，動物の死体その他の著しく不快又は嫌悪の情を催させるような物を送付し，又はその知り得る状態に置くこと。⑦その名誉を害する事項を告げ，又はその知り得る状態に置くこと。⑧その性的羞恥心を害する事項を告げ，若しくはその知り得る状態に置き，又はその性的羞恥心を害する文書，図画その他の物を送付し，若しくはその知り得る状態に置くこと。」

2）退去命令

保護命令の第 2 は，「命令の効力が生じた日から起算して 2 月間，被害者と共に生活の本拠としている住居から退去すること及び当該住居の付近をはいかいしてはならない」（10 条 1 項 2 号）という「退去命令」であり，2004 年改正によって禁止期間が 2 週間から 2 カ月に延長された。また，2001 年制定時は，被害者が加害者と同居している場合に，共同の住居から退去することのみを命じることができたが，2004 年改正により，「当該住居の付近のはいかい」も禁止された。これによって，退去命令の実効性が高められたとされている。また，改正前は「再度の申立て」は接近禁止命令の場合のみであったが，改正後は，退去命令についても「再度の申立て」が認められた（18 条）。

3）審理手続と効果

　上記のいずれの場合も，管轄権を有する地方裁判所は，被害者の書面による申立てを受けて審理を開始する。2004 年改正法では，書面による申立ての際に，配偶者暴力相談支援センターの職員又は警察職員に対し，配偶者からの身体に対する暴力に関して相談・援助・保護を求めた事実等について記載するものと

し，その事項の記載がない場合には，申立書には，申立書面に公証人の認証を受けたものを添付しなければならないとされた（12条1項4号・2項）。

　裁判所は，「保護命令の申立てに係る事件については，速やかに裁判をするものとする」（13条）として迅速な裁判が求められ，「保護命令は，口頭弁論又は相手方が立ち会うことができる審尋の期日を経なければ，これを発することができない。ただし，その期日を経ることにより保護命令の申立ての目的を達することができない事情があるときは，この限りでない」として，口頭弁論又は審尋が原則とされる（14条1項）。

　裁判所が保護命令の申立てについて決定を下す場合には，「理由を付さなければならない。ただし，口頭弁論を経ないで決定をする場合には，理由の要旨を示せば足りる」（15条1項）。さらに「保護命令は，相手方に対する決定書の送達又は相手方が出頭した口頭弁論若しくは審尋の期日における言渡しによって，その効力を生ずる」（同2項）。「保護命令は，執行力を有しない」（同4号）が，第6章で罰則が設けられており，「保護命令に違反した者は，1年以下の懲役又は100万円以下の罰金に処する」（29条）と定められる。他方，虚偽の申立てについては10万円以下の過料に処せられる（30条）。

　このように刑罰で保護命令を強制しているため，適正手続が保障されなければならない。そこで，保護命令の申立てについての裁判に対して即時抗告をすることができる（16条）ほか，保護命令を発した裁判所は，当該保護命令の申立てをした者の申立てがあった場合には，当該保護命令を取り消さなければならない（17条）ことも定めた。

　実際には，2001年DV法施行後2015年12月末までの間に，裁判所に申し立てられた保護命令事件のうち事件が終局したのは38,064件である。2015年度に終局した事件のうち，保護命令が発令された件数は2,400件，そのうち被害者に関する保護命令のみ発令されたのは632件（26.3％）である。被害者に関する保護命令に加えて，子および親族への接近禁止命令が発令されたのは510件（21.3％），「子」への接近禁止命令が発令されたのは，972件（40.5％），親族等への接近禁止命令が発令されたのは286件（11.9％）となっている（図表11－3参照）。

図表11 − 3　配偶者暴力等に関する保護命令事件の処理状況の推移

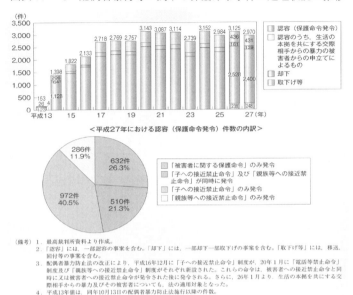

（備考）1．最高裁判所資料より作成。
2．「認容」には，一部認容の事案を含む。「却下」には，一部却下一部取下げの事案を含む。「取下げ等」には，移送，回付等の事案を含む。
3．配偶者暴力防止法の改正により，平成16年12月に「子への接近禁止命令」制度が，20年1月に「電話等禁止命令」制度及び「親族等への接近禁止命令」制度がそれぞれ新設された。これらの命令は，被害者への接近禁止命令と同時に又は被害者への接近禁止命令が発令された後に発令される。さらに，26年1月より，生活の本拠を共にする交際相手からの暴力及びその被害者についても，法の適用対象となった。
4．平成13年値は，同年10月13日の配偶者暴力防止法施行以降の件数。
5．平成27年値は，速報値。

（男女共同参画白書平成28年版62頁より引用）

3　今後の課題

　以上のように，2001年のDV防止法は，2004・2007・2013年の改正によって，かなり実効性を高められてきたといえる。すなわち，従来から指摘されてきた①保護命令を身体に対する暴力のみならず，脅迫行為にも拡大するか否か，②保護命令の申立後，命令が発せられるまでの緊急保護命令を創設すべきか，③子への接近禁止命令だけでなく，被害者の親などの親族への接近禁止命令を認めるか否か，などの検討課題について，一応の解決が図られたといえる。さらに2013年改正によって，近年の懸案であった交際相手からの暴力（いわゆるデートDV）への対応も，ひとまず「準用」の形で処理された。

　しかしなお，(i)DV防止策としての人権教育・啓発，DVが犯罪行為であることの周知徹底，(ii)相談体制の整備（電話等による24時間相談体制など），(iii)被害女性の救済体制として，24時間救済体制や公的・私的シェルターの増設

と私的施設への財政的支援，自立支援，地域組織の編成など，(ⅳ) 防止法の見直し項目として，①保護命令申立手続の簡略化，②保護命令期間の延長，③強制力のある加害者更正教育の設定・充実などの課題が残存している。

この点は，2009 年の国連女性差別撤廃委員会（CEDAW）の総括所見で以下のような勧告を受けたところである。

　「32 [f]　委員会は，女性に対する暴力に関する取組を強化すること，保護命令の発令を迅速化すること，女性に対する暴力の被害者が相談できる 24 時間無料のホットラインを開設することを締約国に勧告する。また，委員会は，女性が苦情を申立てたり保護や救済を求めたりすることができるように，移民女性や社会的弱者グループの女性を含む女性に質の高い支援サービスを提供し，それにより，女性が暴力または虐待を受ける関係に甘んじる必要がないことを保証するよう締約国に勧告する。こうした観点から，締約国は，配偶者等からの暴力や性暴力の通報を促すために必要な措置を講じるべきである。……」

この勧告を踏まえて，第 4 次男女共同参画基本計画（2015 年）でも，「交際相手等からの暴力の実態把握に努め，各種窓口において相談が受けられるよう体制の拡充・周知徹底を行う」，「若者層に対する予防啓発の拡充，教育・学習の充実を図る」ほか，「被害者支援等に係るワンストップサービス」（複数の行政手続を一つの窓口で行えるようにすること）の構築促進などの具体的取組みが提案された。

さらに理論的には，被害者の救済や被害の防止を警察に委ねていることに関して，日本における警察の地位・実態や広く国家権力と個人の対抗関係との関係で問題を明らかにしておく必要がある。すでにみたように，公私二元論の下で，家庭内での性支配や暴力が隠蔽されてきたことが事実であるとしても，他方で，家族は，国家権力の介入に対する防波堤の意義を果たしてきたことも忘れてはならない。警察不介入の原則やプライヴァシー権論の展開・発展過程を想起すれば，安易に，家族や親密圏への国家権力・警察権力の介入を認めることはできないであろう。

そこで，「国家からの自由」という近代以降の自由主義的な人権原理を転換して，「国家による自由」（国家の積極的な介入による人権保障）を求める場合には，国家権力・警察権力を民主的かつ男女共同参画の目標にそって統制するシ

ステムを完備することが前提になる。この点からしても，警察官の人権教育と
ジェンダー教育，警察機構の民主化・ジェンダー平等化等によるジェンダー・
センシティヴな社会構造の確立，不服申立てや第三者による監督のシステムな
ど，改善の余地があろう。

　今後は，DV 防止法の制度上・運用上の課題として先に指摘した諸点に加
えて，NPO/NGO や第三者機関を活用した被害者支援の総合的体制の確立が
必要であり，救護センターのネットワーク化も不可欠である。また，DV 防止
法やその制定趣旨では言及されていないが，加害者のケアや更生プログラム，
DV が起こる環境の整備，原因究明（加害者の労働環境や労働条件，生活保障の
あり方，貧困の救済，職業訓練の機会付与など）も必要である。この点，スウェー
デン等の加害者更生プログラムや DV 家庭で育つ児童への保護政策などが参考
になる（矢野恵美「スウェーデン」岩井宜子編・後掲書所収参照）。

［参考文献］

　打越さく良(著)，榊原富士子(監修)『Q&A DV（ドメスティック・バイオレンス）
　　事件の実務』日本加除出版（2013）

　岩井宜子編『ファミリー・バイオレンス』尚学社（2008）

　小島妙子＝水谷英夫『ジェンダーと法Ⅰ』信山社（2004）

　角田由紀子『性と法律──変わったこと，変えたいこと』岩波新書（2013）

　宮園久栄「DV 防止法の定める保護命令制度の検討」ジェンダー法学会編「DV 防
　　止法の理論的検討」『ジェンダーと法№6』（2009）

⑫ 性暴力，ストーカー，セクシュアル・ハラスメント

1 性 暴 力

（1） 性暴力の撤廃

　国連は 1993 年の第 48 回総会で「女性に対する暴力撤廃宣言」を発し，女性に対する暴力が女性の人権侵害であること，「男女間の歴史的な不平等の現れであり，これが男性の女性に対する支配及び差別並びに女性の十分な地位向上の妨害につながってきたこと」を明らかにした。ここでは，「女性に対する暴力とは，性に基づく暴力行為であって，公的生活で起こるか私的生活で起こるかを問わず，女性に対する身体的，性的若しくは心理的危害または苦痛（かかる行為の威嚇を含む），強制または恣意的な自由の剥奪となる，または，なるおそれのあるものをいう。」と定義される（1条）。

　さらに，女性に対する暴力は，以下のものを含む（ただし，これに限定されない）ものと，広く捉えられる。「(a)家庭において発生する身体的，性的および心理的暴力であって，殴打，世帯内での女児に対する性的虐待，持参金に関連する暴力，夫婦間における強姦，女性の生殖器切断およびその他の女性に有害な伝統的慣行，非夫婦間の暴力および搾取に関連する暴力を含む。(b)一般社会において発生する身体的，性的および心理的暴力であって，職場，教育施設およびその他の場所における強姦，性的虐待，セクシュアル・ハラスメントおよび脅迫，女性の売買および強制売春を含む。(c)どこで発生したかを問わず，国家によって行なわれるまたは許される身体的，性的および心理的暴力。」（2条）

　国連の取組みは，北京行動綱領等の諸協約や女性差別撤廃委員会（CEDAW）の勧告などを通して日本政府にも要請され，例えば，2009 年の CEDAW 総括所見（最終見解）では，以下のような多くの指摘を行った。

　　「32〔中略〕 委員会は，警察官，裁判官，医療従事者，ソーシャルワーカーをはじめとする公務員が，関連法規について熟知し，女性に対するあらゆる形態の暴力に敏感であることや被害者に適切な支援を提供できることを確保させるよう

締約国に要請する。委員会は，配偶者等からの暴力を含め女性に対するあらゆる形態の暴力の発生率，原因及び結果に関するデータを収集し，調査を実施し，更に包括的な施策やターゲットを絞った介入の基礎としてこれらのデータを活用することを締約国に要請する。委員会は，次回報告に，統計データ及び実行した措置の結果を盛り込むことを締約国に求める。

　33．委員会は，刑法において，性暴力犯罪は被害者が告訴した場合に限り起訴され，依然としてモラルに対する罪とみなされていることを懸念する。委員会はさらに，強姦罪の罰則が依然として軽いこと及び刑法では近親姦及び配偶者強姦が明示的に犯罪として定義されていないことを引き続き懸念する。

　34．委員会は，被害者の告訴を性暴力犯罪の訴追要件とすることを刑法から撤廃すること，身体の安全及び尊厳に関する女性の権利の侵害を含む犯罪として性犯罪を定義すること，強姦罪の罰則を引き上げること及び近親姦を個別の犯罪として規定することを締約国に要請する。」

（2）「性犯罪」の類型と課題

日本では，刑法（明治41年制定）には，「性暴力被害」や「性暴力被害者」の明確な定義はなく，第22章「わいせつ，姦淫及び重婚の罪」のなかに，下記のように，公然わいせつ罪と並んで，「強制わいせつ罪」（176条），「強姦罪」（177条）等が置かれている。

＊刑法176条（強制わいせつ罪）「13歳以上の男女に対し，暴行又は脅迫を用いてわいせつな行為をした者は，6月以上10年以下の懲役に処する。13歳未満の男女に対し，わいせつな行為をした者も，同様とする。」

＊177条（強姦罪）「暴行又は脅迫を用いて13歳以上の女子を姦淫した者は，強姦の罪とし，3年以上の有期懲役に処する。13歳未満の女子を姦淫した者も，同様とする。」

＊178条（準強制わいせつ及び準強姦罪）「1　人の心神喪失若しくは抗拒不能に乗じ，又は心神を喪失させ，若しくは抗拒不能にさせて，わいせつな行為をした者は，第176条の例による。
　2　女子の心神喪失若しくは抗拒不能に乗じ，又は心神を喪失させ，若しくは抗拒不能にさせて，姦淫した者は，前条の例による。」

* 178の2条（集団強姦罪）「2人以上の者が現場において共同して第177条
又は前条第2項の罪を犯したときは，4年以上の有期懲役に処する。」
* 179条（未遂罪）「第176条から前条までの罪の未遂は，罰する。」
* 180条（親告罪）「1　第176条から第178条までの罪及びこれらの罪の未
遂罪は，告訴がなければ公訴を提起することができない。
　　2　前項の規定は，2人以上の者が現場において共同して犯した第
176条若しくは第178条第1項の罪又はこれらの罪の未遂罪について
は，適用しない。」

　現行刑法（2016年9月現在）では第22章において社会的法益に関する犯罪
類型とともに列挙されていること，強姦罪は男性から女性へ性器の挿入を伴う
暴力行為を定義したもので，男児や少年に対する性暴力は含まれていないこと，
親告罪であることなどに対して，上記の女性差別撤廃委員会（2009年8月）や
国連自由権規約委員会（2008年10月）の総括所見を含む国内外の諸機関・団
体から法改正の勧告や要請が出されていた。
　これに対して，日本では，2000〈平成12〉年に，親告罪の告訴期間の制限
（犯人を知った日から6カ月）は，強制わいせつ罪及び強姦罪等について適用し
ないこととし，2004〈平成16〉年の刑法改正の際に，強姦罪の法定刑の下限を
2年から3年に引き上げ，併せて新たに集団強姦罪を設けるなどの改正を行っ
た。さらに2004年の犯罪被害者等基本法，2005年の犯罪被害者等基本計画の
実施をふまえて，第3次男女共同参画基本計画〔2010年〕では，女性に対す
るあらゆる暴力の根絶に向けた施策を総合的に推進することを明示し，男女共
同参画会議「女性に対する暴力に関する専門調査会」で2012年7月に報告書
『女性に対する暴力』を根絶するための課題と対策 〜性犯罪への対策の推進〜」
を公表した。ここでは，①非親告罪化など強姦罪の見直しによる性犯罪への厳
正な対処，②ワンストップ支援センターの設置促進，二次的被害の防止など被
害者への支援，配慮の2点に重点がおかれた。とくに①では，a) 非親告罪化，
b) 性交同意年齢の引き上げ，c) 構成要件の見直し（「暴行又は脅迫を用いて」要
件），d) 構成要件の見直し（「女子に対する」「姦淫」要件）などが指摘された
（http://www.gender.go.jp/kaigi/senmon/boryoku/houkoku/index_hbo 07.html）。
　これらの動向を受けて，2014年10月に松島法務大臣の指示により法務省

に「性犯罪の罰則に関する検討会」を設立して検討し，2015 年 8 月に報告書が提出された。その後，法務大臣の諮問機関「法制審議会」の性犯罪部会が2016 年 6 月 16 日，性犯罪の厳罰化に向けて刑法を改正する答申案をまとめた。法務省は 2016 年秋の法制審議会総会の答申を受けて法改正案づくりを進め，2017 年の通常国会に刑法改正案の提出をめざす予定である。

　2016 年 6 月の答申案における改正要綱案のポイントは下記のとおりである。

（i）　強姦罪（177 条）の構成要件の改訂　　改正要綱案では「13 歳以上の者に対し，暴行又は脅迫を用いて性交，肛門性交又は口腔性交（以下「性交等」という。）をした者は，5 年以上の有期懲役に処するものとすること。13 歳未満の者に対し，性交等をした者も，同様とすること。」と定められた。現行法は，強姦罪の被害者を女性だけとしているが，要綱案では男性も被害者として扱うこととされた。また，対象行為についても，通常の「性交」に限定していたものを拡大し，性交に類する行為も含む「性交等」とした。他方「暴行や脅迫」という成立条件の見直しについては「現行でも暴行や脅迫の程度は幅広く解釈されている」として，部会では議論の対象にならなかった。性交同意年齢（13 歳）の引き上げについても対象から除外された。

（ii）　法定刑の引き上げ　　改正要綱案では，強姦罪の法定刑の下限を懲役 3年から 5 年に，強姦致死傷罪も下限を懲役 5 年から 6 年に引き上げることとされた。執行猶予が懲役 3 年以下の罪にしか付かないことから，改正後は，強姦罪は原則として実刑を課せられることになる。また法定刑引き上げに伴い，集団強姦罪（4 年以上の有期懲役）と集団強姦致死傷罪（無期または懲役 6 年以上）は廃止される。

（iii）　非親告罪化　　改正要綱案では，「刑法第 180 条を削除するものとすること」が定められ，強姦罪が親告罪ではなくなった。これは従来，犯罪の性質上訴追することによって被害者の名誉やプライヴァシーが害される場合があり得るため，被害者保護のために親告罪とされてきたが，被害の潜在化を避け性犯罪への厳正な対処を図る等の観点から，非親告罪化が有意義であるとの見解が強まったことによる。実際には非親告罪化がされる罪であって，改正規定の施行前に犯したものについては，改正規定の施行の際既に法律上告訴がされることがなくなっているものを除き，改正規定施

　　行後は告訴がなくても公訴が提起できるものとされた。

(iv)　監護者による犯罪の新設　　改正要綱案では「監護者であることによる
　　影響力があることに乗じたわいせつな行為又は性交等に係る罪」が新設さ
　　れ，18歳未満の子どもに対し，親などの生活を支える「監護者」が「影
　　響力に乗じて」わいせつ行為や性交をすることが罰せられることになった。
　　被害者が抵抗をしたかどうかに関係なく処罰でき，親による性的虐待など
　　が対象になる。

（3）現　　状

　現実には，警察庁の統計によると，強姦の認知件数は，2004年から減少傾
向が続いており，2015年は1,167件で前年に比べ83件減少した。強制わいせ
つの認知件数は，2015年は6,755件であり，前年に比べ645件減少した。なお，
警察庁では，女性警察官による被害者からの事情聴取の拡大，相談電話の設置
等，被害申告を促進するための施策等の性犯罪被害者支援を推進している（図
表12−1参照）。

　また，内閣府の「男女間における暴力に関する調査」（平成26年）では，女
性にこれまでに異性から無理やりに性交された経験を聞いたところ，被害経験
がある女性は6.5％であり，被害にあった時期は「20歳代」が49.6％で最も
多く，次いで「中学卒業から19歳まで」が23.1％，「30歳代」が9.4％，小

図表12−1　強姦・強制わいせつ認知件数の推移

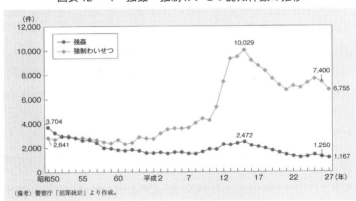

（備考）警察庁「犯罪統計」より作成。

（男女共同参画白書平成28年版64頁より引用）

156

学生以下が11.4％となっている（図表12－2参照）。

　問題は，これらの性暴力の被害者の大多数が，「被害について，どこ（だれ）にも相談しなかった」ことである。2014年の内閣府「男女間における暴力に関する調査」結果でも，異性から無理やりに性交されたことがあった女性（1,811人）のうち，67.9％と7割近い被害者が相談もしなかったと回答している（図表12－3参照）。

図表12－2　被害に遭った時期

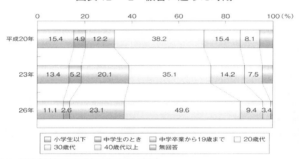

（備考）　1．内閣府「男女間における暴力に関する調査」より作成。
　　　　　2．全国20歳以上の男女5,000人を対象とした無作為抽出によるアンケート調査。本設問は，異性から無理やりに性交されたことがある女性が回答。集計対象者は，平成20年が123人，23年が134人，26年が117人。
　　　　　3．「小学生以下」は「小学校入学前」及び「小学生のとき」の合計。
　　　　　　「40歳代以上」は「40歳代」及び「50歳代以上」の合計。

（男女共同参画白書平成28年版65頁より引用）

図表12－3　被害の相談先

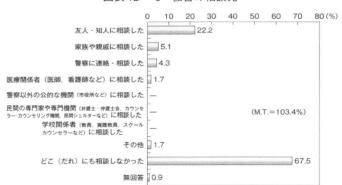

（備考）　1．内閣府「男女間における暴力に関する調査」（平成26年）より作成。
　　　　　2．異性から無理やりに性交されたことがあった人（117人）に対する調査結果。

（男女共同参画白書平成27年版72頁より引用）

このことは，性被害に対する社会の偏見や，裁判過程のプライヴァシー保護の問題（とくに裁判員裁判における被害者保護）などの課題が背景にあるといえる。とくに，性被害の場合は法廷や取調べで被害者がフラッシュバックを起こしたり，証言・陳述の内容がレイプや性的被害の再現であったりする場合の被害者の精神的苦痛が第2の性的被害（セカンド・レイプ，セカンド・セクハラ）を引き起こすものとして問題視されている。制度的には，「遮へい措置」「ビデオリンク方式」「心理カウンセラーの証人付き添い」「被害者特定事項の秘匿」など，被害者へ配慮する制度が整備されるなど，改善がなされてきた。しかし，実際には，犯罪取調べや法廷戦術において，今なお「強姦神話」（あたかも被害者側に原因があった，性的に挑発的な服装や行動をしていたから被害に遭ったとか，強姦は若い女性が暗い夜道で見ず知らずの男性から襲われるものであるとか，必死の抵抗をすれば性暴力被害に遭うことはない，などの思いこみ）が存在し，被害者を不利に扱って精神的苦痛を増大させていることを忘れてはならない。

　この点で，最高裁が逆転無罪判決を下した事例（ⅰいわゆる痴漢冤罪事件において強制わいせつ罪を無罪とした最三小判2009〈平成21〉4.14刑集63巻4号331頁，およびⅱ強姦逆転無罪事件に関する最二小判2011〈平成23〉7.25裁判集刑304号139頁）は，いずれも被告人男性の供述の信用性に疑問が残るものであり，類似の事例について慎重な検討の必要性を示唆している（山下他『ジェンダー六法（第2版）』843-845頁参照）。

2　ストーカー行為

（1）　規制法の成立と改正

　1999年に埼玉県桶川市でストーカーが女子大生を殺害した「桶川ストーカー殺人事件」が起こったことを契機に，2000年5月に議員立法で「ストーカー行為等の規制に関する法律」が成立した。それまでは軽犯罪法や迷惑防止条例でしか取り締まれなかったのに対して，この法律によって「ストーカー行為」（つきまとい行為を反復して行うこと，2条2項）と「つきまとい行為」が定義され，後者は「特定の者に対する恋愛感情その他の好意の感情又はそれが満たされなかったことに対する怨恨の感情を充足する目的で，当該特定の者又はその配偶者，直系若しくは同居の親族その他当該特定の者と社会生活において密接

な関係を有する者に対し，次の各号のいずれかに掲げる行為をすること」とされた（2条1項）。

　具体的には，①住居，勤務先，学校その他通常所在場所でのつきまとい・待ち伏せ・進路立ちふさがり・見張り・押しかけ，②監視している旨の告知行為（行動調査など），③面会・交際・その他義務のないことを行うことの要求，④著しく粗野な言動・著しく乱暴な言動，⑤無言電話，連続した電話・FAX（ファックス），⑥汚物・動物の死体等の送付等，⑦名誉を害する事項の告知等，⑧性的羞恥心を侵害する事項の告知等，の8項目が列挙されている。

　ここには，DV防止法には記載のある「メールの送信」が含まれていなかったため，2013年6月26日に議員立法により可決成立した改正法で，「相手に拒まれても繰り返し電子メールを送信する行為」が加えられた（2条5号）。

（2）　手続と罰則

　1）ストーカー行為規制法の手続きは，下記のとおりである。

　(i)被害者の申出に対して，警視総監若しくは道府県警察本部長又は警察署長（以下「警察本部長等」）が，「当該申出に係る前条の規定に違反する行為があり，かつ，当該行為をした者が更に反復して当該行為をするおそれがあると認めるとき」に，「更に反復して当該行為をしてはならない旨を警告する」。(ii)警察本部長等が前項の規定による警告（以下「警告」という）をした場合には，速やかに，当該警告の内容及び日時その他当該警告に関する事項を都道府県公安委員会に報告する。(iii)公安委員会は，「当該行為をした者が更に反復して当該行為をするおそれがあると認めるときは」，当該行為をした者に対し，「更に反復して当該行為をしてはならない」との命令（「禁止命令等」）行うことができる（4条・5条）。(iv)警察本部長等は，当該申出をした者の身体の安全，住居等の平穏若しくは名誉が害され，又は行動の自由が著しく害されることを防止するために緊急の必要があると認めるときは，当該行為をした者に対し，行政手続法第13条第1項の規定にかかわらず，聴聞または弁明の機会の付与を行わないで，更に反復して当該行為をしてはならない旨を命ずることができる（以下「仮の命令」）。仮の命令の効力は，仮の命令をした日から起算して15日とする。(v)公安委員会は，当該報告に係る仮の命令があった日から起算して15日以内に，意見の聴取を行わなければならない（以上6条）。

　上記の手続きについて2013年改正法では，警察本部長等が「警告」をした場合，もしくはしなかった場合，あるいは公安委員会が「禁止命令等」をした場合，もしくはしなかった場合に，「速やかに」申立者に連絡することが定められた（4条3・4項，5条3〜5項新設）。

　また，従来は申立者（被害者）の住所地の警察本部長等や公安委員会が警告や命令を出すことになっていたが，改正法10条では，加害者の住所地や該当行為があった地域の警察本部長等や公安委員会が認められ，広域連携ができるように改められた。

　2）同法13条1項では，「ストーカー行為をした者は，6月以下の懲役又は50万円以下の罰金に処する。」，2項では「前項の罪は，告訴がなければ公訴を提起することができない。」として，この罪が親告罪であることを定める。また，公安委員会の禁止命令等に違反してストーカー行為をした者は「1年以下の懲役又は100万円以下の罰金」に処せられる。このほか禁止命令等に違反した者についても50万円以下の罰金が科される。

　この法律では，裁判所ではなく，都道府県の公安委員会が禁止命令を出すことができる点で，適正手続の保障が一層必要となり，理論的にも課題が残っている。

　このため，16条で，本法の適用が「国民の権利を不当に侵害しないように留意し，その本来の目的を逸脱して他の目的のためにこれを濫用するようなことがあってはならない」と定められている。

　なお，警察庁に報告のあったストーカー事案の認知件数（2015年度）は21,968件である。被害者の89.3％が女性で行為者の85.7％が男性となっている。また，ストーカー規制法上の「警告」の件数は3,375件で，前年より204件（6.4％）増えている。警告に従わない者に対する禁止命令等の件数は145件，警察本部長等が援助を求められた件数は，8,139件である（男女共同参画白書平成28年版63頁参照）。

3 セクシュアル・ハラスメント

（1）セクシュアル・ハラスメントの定義と類型

セクシュアル・ハラスメント（sexual harassment，以下SH）の観念は，「性

的嫌がらせ」ないし「不快な性的言動」を示すものとして，1970年代以降の第二波フェミニズム運動のなかで確立された。アメリカでは，職場の労働環境に関する性差別として訴訟が提起され，1976年のウィリアムス事件・コロンビア特別区連邦地方裁判所判決（Williams v. Saxbe, 413 F. Supp 654）以降，公民権法（Civil Rights Act, 1964）第7編に規定される性差別に当たると判断された。1980年以降は，教育や雇用におけるSHに関する判決が蓄積され「対価型」と「環境型」の2つの類型が明確にされた。

　「対価型」SHは，性的言動が報復・取引として経済的利益や不利益を伴うもので，性的言動への対応が利益や不利益という形で労働条件等に影響を与えるものを指す。上司が部下に対して昇進等を餌に性的関係を要求したり，拒絶されると解雇したりする行為がこれにあたり，教育の場では，進学・進級等の教育・研究上の利益や不利益を伴う性的言動を意味する。

　「環境型」SHは，性的言動が経済的利益・不利益に直接影響を与えることはないが，脅迫的・不快・敵対的な条件を作り出して労働環境（教育の場では，教育・研究上の環境）を悪化させるものである。例えば，職場にヌード写真を貼ることで従業員に不快感を与えるような行為がこれにあたる。このような2類型の区別は，イギリス，カナダ，オーストラリアなどでも採用されている。

　法的救済としては，セクシュアル・ハラスメントに該当すると裁判所で認定された場合には，差別禁止のための差止め，復職等の救済が認められる。アメリカでは，同性間や女性から男性へのSHについても当然に救済が与えられる。1991年の公民権法改正以降は，損害賠償も認められるようになり，1996年に三菱自動車アメリカ支社が雇用機会平等委員会（EEOC）から提訴された事件では，原告女性が350人にも及び，総額3,400万ドル（約40億円）の補償金を支払うことで和解した。また同社に対する別の訴訟でも29人に1,000万ドルを支払うことになり，史上最大のセクハラ事件として話題になった。

　ヨーロッパでは，1986年6月11日の欧州議会「女性に対する暴力」に関する決議以来，欧州委員会勧告が出され，欧州連合加盟国を中心に国内法が整備されている。欧州委員会の「セクシュアル・ハラスメントと闘うための施策に関する行動規範」では，SHは「職場における男女の尊厳に影響を及ぼすような，性的，あるいは性に基づく望まれない行為のことである。これには，肉体的な行為，言語による行為，あるいは言語によらない行為が含まれる」と定

義されている（柴山恵美子ほか『EU の男女均等法・判例集』日本評論社，2004 年，306 頁以下参照）。ここでは，必ずしも明確に 2 類型を区別せず，一連の行為が SH を構成するものと解されている。さらにアメリカでは SH を性差別として捉える傾向が強いのに対して，ヨーロッパではむしろ男女の尊厳，人間の尊厳に対する侵害を問題にする傾向が強い。

　日本では，1980 年代以降の訴訟の展開を通じてセクシュアル・ハラスメントの観念が確立し，改正男女雇用機会均等法（1997 年改正，1999 年施行の改正法 21 条）では女性労働者に対する対価型と環境型の SH に対する雇用管理上の措置を事業主に対して義務付けた。その後 2006 年の法改正（2007 年 4 月施行）により対象が女性労働者から全労働者に拡大され，「職場において行われる性的な言動に対するその雇用する労働者の対応により当該労働者がその労働条件につき不利益を受けること」（対価型）または「職場において行われる性的な言動に当該労働者の就業環境が害されること」（環境型）の 2 つの類型について，事業主が必要な体制の整備その他の雇用管理上必要な措置を講じなければならないことが定められた（11 条）。

　また，人事院規則 10 - 10 では，「他のものを不快にさせる職場における性的な言動及び職員が他の職員を不快にさせる職場外における性的な言動」と定義している。これらの用法等を通じて，今日では，セクシュアル・ハラスメントの定義として「相手方の意に反する不快な性的言動」という理解が一般化しているが，その多義性も指摘される。

（2）現　　状

　2015 年度に都道府県労働局雇用均等室に寄せられた男女雇用機会均等法に関する相談は，23,371 件で，相談内容別にみると，「第 11 条関係（セクシュアル・ハラスメント）」が最も多く 9,580 件（41.0 %），次いで「第 9 条関係（婚姻，妊娠・出産等を理由とする不利益取扱い）」が 4,776 件（20.4 %）である。労働者からの相談を内容別にみると，「第 11 条関係（セクシュアル・ハラスメント）」が最も多く 6,827 件（55.7 %），次いで「第 9 条関係（婚姻，妊娠・出産等を理由とする不利益取扱い）」が 2,650 件（21.6 %），「第 12 条，13 条関係（母性健康管理）」が 1,364 件（11.1 %）となっている。「第 11 条関係（セクシュアル・ハラスメント）」が前年度比 7 %減少し，「第 9 条関係（婚姻，妊娠・出産等を理由と

する不利益取扱い）」（いわゆるマタハラ）が前年度比 17.7 ％増加した（マタハラ訴訟につき本書 93 頁参照）。

2014 年度の統計ではセクシュアル・ハラスメントの相談件数は 11,289 件で，そのうち女性労働者からの相談は 6 割（6,725 件）であった（男女共同参画白書平成 27 年版 75 頁）。（図表 12 - 4 参照）。

図表 12 - 4　都道府県労働局雇用均等室によせられた
セクシュアル・ハラスメントの相談件数

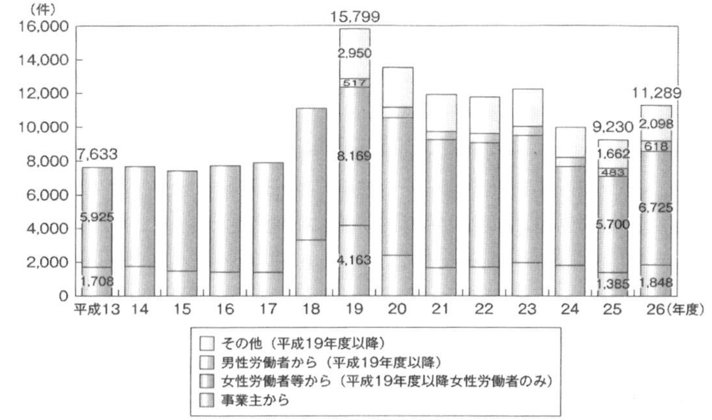

（備考）厚生労働省資料より作成。

（男女共同参画白書平成 27 年版 75 頁より引用）

（3）　理論的課題──権力関係と判断基準

1980 年代前半の著作でセクシュアル・ハラスメントを法的に理論化したキャサリン・マッキノンは，「不平等な権力関係を背景にして，相手方の意思に反する性的要求を押し付けること」と定義し，権力関係における不平等や性支配の観念を明らかにした。実際，職場や教育・研究の場における性暴力としてのセクシュアル・ハラスメントをジェンダーの視点から「女性を劣位に位置づける性支配の一環」として捉えたことは，第二波フェミニズムの功績である。同時に，単なる個人的・自然的感情の発露としての「性的言動」ではなく，セクシュアル・ハラスメントの基礎には，契約関係や法律上・事実上の支配・服従関係などの特別な権力関係が存在することを明らかにした点でも，1980 年

代以降のセクシュアル・ハラスメント理論の展開は重要な意義をもった。もっとも現実の訴訟では，「意に反する」とする場合の判断基準や被害の認定が問題にならざるをえない。

アメリカの判例理論では，1986年のヴィンソン事件合衆国最高裁判所判決（Meritor Savings Bank v. Vinson, 477 U. S. 57）で，「相手が望まない性的な言動を行うことは，加害者が意識しているか否かにかかわらず，違法な行為になる」ことが認められ，セクシュアル・ハラスメントの成立要件として被害者の主観を重視するという解釈が確立された。しかし，被害の認定には，そのような「被害者の主観」を「客観的に判断する」という困難な課題がある。「被害者の主観を客観的に判断する」際に，「通常人」すなわち男女双方の思慮分別ある人間を基準にすべきか，それとも，「通常の女性」を基準にすべきか，という難問に対して，アメリカの判例理論は，ジェンダー・バイアスを考慮して，「通常の女性」を判断基準とすることを明らかにした。

さらに，この問題に加えて，被害の認定における当事者の「合意」の有無や「セクシュアル・ハラスメント行為」の存在の有無自体の認定という難しい課題もある。一般にセクシュアル・ハラスメントが，密室で，しかも旧知の間柄の当事者の間で行われることから，これらの認定には，当事者の人間関係，日ごろの言動，性格のほか，供述態度や主張の一貫性など，さらに，被害者特有の心理などを十分に判断することが必要となる。

最近では，特別な支配関係にある者が，事件調査・事件のもみ消しや訴訟妨害のために行いがちな「セカンド・セクハラ」にも注意しなければならない。これは，レイプの被害者に対して，司法過程の無神経な尋問等によって二重の人権侵害を与える「セカンド・レイプ」行為になぞらえて用いられる言葉であり，これを防止するため，上司や捜査官等の意識の啓発が重要である。

（4） 日本における訴訟の展開と法理論構成

職場でのセクシュアル・ハラスメントとして，日本では，福岡セクハラ訴訟（福岡地裁1992年4月16日判決，判時1426号49頁）ではじめて，人格権の侵害に対する加害者（上司）の責任と同時に，会社の使用者責任を認定した判例が出現した。

1）　人格権侵害の認定

　1989年に提訴された福岡セクハラ訴訟は，職場の内外で部下の女性の異性関係に関する行状について，悪評を流布するなどして，退職を余儀なくさせた上司と会社に対する損害賠償請求として提訴された。判決は，このような上司の行為は，「原告の意思に反し，その名誉感情その他の人格権を害するものである」として，上司について民法709条の不法行為責任を認めた。民法の不法行為の認定には，加害者の故意・過失，違法性，損害という不法行為の一般的成立要件が必要である。対価型・環境型いずれにおいても，性的嫌がらせの事実があれば故意または過失が認定され，さらに行為の継続・反復性や行為の状況，被害者の対応等の総合判断によって違法性の認定が可能となる。

　金沢セクハラ訴訟（名古屋高裁1996〈平成8〉年10月30日判決，判タ950号193頁）や横浜セクハラ訴訟（東京高裁1997〈平成9〉年11月20日判決，労判728号12頁）でも，職場の男性上司の性的行為が許容限度を越える場合に，相手方の性的自由または人格権の侵害にあたると判断した。前者の名古屋高裁判決では，次のように指摘している。

　「職場において，男子の上司が部下の女性に対し，その地位を利用して女性の意に反する性的言動に出た場合，これが全て違法と評価されるものではなく，その行為の態様，行為者である男性の職務上の地位，年齢，被害女性の年齢，婚姻歴の有無，両者のそれまでの関係，当該行為の行われた場所，その限度の反復・継続性，被害女性の対応等を総合的にみて，それが社会的見地から不相当とされる程度のものである場合には，性的自由ないし性的自己決定権等の人格権を侵害するものとして，違法となる」（名古屋高裁1996〈平成8〉年10月30日判決，判タ950号193頁）。

2）　使用者責任の追及

　上記の福岡セクハラ訴訟では，加害者に対する責任と同時に，会社に対しても，民法715条による使用者責任が追及された。原告側の請求にしたがって，判決は，会社の使用者責任を認定し，「使用者には……労務遂行に関連して被用者の人格的尊厳を侵しその労務提供に重大な支障を来す事由が発生することを防ぎ，又はこれに適切に対処して，職場が被用者にとって働きやすい環境を保つよう配慮する注意義務もある」と指摘して，上司とあわせて150万円の損害賠償を命じた。

こうして，対価型のみならず，環境型のセクシュアル・ハラスメントについても，従業員が「事業の執行につき」行った場合（『職務関連性』がある場合）には，使用者責任を承認することが判例上で確定した。その前提として，上記福岡地裁判決は，被侵害利益として，「働きやすい職場環境のなかで働く利益」があると認め，使用者には「労務遂行に関連して被用者の人格的尊厳を侵し，その労務提供に重大な支障を来す事由が発生することを防ぎ，またはこれに適切に対処して，職場が被用者にとって働きやすい環境を保つよう配慮する注意義務がある」と指摘した。

3）債務不履行責任（労働環境配慮義務等）の追及

さらに判例・学説では，不法行為責任としての使用者責任の追及だけでなく，企業の雇用管理面での労働環境配慮義務（上記のセクシュアル・ハラスメント防止義務）を前提として，「債務不履行責任」を認める理論が確立されてきた。すなわち，使用者は，労働契約上の義務として職場の環境に配慮する義務を負っており，このような義務に反した場合には，民法 415 条の債務不履行責任を負うのである。実際の訴訟では，法律構成が簡明な不法行為責任追及のほうが多いとされるが，消滅時効期間の点では，不法行為が 3 年であるのに比べて，債務不履行は 10 年となっている点でも，メリットがある。

判例も，京都呉服事件判決（京都地裁 1997〈平成 9〉年 4 月 17 日判決，判タ 951 号 214 頁）や三重事件判決（津地裁 1997 年 11 月 5 日判決，労判 729 号 54 頁）などで職場環境配慮義務を認定し，使用者に対して，「職場環境配慮義務を怠った」ことを理由に債務不履行責任を認めた。

4）刑事責任の追及

上記のほか，セクシュアル・ハラスメントによる性的関係の強要が暴行・脅迫によって行われたときは，刑法第 177 条の強姦罪や第 176 条の強制わいせつ罪が成立する。飲酒による酩酊などの「心神喪失若しくは抗拒不能に乗じ」て，わいせつ行為や姦淫をした場合には，第 178 条で準強制わいせつ罪や，準強姦罪が適用される。これらの親告罪の告訴期間は，従来は 6 カ月とされていたが，2000 年の刑事訴訟法等改正で撤廃された。このほか，2004 年の刑法改正によって，強姦罪等の刑が加重されたため，セクシュアル・ハラスメントについても重い罪を科すことが可能となった（強姦罪は，3 年以上の有期懲役，強制わいせつ罪は，6 月以上 10 年以下の懲役となった）。

4　大学等におけるセクシュアル・ハラスメント　●————————●

（1）　キャンパス・セクハラとアカデミック・ハラスメント

　セクシュアル・ハラスメントは，教育・研究の分野で頻繁に起こっている。とくに大学などの教育機関や研究機関では，キャンパス・セクハラとよばれて注目を集めてきた。大学等の教職員間の被害については，雇用におけるセクハラの定義や改正均等法，人事院規則による対応が適用できる。しかし，教員から学生（大学院生や研究生等を含む）に対するセクハラはこれらの法規制の適用がなく，上記人事院規則にもとづいて，1999 年に文部省が国立大学と文部省を対象として定めた「セクシュアル・ハラスメントの防止等に関する規程」（文部省訓令第 4 号）などに従っている。

　この文部省規程（訓令）によれば，セクシュアル・ハラスメントは「職員が他の職員，学生等及び関係者が職員を不快にさせる性的な言動」（2 条 1 号）と定義され，「セクシュアル・ハラスメントのため職員の就労上又は学生等の就学上の環境が害されること及びセクシュアル・ハラスメントへの対応に起因して職員が就労上又は学生等の就学上の不利益を受けること」（2 条 2 号）が問題とされている。「不利益」の内容は，昇任・昇格・給与等の不利益，進学・進級・成績評価・指導上の不利益，誹謗中傷を受けることその他事実上の不利益の 3 点である。ここでいう「性的な言動」とは「性的な関心や欲求に基づく言動をいい，性別により役割を分担すべきとする意識に基づく言動も含み，職場の内外をとわない」としている。

　職場におけるセクハラでは，労働権や人格権（性的自己決定権など）が侵害されるが，教育・研究の場における学生に対するセクハラでは，性的自己決定権などの人格権が侵害されるほか，学習権や受講権，良好な環境において適切な教育・指導を受ける利益が侵害されるものと解される。このことは，後にみる鳴門教育大学事件判決でも明らかにされた。

（2）　背景と要因

　一般に，セクシュアル・ハラスメントがおこる背景には，権力関係の存在のほかに，人権意識の希薄さ，縦型社会における権力志向の傾向，社会における性別役割分業の固定化，人事・評価の密室性などが考えられるが，教育・研究

機関ではこれらの傾向が著しい。教員が成績評価の対価として生徒の体に触れたり性的関係を求めたりすることはセクハラに含まれ，この場合には，学習権の侵害や性的自己決定権の侵害として構成される。

　また，大学や研究機関では，とくに，人事権，教育・評価権が教授などに帰属する上，人事・教育の密室性が強く，教育・研究機関の業績主義・研究中心主義という特徴が，セクハラを見えにくくしていると考えることもできる。さらに，日本では大学における女性教員比率が低く（本書⑭ 185 頁参照），長い間，大学は典型的な男性型社会として男性中心文化を温存してきた。ここではジェンダー・バイアスが多い環境にあることから，セクシュアル・ハラスメントも起こりやすい環境にあるといえる。このように大学が男性型社会であることの背景には，研究至上主義や業績主義に潜む学問分野や科学・学問自体のなかのジェンダー・バイアスの存在がある。

　実際，大学では，キャンパス・セクシュアル・ハラスメントのみならず，性別をとわず，学問・研究・教育上の権力関係を基礎に嫌がらせであるアカデミック・ハラスメントが多発しており，キャンパス・セクハラもアカデミック・ハラスメント（アカハラ）の一部である（実際には，両者が重なり合って複合的な様相を呈しているものも多い）。その理由は，監督責任の不在，専門性，男性中心型社会の体質のほか，大学の密室性・閉鎖性，女性教員の少なさなどを挙げることができる。女性教員が少ないことは，被害を隠蔽し，被害を受けた側に沈黙と孤立を強いる構造の背景となっている。このような状況から大学のセクシュアル・ハラスメントは，対価型（権限・地位利用型）が多いことが特徴である。

（3）判例の展開

　大学におけるセクシュアル・ハラスメント事件の判決は，秋田県立農業短期大学事件第一審 1997〈平成 9〉年 1 月 28 日秋田地裁判決以降，数多く存在する。この判決では指導教授が研究補助員に対して学会出張中のホテルで強制わいせつ行為をしたとされたが，セクハラ行為は認定されず，逆に教授からの名誉毀損の主張が認容された。控訴審仙台秋田高裁秋田支部 2000〈平成 12〉年 12 月 10 日判決（労判 751 号 18 頁）で被害女性が逆転勝訴し，慰謝料 150 万円が認められた。

　京都大学事件では，Y教授の助手らに対するセクハラ行為（強姦等）を，同僚の女性教授が新聞紙上で批判したことに対してYが名誉毀損で提訴したが，京都地裁1997〈平成9〉年3月27日判決（判時1634号110頁）は，真実性を認めて請求を棄却した。著名な教授のセクハラ事件が社会的に注目を集め，この事件を契機に多くの大学でセクハラに対する取組みが進展した。

　鳴門教育大学事件では，指導教授が大学院生に対して性的な内容を含む80通もの手紙を送り食事に付き合わせるなどしたことから，大学院生が精神的疲労で退学した。徳島地裁1998〈平成10〉年9月29日判決は，大学院生の主張を認めて200万円の慰謝料支払いを命じ，教授側の名誉毀損にもとづく請求を棄却した。控訴審，上告審（1999年11月11日）とも大学院生側が勝訴して，社会的に注目された。判例理論の上でも，判決が，「学生の大学在学関係は双務有償の無名契約であると解することができるが，大学は右契約の付随義務として，学生に対し研究教育環境を整える義務を負っており，学生は良好な環境の中で研究し教育を受ける利益を有している」ことを認め，「大学教授は，大学の履行補助者として学生の右利益を侵害してはならない義務を負っている」と指摘したことが，その後の判例にも影響を与えた。

　東北大学事件は，指導教官（助教授）が大学院生に性的関係等を強要し，拒絶後に論文の書き直しを命じるなどした事件であるが，学内調査の際の事実捏造なども伴ったため，仙台地裁1999〈平成11〉年5月24日判決は，750万円という高額の慰謝料支払いを命じて話題となった。判決は，「教育上の支配従属関係」を利用したセクハラ行為によって，「良好な環境の中で研究し教育を受ける利益」や「性的自由」・「私生活の平穏」を損害したと認めた。控訴審判決（2000年7月7日仙台高裁）は，論文作成や研究発表を控えていたため影響力をもつ控訴人の意思に逆らえなかった事情を認定し，さらに弁護士費用150万円の支払いをプラスし，判決が確定した。

　東北生活文化大学事件でも，指導教員が副手を夜間に呼び出して車中で性的関係を強要したことに対して，仙台地裁1999〈平成11〉年6月3日判決は慰謝料600万円，弁護士費用100万円の支払いを命じた。

　上記のような展開の中で，多くのキャンパス・セクハラ事件の判例が蓄積された。アカデミック・ハラスメント事件も奈良県立医科大学事件判決（大阪高裁判決2002年1月29日）等がでているが，そのほとんどで被害者側の請求が

認められている。大学等における支配従属関係によるセクハラ被害の実態が明らかになり，裁判的救済や防止の対策が採られているが，大学という知の拠点で人格権・学習権侵害等の人権侵害が氾濫していること自体が大きな社会問題であり，判決に現れた事件は氷山の一角であることを重視すべきであろう（事件の一覧は，東京弁護士会・後掲編書 130 頁，小島＝水谷・後掲書 299 頁以下参照）。

[参考文献]

小島妙子＝水谷英夫『ジェンダーと法 I』信山社（2004）

東京弁護士会両性の平等に関する委員会編『ドメスティック・バイオレンス，セクシュアル・ハラスメント』商事法務研究会（2001）

第二東京弁護士会『セクシュアル・ハラスメント法律相談ガイドブック』明石書店（2001）

水谷英夫『セクシュアル・ハラスメントの実態と法理』信山社（2001）

13 セクシュアリティとポルノ・買売春

1 ポルノグラフィーの定義と法規制 ●━━━━━━━━━●

（1） ポルノグラフィー（pornography）の定義

　ポルノグラフィーとは，一般的には，「性を露骨に描写した文学。映画・書画・写真・テープなどにもいう。」（三省堂『デイリー 新語辞典』），「言葉もしくは画像による写実的でかつあからさまに性的な描写を意味するもの」として，性を露骨に描写した文学・映画・写真等の作品やその描写をさすものと解される。そのような描写の多くは，刑法のわいせつ罪の規制対象となってきたが，「わいせつ」の定義も日本の判例では「いたずらに性欲を興奮又は刺激させ，かつ，普通人の正常な性的羞恥心を害し，善良な性的道義観念に反するものをいう」（チャタレー事件1957年3月13日最高裁判決）とされてきたものの，「わいせつ物」とポルノグラフィーの区別も必ずしも明確ではない。

　最近では，ポルノグラフィーの客体も，女性のみならず，子どもである場合が問題となっている。例えば，2000年5月25日，国連総会は子どもの権利条約の34条・35条・39条を実施するための措置を具体化した「子どもの売買，子ども売買春および子どもポルノグラフィーに関する子どもの権利条約の選択議定書」を採択した。その第2条では，「子どもポルノグラフィーとは，主として性的目的で，実際のまたはそのように装ったあからさまな性的活動に従事する子どもをいかなる手段によるかは問わず描いたあらゆる表現，または子どもの性的部位を描いたあらゆる表現を意味する」と定義している。

　このような「子どもポルノグラフィー」概念が出現する以前に，女性を客体とするポルノグラフィーをめぐって，フェミニストの間で大論争があったため，女性を対象とするものから先に見よう。

（2） マッキノンの定義とポルノグラフィー論争

　いわゆるフェミニズムのポルノグラフィー論争は1960年代末から，フェミニストが文化に潜む性差別の核心部分を問題にし，キャサリン・マッキノンら

がポルノ規制を実践したことに端を発している。第二波フェミニズムは，レイプやポルノグラフィー，家庭内暴力，売買春など，女性に対する暴力を批判したが，とくにマッキノンは1970年代初めから，ポルノグラフィーや性暴力の問題に取り組んだ。1970年代後半に，法学者の立場からセクシュアル・ハラスメントを理論化し，法廷闘争を開始した。ポルノグラフィーについても，彼女は，「ポルノグラフィーとは，画像であれ，文章であれ，性的に露骨な形で女性が従属する様子を写実的に画いたものである」と定義した上で，「ポルノグラフィーは性差別行為である」ことを主張し，ポルノ反対運動とポルノ規制の必要を力説した。

　その背景には，アメリカで1970年代からハードコアポルノが大流行し，『ハスラー』誌やポルノ映画に現れた女性の性被害が問題化したことがある。これに反対して，1976年にサンフランシスコで全米初の反ポルノ組織「ポルノグラフィーとメディアの暴力に反対する女たち（WAVPM）」が結成され，「夜を取り戻そう」という5,000人規模のデモが行われた。ミネソタ州ミネアポリス市では，1983年12月に，ポルノ反対運動を組織していた住民が，ラディカル・フェミニストのキャサリン・マッキノンとアンドレア・ドウォーキンを招いて条例改正の公聴会を開き，彼女らが起草した「反ポルノグラフィー公民権条例」を可決させた（ただし，市長の拒否権にあって成立しなかった）。この条例では，表現物がポルノグラフィーの定義に合致するだけでなく，ポルノグラフィーへの出演強制や暴行脅迫等が伴った場合に，被害者が損害賠償や差し止め命令を求めて提訴できることが定められた。同条例の第3条では「ポルノグラフィーは性別に基づく差別の一形態である」ことが明らかにされ，ポルノグラフィーの制作・販売・公開・頒布などの取引行為が「女性に対する差別行為である」ことが明示された点には，マッキノンの理論が直接的に反映されていた（条例の条文は，キャサリン・マッキノン，アンドレア・ドウォーキン〔中里見ほか訳〕後掲『ポルノグラフィと性差別』148頁以下参照）。マッキノンのポルノグラフィー論の根底には，両性間には性支配構造が存在し，ジェンダーとは性差ではなくヒエラルキー（権力の不平等関係）であり，ポルノグラフィーは男性支配と性差別の手段であるという，明確な性支配論が存在していた。そこでは，ポルノグラフィーが表現でなく行為であること，ポルノグラフィーが女性を沈黙させる「沈黙効果」を有することなどが主張された。

　このようなマッキノンらの理論は全米に大反響を巻き起こし，インディアナポリス市やケンブリッジ市でも反ポルノグラフィー条例が制定された。連邦政府も1986年にポルノグラフィーによる被害の救済をめざした法案を提出した。

　しかし反面，ポルノグラフィー規制に反対する組織「検閲に反対するフェミニスト特別調査委員会FACT：feminist Anti-Censorship Taskforce」が，活動家と学者によって1984年10月に結成され，条例案が審議された郡の公聴会に出席したりして条例反対運動を展開した。パーリアなどの反フェミニストだけでなく，表現の自由を重視するリベラル・フェミニストたちがポルノグラフィー規制に反対したことで，フェミニズムを分断する大論争となった。

（3）　合衆国最高裁判所違憲判決と学説の展開

　「表現の自由」支持派と「ポルノ規制」支持派の対抗は，1984年に成立したインディアナポリス市の「ポルノグラフィー規制条例」の合憲性をめぐって，合衆国最高裁に持ち込まれた。この条例では，「ポルノグラフィーとは，ポルノグラフィーとは，画像であれ，文章であれ，性的に露骨な形で女性が従属する様子を写実的に画いたもので，次のうちの一つ以上を含むものをいう」と定義され，女性が苦痛・屈辱を楽しむ性的対象物，強姦されることに性的快楽を覚える性的対象物，身体を損傷された性的対象物として提示されているなど，6項目がその要件として列挙されていた（中里見ほか・前掲訳書156頁以下参照）。

　事件はまず連邦地裁で審議され，1984年11月に違憲の判決を受けた後，控訴審である連邦高裁では，表現の「観点」に基づく（viewpoint based）規制であるとして，1985年8月に違憲と判断された。合衆国最高裁判所では，この高裁の判断が支持されて，理由を付すことなく1986年2月に違憲と判断された（Hudnut v. American Booksellers, 106 S. Ct. 1172 (1986)）。

　アメリカの憲法学説では，表現の自由の優越的地位を認め，表現の自由を規制する法律に対して厳格審査基準を適用してきたため，おおむね最高裁の判決に好意的である。とくに，「国家からの自由」を基調とするリベラリズムの観点からすれば，ポルノグラフィーの規制や検閲には慎重な態度が求められる。これに対して，フェミニズムの観点からすれば，表現の自由の保護の下にポルノグラフィーを保障することで女性に深刻な心理的・社会的被害を与えてきたことに対して，反省を強いることになる。キャサリン・マッキノンとロナル

ド・ドゥオーキンの議論は，このようなリベラリズムとフェミニズムの典型的な対立構図を象徴するものであり，議論は平行線をたどってきた。

　しかし最近では，このようなリベラリズムに対するフェミニズムの挑戦によって，アメリカの「表現の自由」論に揺らぎが生じ，リベラリズム内外の思想で問われ始めていることも事実である。マッキノンの「沈黙効果」論に理解を示す方向から，リベラリズムを修正する議論として，ポルノグラフィーを「低い価値の（low-value）言論」として規制を容認したり，共和主義的な観点から商業主義に対する政府の規制を求める議論などがそれである。今日では，フェミニストの中でも，マッキノンの主張に対する批判が強いとはいえ，マッキノンの問題提起は，表現の自由の価値そのものに対する大きな議論を引き起こした点で彼女の貢献は大きいといえよう。

（4）　日本の課題——性の商品化に対する規制のあり方

　日本では，フェミニズムからのポルノグラフィー批判はさほど強くないとはいえ，アメリカにおけるリベラリズムとフェミニズムの対立構図は基本的に共通している。ポルノグラフィーについては，ポルノ業者による出演女性に対する性暴力の問題や，性犯罪の背景となっている現状を重視しなければならない。日本でも，「ポルノが性差別を助長し，『男女共同参画社会の形成を阻害する要因』である」（角田由紀子『性差別と暴力』有斐閣，2001 年，177 頁参照）という認識にたって，ポルノによる被害者の救済や性犯罪防止の措置を検討しなければならないだろう。

　実際に，地方公共団体で制定されている男女共同参画推進条例の中には，性暴力を肯定するような内容の表現物や性の商品化を規制する目的で，公衆に表示する情報への配慮規定を置いているものが多い（埼玉・宮城・栃木・新潟・長野・兵庫・和歌山・島根・鳥取・高知・長崎・熊本・沖縄県条例など。辻村・稲葉編『日本の男女共同参画政策』東北大学出版会，2005 年，300 頁以下の一覧表参照）。これらは「何人も，公衆に表示する情報において，性別による固定的な役割分担及び女性に対する暴力等を助長し，及び連想させる表現ならびに過度の性的な表現を行わないように努めなければならない」（埼玉県条例第 8 条）のように努力義務を課すものであり，その限りでは，法的に問題はないといえる。但し，マッキノンらが立案した反ポルノグラフィー条例のような条例を制定した場合

には，日本でも表現の自由との関係で合憲性が問題になると思われ，今後もポルノ規制のあり方が検討課題である。

このほか，ポルノが性犯罪等の原因であるという議論や，男性の性的欲望に関する男性学の視点，性産業・商業主義の可否などの論点も忘れてはならない。

いずれにせよ，1兆円産業となったアダルトビデオなどによる「性の商品化」がもたらす害悪は深刻であり，女性の権利侵害の射程は広く複雑である。ポルノ出演女優の被害救済問題には，営業の自由（契約の自由や職業選択の自由）との関係が存在し，性的自己決定権の問題も避けることができないため，これらの人権論を踏まえた理論的研究の進展が望まれる。

2 児童ポルノ禁止法の展開

近年では児童ポルノや児童買春が社会問題化し，未成年者を対象とした「性の商品化」が進行している。国連総会では2000年5月に「児童の売買，児童買春及び児童ポルノに関する児童の権利に関する条約の選択議定書」（略称 児童の売買等に関する児童の権利条約選択議定書）を採択した。これは2004年4月に日本の国会で承認され，翌2005年2月に日本国内で効力が発生した。この選択議定書は「女子である児童その他の多くの特に被害を受けやすい集団が性的搾取を受ける危険に一層さらされていること」，「インターネットその他の発展しつつある技術による児童ポルノの入手が更に容易になっていることを憂慮」して採択されたものである。

日本でも1994年に子どもの権利条約（児童の権利に関する条約，1989年採択）を批准したことを受けて，1999年5月に「児童買春・児童ポルノに係る行為等の処罰及び児童の保護等に関する法律」（以下，「児童買春・児童ポルノ処罰法」）が制定された。この法律は，「児童に対する性的搾取及び性的虐待が児童の権利を著しく侵害することの重大性にかんがみ，児童買春・児童ポルノに係る行為を処罰するとともに，これらの行為等により心身に有害な影響を受けた児童の保護のための措置等を定めることにより，児童の権利の擁護に資することを目的とする」（1条）と定める。この法律でいう児童とは満18歳未満の者をさす。さらに2004年に「児童買春・児童ポルノ処罰法」を改正して刑罰を加重したが，バーチャルなテレビゲームやアニメについてはの児童ポルノの法

的定義に該当しないため，禁止されていない。

　これに対して国内でも，東京都などは条例改正を目指して議論が巻き起こったが，東京都条例では「不健全図書」のなかにアニメを含めることや単純所持を禁止することは見送った。これに対して，京都府・奈良県・栃木県が児童ポルノの単純所持を規制する条例を制定し，ついで単純所持を禁ずるための改正法が2014年（平成26年）6月に成立した。この改正法では，法律の名称が「児童買春，児童ポルノに係る行為等の規制及び処罰並びに児童の保護等に関する法律」に改められ（下線部追加），下記の点が変更された（2015年7月から施行され，単純所持罪適用の猶予期間も2015年7月に終了した）。

　　ｉ）児童ポルノの定義の厳密化（2条3項第3号）を「衣服の全部又は一部を着けない児童の姿態であって，殊更に児童の性的な部位（性器等若しくはその周辺部，臀部又は胸部をいう。）が露出され又は強調されているものであり，かつ，性欲を興奮させ又は刺激するもの」に改正（下線部追加）。

　　ⅱ）適用上の注意の厳密化（3条）を「この法律の適用に当たっては，学術研究，文化芸術活動，報道等に関する国民の権利及び自由を不当に侵害しないように留意し，児童に対する性的搾取及び性的虐待から児童を保護しその権利を擁護するとの本来の目的を逸脱して他の目的のためにこれを濫用するようなことがあってはならない。」に改正（太字部を追加・改正）。

　　ⅲ）3条の2に「児童に対する性的搾取及び性的虐待に係る行為の禁止」を規定（罰則なし）。

　　ⅳ）ひそかに児童ポルノを製造する行為（いわゆる盗撮。7条5項）および「自己の性的好奇心を満たす目的で児童ポルノを所持する行為（7条1項。いわゆる単純所持）」を処罰。

　　ⅴ）16条の3で「インターネットの利用に関わる事業者に，捜査協力・児童ポルノの送信を防止する措置」などを努力義務化。

　児童ポルノ禁止の厳罰化の方向は，前記女性差別撤廃委員会2009年総括所見でも要請されていた。

　　「35〔中略〕委員会は，……女性や女児への強姦，集団暴行，ストーカー行為，性的暴行などを内容とするわいせつなテレビゲームや漫画の増加に表れている締約国における性暴力の常態化に懸念を有する。委員会は，これらのテレビゲームや漫画が「児童買春・児童ポルノ禁止法」の児童ポルノの法的定義に該当しない

ことに懸念をもって留意する。

　36. 委員会は，女性や女児に対する性暴力を常態化させ促進させるような，女性に対する強姦や性暴力を内容とするテレビゲームや漫画の販売を禁止することを締約国に強く要請する。……締約国が児童ポルノ法の改正にこの問題を取り入れることを勧告する。」）

反面，アニメ等の禁止と単純所持禁止については，憲法の保障する表現の自由や個人の幸福追求権を制約するため，憲法学的な検討が不可欠であり，今後も十分に議論すべき課題である（園田 寿＝曽我部真裕編著・後掲書参照）。

3　買売春と性的自己決定権 ●━━━━━━━━━━━━━━━●

（1）　フェミニズムとセックスワーカー論
「性の商品化」と「性的自己決定権」との対抗図式は，買売春の規制と性業女性の自己決定権（職業選択の自由）との対抗関係を含んでおり，ポルノ規制問題と同様にフェミニズムの分断をもたらした。

　本来，女性が自己の身体を男性に提供して金銭的な対価を得る売春（prostitution）とこれを受ける買春行為の規制問題は，古典的なテーマであった。自然的な契約として成立した買売春であっても，近代以降の婚姻制度の整備や公衆衛生の観点から，国家が介入する必要が生じたからである。

　20世紀になると，女性の人権保護や性道徳維持の観点から，世界各国間で買売春を伴う人身売買を禁止する条約が求められるようになり，1904年の「醜業を行わしむる為の婦女売買取締に関する国際協定」（パリ），1910年の「醜業を行わしむる為の婦女売買禁止に関する国際協定」（パリ），1921年の「婦人児童の売買禁止に関する国際条約」（ジュネーヴ）などが締結された。売春問題について，第一波フェミニズムでは，人身売買禁止や売春規制を基本的に支持しつつ，性病法などによる一方的な規制を批判する立場をとっていたといえる。

　これに対して，1970年代以降，性産業が国際的に急成長し，性産業に従事する女性（セックスワーカー）が急増して社会問題化するなかで，第二波フェミニズムから，新しい女性運動としてのセックスワーカー運動が起こった。これは，近代家族制度下の妻と売春女性との対立構図や，男女間の「性の二重基準」（男性は性衝動や性交渉において積極的・能動的であり，女性は消極的・受動的

かつ貞淑でなければならないとすることから，買春男性に寛容で，売春女性を非難するダブル・スタンダード）を批判し，性業女性の自己決定権や職業選択の自由を基礎として，セックスワーカーの地位の社会的承認を主張するものであった。これはいわばセックスワーカーとしての女性の職業選択の自由をウィメンズ・ライツとして要求する立場であり，人身売買などの強制売春による性的搾取のみを「女性に対する暴力」として否定してゆこうとする立場である。

　他方で，第二波フェミニズムの中にも，女性の職業選択が真に自由意思に由来するものではない（性業は経済的困窮等に基づく強制などを伴う）ことから，単に強制売春だけでなく，不平等な性的虐待にほかならない売春制度自体を廃止することを主張する立場も存在する。

　概して，買売春の規制については立場がわかれ，国の宗教的・文化的伝統とも結びついているため，政策問題は複雑な様相を呈している。

（2）　買売春規制政策の類型

　買売春規制政策の類型には，①処罰主義（買売春を犯罪として関係者を処罰する），②規制主義（一定の条件で買売春を公認したうえで規制する），③廃止主義（買売春の廃止をめざして性業者を処罰する），④非犯罪化（売春女性の権利保障を求めるセックスワーカー論）の立場の4つがある。さらに買売春を扱う観点の違いによって，a)道徳的問題として議論する立場（処罰主義，および被害者なき犯罪論がこれに当たる），b)公衆衛生の問題とみなす立場（従来の規制主義），c)女性の権利の問題と捉える立場（廃止主義とセックスワーカー論）に分けることができる（浅倉ほか『フェミニズム法学』明石書店，2003年，335頁以下参照）。このうち，処罰主義では，買春・売春側双方が刑法上の処罰の対象になり，アメリカなどがその例である。反対に，被害者なき犯罪論では，買売春を処罰しても売春の廃止にはつながらないとして，刑法とは別個の当事者のプライヴァシー問題と捉える。これらの2つはいずれも「性の二重基準」を確保し，ジェンダーの視点に立たない点で共通している。

　規制主義は，社会の悪影響を除去するもので一般に支持されているが，買春男性を公認して売春女性を非難する点で，「性の二重基準」を維持・強化することになる。公衆衛生上の検診等が売春女性のみを対称にする（男性の安全確保を目的とする）ことや，性業の公認や指定地域制度（特定地域にのみ性業を限

定的に認める制度）の導入によって，売春女性の登録・許可制による拘束や人身売買の土壌となるという批判がある。

これに対して，廃止主義は，19世紀後半以降，奴隷売買・人身売買制度の廃止と同様に展開され，1949年の「人身売買及び他人の売春からの搾取禁止に関する条約」等によって採用された。この条約の前文では，売春は人間の尊厳に反するもので個人・家族・社会の福祉を損なうことが指摘され，売春の違法性を認めた点で大きな意義をもつ。もっとも，実際には処罰対象になるのは，他人の売春によって利益を得る性業であり，「単純売春」は不処罰とされた。

セックスワーカー論は，上記の諸見解とは異なって，性業女性を労働者として捉えて，その権利を要求する点に特徴がある。反面，公衆衛生や買春男性の処罰の問題などが残されているが，実際には，オランダや，オーストラリアの一部の州で売春宿が公認され，スウェーデンでは，買春男性のほうを性暴力禁止の観点から処罰している。

（3）　日本の売春防止法と法規制

日本では，室町時代には公娼制度が存在し，江戸時代には前借金契約等による遊女奉公が一般化していたが，これは1872〈明治5〉年の太政官布告295号（芸娼妓解放令）によって廃止された。その後，1900〈明治33〉年の娼妓取締規定制定によって公娼制が確立し，性業女性の登録と性病についての国家管理が始められた。第2次大戦中はアジア諸国から20万人もの女性が軍隊の基地に送られて「従軍慰安婦」として買売春を強要された。大戦後は，連合軍最高司令官の覚書として1946年1月21日付で公娼制廃止が指示されたことをうけて，日本政府は「婦女に売淫をさせた者等の処罰に関する勅令」（1947年1月14日）を発するとともに，特定地域での性業者の営業を認める「集娼政策」を実施した。1954年の調査結果では，赤線・青線・駐留軍基地等の集娼地域の売春婦は12万人余，全体で30〜50万人と推計されていたほど性業が増大した（若尾・後掲論文「女性の身体と自己決定」266頁参照）。

これに対して，最高裁判所で前借金無効判決（1955〈昭和31〉年10月7日）が出された翌1956年5月24日に，性業労働を禁止するための売春防止法が公布され，1957年4月1日から施行された（法律第118号）。

売春防止法は，「売春が人としての尊厳を害し，性道徳に反し，社会の善良

な風俗をみだすものであることにかんがみ，売春を助長する行為等を処罰するとともに……売春を行うおそれのある女性に対する補導処分及び保護更正の措置を講ずることによって，売春の防止を図ることを目的とする」（1条）と定め，人間の尊厳・性道徳・善良な風俗の維持という3つの目的を明確にした。この法律における売春の定義は「対償を受け，又は受ける約束で，不特定の相手方と性交をすること」であり（2条），直接・間接的な対償（経済的利益）を得て性交を行う行為を禁止している。「売春をする者」には女性のみならず男性も含まれ，売春目的の勧誘（5条）・斡旋（6条）・売春契約（10条）・売春させる業（12条）・資金等の提供（13条）などについて懲役または罰金の刑事罰を科している。また，20歳以上の女子が勧誘等の罪で執行猶予処分を受けたときは「補導処分」に付されて「婦人補導院」に収容される（17条）。また，「要保護女子」の保護更生の機関として，都道府県に「婦人相談所」を設けることも定められている（34条）。

　売春防止法では，上記の廃止主義に基づいて性業労働が犯罪行為とされ，「何人も，売春をし，又はその相手方となってはならない」として，買春も禁止された。しかし実際には，買春男性に対する処罰はなく，（単純売春を除く）性業女性の行為のみを処罰対象にしたことで，この法制は，国家による買春保障制度として機能していることも否定できない。

　このような法制下で，日本人男性によるセックスツアーや性産業・風俗産業の隆盛が続いているのが日本の実情であろう。理論的には，買売春に対して，廃止主義を採るべきか否か，女性の売春行為を犯罪として処罰すべきか，男性の買春行為は犯罪かなど，課題は尽きない。そのなかで，女性の性的自己決定権に依拠したセックスワーカー論が台頭しているが，買売春の場や性産業・風俗産業における女性に対する暴力の問題も，同時に大きな課題となっている。この点では，買春を性暴力として禁止し，買春自体を処罰の対象としているスウェーデンの法制度が参考になると思われる。

（4）　性的自己決定権の陥穽──児童買春と援助交際

　上記「児童買春・児童ポルノ処罰法」で定める児童買春の定義は，児童・保護者および斡旋者に対し，対償を供与または供与の約束をして，児童に対して性交等をすることである（2条）。児童買売をしたものは3年以下の罰金また

は 100 万円以下の罰金に処せられる（4 条）。児童買春の周旋・勧誘をした場合，さらにこれを業として行った場合には刑が重く（5 年以下の懲役又は 500 万円以下の罰金），人身売買の場合は 1 年以上 10 年以下の懲役とされている。

　比較的最近では，女子中・高校生などが大人の男性と交際して金品を受領する「援助交際」が問題となった。これを直接罰する法律はないが，援助交際が，上記の児童買春・児童ポルノ処罰法にいう，性交等（性交もしくは性交類似行為をし，または自己の性的好奇心を満たす目的で児童の性器等を触り，もしくは児童に自己の性器等を触らせること）（同法 2 条 2 項）にあたる場合には，児童買春として，同法第 4 条の罰則に処せられることになる。

　また，JK ビジネスが東京・名古屋などで盛んになっており，若年層の売春や風俗営業法の脱法行為の温床となりうることから社会問題化している（愛知県では，2015 年 7 月 1 日施行の愛知県青少年保護育成条例がこれを規制対象としている。内閣府・女性に対する暴力に関する専門調査会の審議につき http://www.gender.go.jp/kaigi/senmon/boryoku/sidai/bo82-s.html 参照）。

　なお，男女共同参画白書平成 28 年版によれば，2015 年の売春関係事犯送致件数は 986 件で前年より減少した。要保護女子総数は 602 人，そのうち未成年者が占める割合は 32.6 ％で，前年に比べ 5.0 ％低下している（図表 13 - 1 参照）。同年の児童買春事件の検挙件数は 728 件，児童ポルノ事件の検挙件数は 1,938 件で，後者が増加傾向にある。

　問題は，最近の未成年者の売春や「援助交際」／ JK ビジネスが，性的自己決定権や自己責任論の名のもとに正当化される傾向にあることである。さらに，性業女性のように経済的理由で売春を行うのではなく，13〜17 歳程度あるいは小学生の少女が，「ブランド品ほしさに」や小遣いを得るために売春する「先進国」日本の状況について，途上国からも疑問の声が上がっている。

　ここでは，自分の身体を自分で売ることのどこが悪いか，という自己決定・自己責任論が提示されているが，法的には，18 歳までは，そもそも状況判断しうる自己決定能力自体が完全ではないと解されている。そのことは，上記の児童買春・ポルノ処罰法や児童福祉法で，18 歳以下の児童に淫行をさせたり，性交等の相手方とさせる行為が処罰の対象とされていること自体に示されている。刑法では，13 歳未満の女性を姦淫した場合に強姦罪（刑法 177 条）が成立し，13 歳以上については，暴行・脅迫を用いた場合に，強姦罪や強制わいせ

図表 13 － 1　売春関係事犯等検挙件数

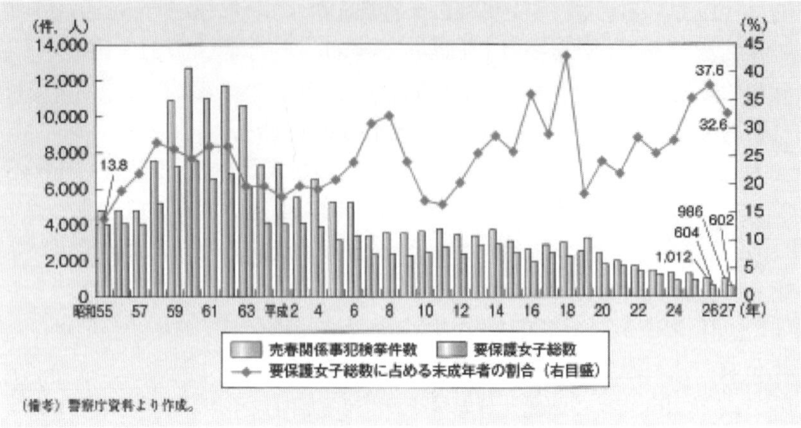

（男女共同参画白書平成 28 年版 66 頁より引用）

　つ罪が適用される。このような法制では，13 歳未満は性的自己決定能力がな
いためその性的自由や身体が，無条件に保護され，18 歳未満は性的自己決定
能力が低いことから，買春や淫行行為から法的に保護されていることがわかる。
　実際，援助交際や JK ビジネスを行っている少女のなかに，自己責任で自己
の体を売ることの意味を，妊娠の可能性や身体への影響，金銭による買売春が
「人間の尊厳」を侵害する行為であること，世界中で困窮などを理由に人身売
買が問題となっていることなどとの関係で十分に理解している者はどのくらい
いるのだろうか。近年の AV（アダルトビデオ）出演強制問題も社会問題化し
ており，AV 女優等の職業選択の自由（セックスワーカー論）・自己決定論との
間で議論を呼んでいるが，個人の自己決定権は，その人権を行使しうる状況・
能力があることを前提に成立する。その能力に欠けるものや強制を受けたもの
にとっては，表面的な自己決定権論は，人間の尊厳を失わせる麻薬でしかない
だろう。さらに，援助交際の背景に売春男性の暴力行為や性業者・性産業の介
入が伴う場合には，自己決定権の名のもとに重大な人権侵害がもたらされると
いう自己矛盾を十分理解することが求められる。
　買売春をめぐる自己決定論・契約の自由論（女性の権利論）は，グローバリ
ゼーションや南北問題，男性支配型社会の「性の二重基準」や性支配論など，

根底的な構造論を踏まえて，検討されなければならない。実際，世界各国では，セクシュアリティのグローバル化のなかで，南北格差に由来する人身売買（トラフィッキング）や買春観光が問題化し，一方で女性の自己決定権を主張するセックスワーカー論（女性の権利論）と，他方で，南北格差の犠牲者である女性の人権を救済しようとする国際人権論が拮抗する対立構図の中にある。

　男女共同参画白書（平成 28 年版）によれば，日本での人身取引事犯の検挙件数は 44 件，検挙人員は 42 人（2015 年警察庁の統計）であり，警察で確認した被害者総数は 49 人（前年に比べ 9 人増加）である。被害者の国籍は，フィリピン 28 人が最も多く，次いで日本 13 人の順である。いずれも数値は小さいが，氷山の一角に過ぎないと考えられるため，実情の把握が課題であろう。

[参考文献]

　加藤隆之『性表現規制の限界——「わいせつ」概念とその規制根拠』ミネルヴァ書房（2008）

　キャサリン・マッキノン，アンドレア・ドウォーキン（中里見・森田訳）『ポルノグラフィと性差別』青木書店（2002）

　園田寿＝曽我部眞裕編著『改正児童ポルノ禁止法を考える』日本評論社（2014）

　若尾典子「買売春と自己決定——ジェンダーに敏感な視点から」ジュリスト 1237 号（2003）

14　学術・教育分野の男女共同参画

1　学術分野の男女共同参画推進のために

（1）　学術分野の男女共同参画の意義

　学術分野の男女共同参画を考えるとき，学術の発展のために男女共同参画が寄与する方向(A)と，男女共同参画推進のために学術の発展が寄与する方向(B)との2つのベクトルが存在しうる。「学術の発展」と「男女共同参画」の両者には，相互依存関係があることが，まず確認できる。

　前者(A)については，価値の多様化や少子・高齢化が進むにつれて，男女共同参画こそが日本社会の希望であり，科学技術の発展のためには，多様な価値観や豊かな感性が十分発揮される男女共同参画社会の実現が重要であることが認識され始めている。後者(B)については，男女共同参画社会基本法が「21世紀わが国社会を決定する最重要課題」として位置づけた男女共同参画社会の形成にとって，学術分野の寄与が限りなく大きい。実際，①諸学の先端的研究と次世代の担い手の育成を本分とする大学等の研究教育機関では，男女共同参画社会形成の意義と理論的課題を明らかにしジェンダー問題解明のための理論研究を推進すると同時に，ジェンダー・センシティヴな人材を教育・養成する面で大きな成果が期待されている。さらに，②大学などの研究教育機関の内部で，男女が対等な構成員として参画し責任を担う男女共同参画社会を自ら形成することによって，有用なロール・モデルを提供しなければならない。

（2）　学術分野におけるジェンダー研究・教育の意義

　学術分野における男女共同参画を促進するためには，学会や大学等の研究教育機関でのジェンダー研究の推進が極めて重要である。このことは，例えば，2000年5月19日に国立大学協会男女共同参画ワーキンググループが提出した報告書「国立大学における男女共同参画を推進するために」でも明らかにされている。その提言（要約）の第2項では，「(i)教育機関としての大学の役割に鑑み，国立大学のカリキュラムの中にジェンダー研究関連講座を積極的に増設

すると共に，将来的には，ジェンダー研究学科の設置等も検討する。(ii)ジェンダーの視点を取り入れて「知」の見直しを行い，新しい「知」の生産に資するように，ジェンダー研究を積極的に奨励する」ことを主張している。

　しかも，「ジェンダー教育」の意義は，学術分野の男女共同参画推進（ジェンダー・バランスの改善や意識改革等）のためだけでなく，広く一般社会における男女共同参画社会形成のためにあることは言うまでもない。「知」の拠点としての大学等では，ジェンダー問題の課題や男女共同参画の意義等を理論的に分析し，社会に対して方向性と課題とを提示して男女共同参画推進のために貢献する固有の使命を担っているといえる。

（3）　学術分野内の男女共同参画の現状と課題

　学術分野内部における男女共同参画の現状は，諸外国に比してもきわめて不十分である。日本の女性研究者比率は 14.7 ％（2015 年 3 月末現在）にすぎず，先進諸国のなかで最下位である（図表 14 - 1 参照）。

　さらに，大学等の研究教育機関などでは，教員等人的構成におけるジェンダー・アンバランスが著しい（図表 14 - 2 参照）。教育機関の女性教員割合では，小学校では女性教諭が 6 割以上を占めるが，中学校，高等学校と段階が上がるにつれて割合が下がっている。大学では，講師 31.6 ％，准教授 23.3 ％，教授 14. 8 ％と段階が上がるにつれて女性の割合が低くなっている。

　しかも学問領域による偏差が大きく，理系分野の女性研究者・学生比率が極端に低い。例えば 2015 年 3 月末現在，薬学・看護学等分野においては約半数が女性研究者である一方で，工学分野の研究者に占める女性割合は 10.0 ％，理学分野でも 1 割台にとどまる（図表 14 - 3 参照）。

　この背景には，長年の間に伝統的に形成された後継者養成の慣行や研究の高度な専門性，大学院や学会における女性比率の低さなどを理由として，人事・処遇上の差別的取扱いや研究体制上の性別役割分業が残存してきたことがあると考えられる。女性研究者が少ない理由に関する調査結果でも，家庭と仕事の両立困難，育児期間後の復帰困難のほか，評価者のなかに男性優先の意識があることや男女の社会的分業，ロールモデルの不足等の理由をあげる傾向が強い。男女の能力差を理由とするものは皆無に近いことからしても，女性研究者が少ない理由は，社会的に形成されたジェンダー・バイアスの結果であるというこ

図表 14 − 1　研究者に占める女性割合の国際比較

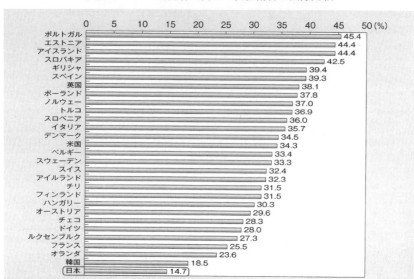

(備考) 1. 総務省「科学技術研究調査」(平成27年)，ＯＥＣＤ"Main Science and Technology Indicators "，米国国立科学財
団 (National Science Foundation：ＮＳＦ)"Science and Engineering Indicators 2016"より作成。
2. 日本の数値は，2015 (平成27) 年 3 月31日現在の値。スロバキア，トルコ，チリ及び韓国は2014 (平成26) 年値，
スイスは2012 (平成24) 年値，その他の国は2013 (平成25) 年値。推定値及び暫定値を含む。
3. 米国の数値は，雇用されている科学者 (Scientists) における女性の割合 (人文科学の一部及び社会科学を含む。)。
技術者 (Engineers) を含んだ場合，全体に占める女性科学者・技術者割合は29.0％。

（男女共同参画白書平成 28 年版 72 頁より引用）

とができよう。

　そこで学術分野における性別役割分業観の克服やジェンダー・バイアスの排除が課題となる。そのためにも，小・中・高校での教育状況や，大学進学決定プロセスが問題になる。実際に，大学生の進学動向にも，性別による格差が存在している。

　2015 年度の学校種類別の男女の進学率（図表 14 − 4 参照）では，高等学校等への進学率は，女子 97.0 ％，男子 96.2 ％で女子の方が少し高い。大学（学部）への進学率は，男子 55.4 ％，女子 47.4 ％と男子の方が約 10 ポイント近く高い。大学（学部）卒業後，直ちに大学院へ進学する者の割合は，2015 年度では男性 14.8 ％，女性 5.8 ％である。法科大学院への進学者は，女性で 28.5 ％に及んでいる。

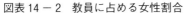

図表 14 － 2　教員に占める女性割合

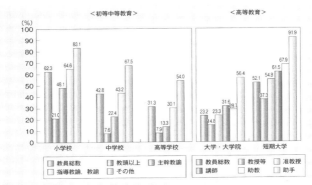

(備考)　1.　文部科学省「学校基本調査」（平成27年度）より作成。
　　　　2.　高等学校は，全日制及び定時制の値（通信制は除く）。
　　　　3.　初等中等教育の「教頭以上」は「校長」，「副校長」及び「教頭」の合計。「その他」は「助教諭」，「養護教諭」，「養護助教諭」，「栄養教諭」及び「講師」の合計。
　　　　4.　高等教育の「教授等」は「学長」，「副学長」及び「教授」の合計。

（男女共同参画白書平成 28 年版 70 頁より引用）

図表 14 － 3　専攻分野別にみた大学等の研究者の男女割合

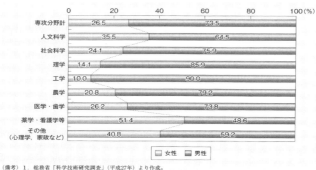

(備考)　1.　総務省「科学技術研究調査」（平成27年）より作成。
　　　　2.　「大学等」は，大学の学部（大学院の研究科を含む），短期大学，高等専門学校，大学附置研究所及び大学共同利用機関等。
　　　　3.　平成27年3月31日現在。

（男女共同参画白書平成 28 年版 73 頁より引用）

　専攻別に見ると，2015 年度では，人文科学分野を専攻する女子学生は人文科学分野専攻の全学生の 65.5 ％であるが，工学分野を専攻する女子学生は，工学分野専攻の全学生の 13.6 ％となっているなど，男女の専攻分野の偏りが存在する（図表 14 － 5 参照）。大学院でも，修士課程の女子学生では人文科学，薬学・看護学分野が多く，これに次いで教育，社会科学の分野が多くなっている。

図表14－4 学校種類別進学率の推移

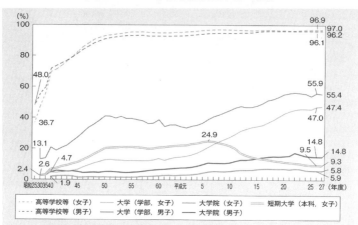

(備考) 1. 文部科学省「学校基本調査」より作成。
2. 高等学校等への進学率は、「高等学校、中等教育学校後期課程及び特別支援学校高等部の本科・別科並びに高等専門学校に進学した者（就職進学した者を含み、過年度中卒者等は含まない。）」／「中学校卒業者及び中等教育学校前期課程修了者」×100により算出。ただし、進学者には、高等学校の通信制課程（本科）への進学者を含まない。
3. 大学（学部）及び短期大学（本科）進学率は、「大学学部（短期大学本科）入学者数（過年度高卒者等を含む。）」／「3年前の中学校卒業者及び中等教育学校前期課程修了者数」×100により算出。ただし、入学者には、大学又は短期大学の通信制への入学者を含まない。
4. 大学院進学率は、「大学学部卒業後直ちに大学院に進学した者の数」／「大学学部卒業者数」×100により算出（医学部、歯学部は博士課程への進学者）。ただし、進学者には、大学院の通信制への進学者を含まない。

（男女共同参画白書平成28年版68頁より引用）

図表14－5 専攻分野別に見た女性学生の割合

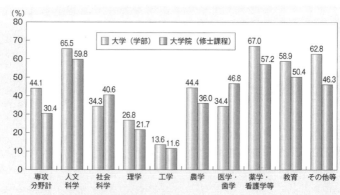

(備考) 1. 文部科学省「学校基本調査」（平成27年度）より作成。
2. その他等は「商船」,「家政」,「芸術」及び「その他」の合計。

（男女共同参画白書平成28年版69頁より引用）

（4） 学術分野でのポジティヴ・アクションの取組みと課題

1） 取 組 み

　上記の現状を改善するため，種々の領域でポジティヴ・アクション（以下，PA）の取組みが実施されている。

　男女共同参画社会基本法を実施するための「第2次男女共同参画基本計画」（2005年12月閣議決定）では，日本学術会議に調査・意識啓発・提言等の課題を託し，「2020年までに，指導的地位に女性が占める割合が，少なくとも30％程度になるように期待する」という閣議決定を行った。総合科学技術会議の「第3期科学技術基本計画」（2006年3月）では，自然科学系全体として25％（理学系20％，工学系15％，農学系30％，保健系30％）という女性研究者採用の目安を提示して数値目標達成のための努力を促した。第4期科学技術基本計画（2011年）・第5期計画（2015年）では，自然科学全体で30％に高めるという目標を掲げた。

　これらは，タイム・アンド・ゴールないしタイム・ゴール方式とよばれるPAの一手法であるが，この目標を実現するために，2008年4月の「女性の参画加速プログラム」でも，「女性の参画が進んでいない分野の重点的取組」として「女性研究者」が対象とされた。このように，学術分野に特徴的な現状・課題・男女共同参画の阻害要因等を考慮しつつ，PAによって学術分野の男女共同参画を進めることが急務となったため，文部科学省では，女性研究者支援モデル育成事業を展開した。この事業に採択された大学や研究機関では，女性研究者支援室・学内保育園等を設置して研究環境の整備に成果を上げた。

　また，日本学術会議では，2000年に声明を発して10年間で女性会員を10%に高めることを目標としたが，第20期（2006年〜2008年）には20%（42名）となった。また，科学者委員会男女共同参画分科会では2007年以降対外報告書や提言を公表し，教育・研究活動と育児との両立支援体制（短時間勤務制度，在宅勤務支援等），意識改革，採用におけるPA等を提言している（日本学術会議提言『学術分野における男女共同参画促進のために』（http://www.scj.go.jp/ja/info/kohyo/pdf/kohyo-20-t60-8.pdf 参照））。

　しかし，PAの実施には理論的に解決すべき課題も多く，憲法学的にも今後の研究課題が残存している。すでに本書③でも概観したが，アメリカやEU諸国ではたえずその合憲性が問われている。確かにPAには，クオータ制やプ

ラス・ファクター方式（同じ条件であれば加点する方式）のような厳格な形式が含まれ，実効性の強い特効薬である反面，逆差別や「ガラスの天井」，「スティグマ」（劣性の烙印）などの副作用も持っている。とくに学術分野では，能力主義（メリット・システム）との抵触の恐れがあるため，PAを導入することに反対する傾向も強い。しかし，憲法上・法律上の問題を生じないような措置の運用は十分可能であるだけでなく，法人としての大学の事業主には，男女共同参画社会基本法や男女雇用機会均等法で定められた積極的改善措置を実施することが推奨されている。

　日本でも，上記のように「2020年までに30％」，「女性研究者採用の目安を自然科学系全体として25％」などのタイム・アンド・ゴール方式のPAが採用されてきた。但し，これらの数値目標方式は，PAのなかでも中庸な効力をもつもので強制力のないものであり，実効性を高めるための措置が別途必要になってくる。そのため，すでにいくつかの大学で，プラス・ファクター方式など，種々の制度が実施されている

　例えば，①東京農工大方式：女性の常勤教員を採用すれば助教1人分の人件費を2年間保証する「1プラス1」，②北海道大学方式：（女性教員採用の人件費の4分の1を大学が負担する「ポジティブ・アクション北大方式」），③名古屋大学「教員採用におけるポジティブ・アクション」方式（2005年12月27日，女性教員比率を向上させるためのPAとして，公募人事ホームページの冒頭に，「名古屋大学は業績（研究業績，教育業績，社会的貢献，人物を含む。）の評価において同等と認められた場合には，女性を積極的に採用します。」との文言を掲示することを教育研究評議会において決定）。④東京大学方式：男女共同参画推進室に「ポジティブ・アクション部会」を設置して検討し，2010年までに，1) 採用研究者（常勤）の女性比率を25％に，2) 常勤の女性研究者の分野別女性比率の目標を理学系10％，工学系9％，農学系15％，保健系20％にするなど。⑤日本女子大学方式：教員公募におけるPA明記，後継基盤システムとしての現代女性キャリア研究所の設立，全学共通副専攻の開設，子育て・両立支援システムの構築などの取組みが行われてきた。

　2)　課　　　題

　大学などの研究教育機関では，男女共同参画に関する一般的な課題も認められる。例えば，(a)とくに女性教員が少ない分野（理工系・医学系等）の問題，

190

(b)能力主義とジェンダーの関係，(c)PAの妥当範囲などである。

　このうち(b)の能力主義の問題は，研究・教育機関における男女共同参画問題を考える際の重要な課題の1つといえる。実際，大学教員に対するアンケート結果などをみても，能力主義・業績中心主義の傾向がきわめて強く，「能力・業績のみが問題であり，性差を考慮すべきではない」という回答が多い。しかし実際には，性差に根ざした偏見や性別役割分業構造が影響しており，一見して中立にみえる評価基準のなかにも，無意識のうちにジェンダー・バイアスが関係していることが少なくない。ここでは，旧来の制度・慣行・意識上の阻害要因を除去することが不可欠であり，分野の特質や研究環境等をふまえて性別役割分業構造を見直すという大局的視点から取り組むことが必要となる。

　また(c)については，PAは，行政的要素が強い諸機関では妥当といえるが，上記の能力主義等との関係で，教員の採用・昇進等の人事上でこれを採用することは，必ずしも妥当ではない面がある。積極的改善措置が逆差別にあたる場合があることや，「スティグマ（劣性の烙印）」になる危険があるためである。PAの多様な手法のうちいずれが有効であるかという問題は，今後の検討課題であり続けているため，本書で検討したPAの理論的検討，その適用の妥当性と限界の問題が有益な視座を提示することができよう。

［参考文献］

　伊藤公雄『「男女共同参画」が問いかけるもの──現代日本社会とジェンダー・ポリティックス（増補新版）』インパクト出版会（2009）

　辻村みよ子『憲法とジェンダー』有斐閣（2009）

　辻村みよ子『ポジティヴ・アクション──「法による平等」の技法』岩波新書（2011）

　日本学術会議『性差とは何か──ジェンダー研究と生物学の対話』日本学術財団（2008）

　日本学術会議『学術分野における男女共同参画促進のために』（2008年7月24日）http://www.scj.go.jp/ja/info/kohyo/pdf/kohyo-20-t60-8.pdf）

　松本伊瑳子＝金井篤子編『ジェンダーを科学する──男女共同参画社会を実現するために』ナカニシヤ出版（2004）

15 司法におけるジェンダー・バイアスと理論的課題

1 司法におけるジェンダー・バイアス ●━━━━━━━━●

（1） 司法分野における男女共同参画状況

　日本では，司法や法学の分野，判例・学説あるいは法曹実務家の意識のなかにもジェンダー・バイアス（性にもとづく差別や偏見）が存在し，男女の平等な社会参画を阻んでいる。このような司法におけるジェンダー・バイアスの背景には，司法界自体が男性社会で女性の比率がきわめて低いという事情がある。

　2012 年度には，裁判官が 20.0 ％（2014 年 12 月現在），検察官（検事）が22.4 ％（2015 年 3 月末現在），弁護士が 18.2 ％（同年 9 月末現在）となっている。司法試験合格者の女性割合は，2015 年度は 21.6 ％であり前年に引き続き減少となった。法科大学院の女子学生比率は約 3 割を占めていることから，今後の女性の参画拡大が期待されている（図表 15 − 1 参照）。

　なお，これまで長く最高裁判所の女性裁判官は 15 名中 0 〜 1 名であったが，2010 年 4 月に初めて 2 名（櫻井龍子・岡部喜代子判事）となり，2013 年 2 月に

図表 15 − 1　司法分野における女性割合の推移

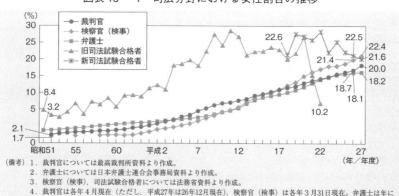

（備考）　1．裁判官については最高裁判所資料より作成。
　　　　　2．弁護士については日本弁護士連合会事務局資料より作成。
　　　　　3．検察官（検事），司法試験合格者については法務省資料より作成。
　　　　　4．裁判官は各年 4 月現在（ただし，平成 27 年は 26 年 12 月現在），検察官（検事）は各年 3 月 31 日現在。弁護士は年により異なる。司法試験合格者は各年の値。

（男女共同参画白書平成 28 年版 33 頁より引用）

（鬼丸かおる判事を加えて）3名になった。

　さらに今後は，法曹を増やすだけでなく，男性の法曹についても，法曹実務家に強く要求されるジェンダー・センシティヴな問題意識を養うこと，そして，ジェンダーの視点から従来の判例や司法手続を見直すことが求められる。

（2）　司法におけるジェンダー・バイアスの発見

　このような観点から，実際の事件取調べ中や公判過程におけるジェンダー・バイアスを，明らかにする試みが，弁護士を中心とした法曹実務家自身の手によって進められてきた。

　1）　日本弁護士会両性の平等に関する委員会では，2002年に『司法における性差別——司法改革にジェンダーの視点を』（明石書店）という書物を刊行した。ここでは，「裁判官，検察官，弁護士，調停委員，調査官，書記官，そして警察官等の司法に携わる者が，ジェンダー・バイアスを持っていることで，司法作用すなわち現実の裁判や調停の場で，さまざまな性差別が起きている」（同書22頁参照）と指摘し，「司法の場におけるジェンダー・バイアスがとくに深刻なのは，単に男女の活動選択に対して中立的でないという政策的問題だけでなく，司法が人権の最後の砦として機能を担っているがゆえに，個々の人権に重大な影響をもたらす結果となる点である。また，救済を求めて司法を利用する者が性を理由に不当に非難されることにより，被害者をさらに傷つけるという点も，司法に対する不信感，絶望，及びアクセスの障害を導いている」として，問題の重大性を強調している（同23頁参照）。

　さらに，この問題を深刻にしているのは，行為者の問題意識の欠如である，という。ジェンダー・バイアスが社会制度や慣行によって歴史的に形成されてきたものであるため，無意識に価値観に刷り込まれることがありうる。しかし，「法を正しく解釈・運用して紛争を解決し，人権を擁護する機能を与えられた司法という場を職業として選択した者の責務として，両性の平等という憲法原理に反し，人権を侵害する要因になるものは除去しなければならない。司法に携わる者すべてがこの責任を自覚し，自分自身と司法制度の中に潜在する偏見や固定観念の存在とその危険性を認識することこそが，まず問題解決の第一歩として必要とされている」（同23-24頁参照）。

　さらに，同書は，司法におけるジェンダー・バイアスの所在について検討し，

①法律そのものに内在する場合，②司法作用の過程で発現する場合，③司法制度の中に存在する場合，④市民の司法へのアクセス障害という面で発現する場合，にわけて検討している。

　このうち①については立法者の責任が大きいが，裁判所は憲法81条にもとづいて違憲審査権を行使しており，法の番人という重要な役割を担っている。しかし，諸外国に比して，日本の裁判所は違憲判断に消極的である点で際立っており，最高裁判所の違憲判決がきわめて少ない。憲法施行後の69年間（2016年9月まで）で，最高裁判所が下した法令違憲判決が9種10件にすぎない（辻村『憲法（第5版）』2016年，461頁）。この問題も批判的に検証すべきであろう。

　②では，離婚事件の不貞の認定における「性の二重基準」，すなわち「浮気は男の甲斐性」のように男性の貞操観念に対して寛容で，女性に対しては厳格な意識が問題とされる。また，性犯罪事件でも，女性被害者に対して，厳しい性道徳を押し付け，貞操を守る行動を求めることが，一般化している。とくに強姦事件では，プライヴァシー侵害による二次被害も後をたたない。セクシュアル・ハラスメント事件でも，被害者と加害者の権力関係についての理解が不足しており，ドメスティック・ヴァイオレンス事件でも，「夫が妻に対し多少の暴力を振るうのは当然なので我慢しなさい」という発言が調停委員や裁判官から発せられることが指摘されている（同38頁参照）。

　③では，司法行政や裁判のシステムの中で女性が不利益に扱われているケースとして，検察官の採用枠制度などが指摘され，④では，女性のリーガル・リテラシーを高めるための制度や情報の不足，経済的に自立していない女性のための弁護士費用等の訴訟支援，法律扶助制度の不十分さが指摘されている。

　2）第二東京弁護士会司法改革推進二弁本部ジェンダー部会は，2003年に『司法におけるジェンダー・バイアス』という書物を上梓し，2009年に改訂版を刊行した。改訂版第4章「家事事件とジェンダー」では，離婚調停事件における調停委員等との会話からジェンダー・バイアスを発見する手法がとられ，男性調停委員の発言における専業主婦観や暴力の認識が問題視されている。改訂版第6章「職場におけるジェンダー」では，職場の職種別賃金制度における賃金差別に関する損害賠償訴訟の例を教材として，間接差別や企業の社会的責任論，セクシュアル・ハラスメントなどの職場におけるジェンダー問題を多角的に検討している。改訂版第5章「刑事事件とジェンダー」では，強姦の被害

者をめぐる捜査・公判段階での司法関係者の対応や会話等を教材として,「司法へのアクセスの困難さ,正義の実現を標榜する刑事司法過程に潜むジェンダー・バイアスの実態を指摘し,被害者の視点を踏まえた刑事司法のあり方を模索することがめざされている。

　ここでは,「貞操観念のある女性は,性行動や性的言動について慎重である」「女性は（貞操を守るために）生命・身体の危険を冒しても最後まで貞操を図るものであり,……女性が抵抗しなくなるのは,性行為を受け入れ……喜んでいるからである」などの強姦に関する「常識」「経験則」や「強姦神話」の問題点,セカンド・レイプ問題の重大性を指摘する。また,合意や被害者の落ち度についての裁判所の認定を検証し,刑事司法手続内や,刑事司法と社会間でこれらの問題が再生産され,ジェンダー・バイアスが構造的に再生産される構造を明らかにしている。

　このように,司法手続や判例に含まれたジェンダー・バイアスを発見し,批判的に検討することが,ジェンダー問題解決の第一歩であり,具体的な事例を通して,ジェンダー・バイアスを発見することが重要である。

（3）ジェンダー法学,人権教育の課題

　本書①で指摘した日本のジェンダー法学の目的ないし射程を再度提示すれば,次のようになる（本書3頁参照）。

① 司法・立法や法学等におけるジェンダー・バイアス（性に由来する固定観念や偏見）の発見・分析・批判
② 発見したジェンダー問題の「理論化」
③ ジェンダー視点からの法構造・学問体系等の再構築
④ 新たな学問分野としてのジェンダー法学,ジェンダー人権論等の確立
⑤ 法実践（訴訟等）への理論提供・支援,立法および政策提言
⑥ ジェンダーセンシティヴな学生・法曹実務家・公務員等の養成・教育

　これらの6つの課題のうち,④〜⑥が近年とくに重視される点であり,今後ますます「法実践」やそのための担い手の構築,国と地方の男女共同参画平等政策担当者や民間団体,女性センター等との連携が重要になると思われる。

　さらに,ジェンダー法学教育については,人権の視点を活かした取組みが必要であり,場所・対象・手段等について下記のようにまとめることができよう。

(a) 場所については，教育機関（中・高等学校／大学）・ロースクール・司法研修所のほか，弁護士会・裁判所・刑務所・警察・一般行政庁・自治体・企業・地域の研究会などが広く含まれる。

(b) 対象については，学生（中・高等学校／大学）・司法修習生のほか，教職員・弁護士・調停員・法曹実務家・刑務所職員・警察官・他の国家公務員・地方公務員（新人・管理職等）などがすべて対象になる。

(c) 手段については，講義・講演・研修・ワークショップ（OJT）・実態調査等（参加型研修），出版（研究書・資料集等），インターネット・ＴＶ等のメディアの利用，国際交流・海外調査など限りなく存在する。

(d) 目的については，ジェンダー問題の理論化・啓発（前記①②③④），実践（⑤），養成／研修（⑥）などをあげることができるが，とくに今後は，人権論の視点に立ち，人権保障の一環としての男女共同参画［ジェンダー平等］の確立を目標にすることが重要であろう。

そのための手段としては，インターネット教材や，ビデオ教材などが有益であり，ロールプレイや人権問題ごとのOJT，裁判見学やシェルターなどの訪問調査など，現場主義のトレーニングも不可欠である。

2 「女性の人権」とジェンダー平等をめぐる理論的課題 ●————●

（1） ヒューマン・ライツとウィメンズ・ライツ

すでにみたように，女性の人権をめぐる国際的議論は，1993年以降のウィーン人権会議，女性に対する暴力撤廃宣言，カイロ宣言，北京宣言を契機に，性的虐待・強制売春やセクシュアル・ハラスメントなど，ジェンダーに由来する人権侵害（gender-based violation）を重視してきた。2000年会議の「政治宣言および成果文書」でも，12項目の1つが「女性の人権（Human rights of Women)」に当てられたが，人権の観念や内容は必ずしも明らかではない。

一般には，ウィーン宣言で「女性と少女の人権は，普遍的な人権の不可譲・不可侵・不可分な一部分である」と明示されたように，女性の普遍的人権を認める立場が主流であると解釈できる。しかし反面，ジェンダーに基づく女性の人権侵害を強調し，「強い個人」を前提にした従来の人権の普遍性を批判する議論のなかには，女性の身体の自由や性的自由など女性固有の権利としての

ウィメンズ・ライツを重視する視点があった。しかし仮にこれを認める場合にも，普遍的人権との関係をどう捉えるか，その中核や内包に何をおくのか，などの本質的な課題が存在し続けているといえよう。

　この点について，身体の自由や性的自由も，本来は男女に属する人権である（女性・女児のみならず男性・男児に対する性的自由侵害も存在する）ことからすれば，ジェンダーに基づく女性の人権侵害を重視するという視座の問題と，人権の本質論上の問題とを一旦区別することが必要であろう。

　そのうえで，男女の人権の基礎に普遍的な人間の尊厳をおきつつ身体の自由などジェンダーに基づく人権侵害が問題となる権利の内容を精査し，女性という属性をもつ個人の人権としての「Women's human rights」を理論化する手法をとることが適切と考える。

　また，他方で，「女性の人権」を強調する場合にも，女性の人権の構造をさらに明確にすること，すなわち一般のヒューマン・ライツと異なる，女性固有のウィメンズ・ライツというものがあるならばそれは何か，ということを，最近のリプロダクティヴ・ライツ等の構造とあわせて検討してゆくことが，今後の課題であると思われる。

　これについて，男女平等権（男性と差別されない権利）を女性の人権の中核として社会権として平等権を保障することを強調する論者もあれば，女性の人権の中核に「産む性」からの解放（身体の自由としての女性の自立）をおく論者も存在する。私見では，男女の人権の中核はともに憲法13条の個人の尊厳や幸福追求権におかれるのが望ましく，男女の肉体的性差に応じて個人が人間らしく生きる権利・そのための自己決定権等を中心にした人権論を構築してゆく必要があると考える。例えば ⑨ で検討した夫婦別姓問題も，憲法14条の平等原則よりも13条の自己決定権・人格権としての男女の氏名権や婚姻の自由の問題として構成することが望まれよう。いずれにせよ，男女共同参画と女性の人権をめぐる理論的・実践的課題の克服こそが，「人権の世紀」としての21世紀を拓く鍵である。

（2）　人権主体と性差をめぐる理論的課題

　人権主体論における性差の研究は，これまで，人権が性差に拘わらず普遍的なものであることを前提に，その実現の程度（未保障の現実）を問題にする視

点で実施されてきた。これに対して，権利自体に性差が含まれるかどうかは明らかにされず，［普遍的人権とは異なる］ウィメンズ・ライツを主張したフェミニズムの潮流も，その権利の内包を十分に論じてこなかったといえる。

　リプロダクティヴ・ライツについても，「産まない」権利については，女性が自己の身体の処分権の一環として自己決定権を持つことについてコンセンサスが得られてきた反面，積極的な生殖の権利としての生殖補助技術利用権や代理懐胎については見解が分かれたままである。(a)子宮摘出などによって他の生殖手段をなくした女性が「子をもつ」権利（またはリプロダクティヴ・ライツ，幸福追求権）として代理懐胎を利用する権利・自由を有すると解するリベラル・フェミニズムの立場と，(b)代理懐胎は女性を産む機械として利用し，途上国の女性等の搾取につながるために認められないとするラディカル・フェミニズムの立場が対抗しているといえる（ただし(b)では，女性の権利・自由を認めず社会的法益や子の利益の観点から規制を主張する保守主義や反フェミニズムの立場とも結論が一致するため，議論が錯綜する場合が多い）（本書⑩参照）。

　前者(a)では，依頼女性と代理母の自己決定権や契約を重視する反面，その決定権が女性のみにあるのか男性またはカップルにもあるのか，カップル内ではいずれが優先するか，という問題が付随する。この場合も，妊娠出産の苦痛を引き受ける女性自身の身体処分権が優先する（代理母をリプロダクティヴ・ライツの主体として捉えることができる）と考えられ，依頼女性の決定権も，第三者［代理母］の権利・利益のまえに制約を受けることになろう。後者(b)では，反対に，代理母になる女性の自己決定権を認めない前提が妥当か否かという問題が（職業選択の自由に関するセックス・ワーカーの場合と同様に）残存する。

　1）例えば，性的自由について，セックス・ワークの事例を想定する場合には，女性の性的自律や人格権が職業選択の自由（営業の自由）との関わりで問題となり，いわゆる単純売春等を規制すべきかが問われることになろう。ここでも代理懐胎の場合と同様に，(a)職業選択の自由や自己決定権を強調するリベラル・フェミニズムの立場と，(b)セックスワーカーの自己決定への疑問を前提に，女性の身体や人格権を保護するために社会的・国家的な規制を主張するラディカル・フェミニズムの立場が対立する。

　(a)の立場から自由権（国家に対する不作為請求権）として構成する場合は，男性にも普遍的に保障されるべき権利か否かが問題となり，この自由が基本的に

女性だけのものであると立論することは困難となろう。また，反対に(b)の立場からウィメンズ・ライツとして性的自由を捉えることに対しては，何故女性のみの権利なのか（男性に同様の権利を認めないとすれば，その理由）が根底的に問われることになる。この対抗を分析したうえで，女性固有のウィメンズ・ライツとしての性的自由の存否と内容を明らかにしなければならない。

　2)　さらに，女性が被害者となることが圧倒的に多い性暴力や強姦の問題も射程に入れる必要がある。日本の刑法は第2章22篇「わいせつ，姦淫及び重婚の罪」のなかに強姦罪や強制わいせつ罪を規定しているため，従来は社会的法益に対する犯罪と捉えられていたが，最近では，強姦罪等を切り離して個人的法益に対する罪と捉え，保護法益を性的自由と解することが通説になっている。しかし強姦罪の客体が女性に限定され，「暴行・脅迫」が要件とされているため理論的には困難が伴う。実際，もし純粋に性的自由（誰と，いつ，どこで，いかなる性的行為をするかをみずから決定する自由）と解する場合には，すでに本書 [12] 154～156 頁でみたような刑法改正の方向に沿って，この犯罪のジェンダー・ニュートラル化（男性に対する犯罪としても承認する方向）や，暴行・脅迫要件の撤廃が論理的に帰結されるように見える。他方で，被害者の殆どが女性であり，性に由来する犯罪であることを重視する場合には，暴行・脅迫要件をなくして「同意」だけが問題になれば逆に犯罪の立証が困難になる等の理由で，これに反対する立場も有力である。

　一般には，(a)自由や同意を重視するリベラル・フェミニズムからは前者の（ジェンダー・ニュートラル化等の）立場，(b)女性に対する暴力であることを強調するラディカル・フェミニズムからは後者の立場に適合すると考えられるが，理論的対抗は明らかではない。そのため女性差別撤廃委員会が求める「強姦罪の構成要件の見直し」を実現する場合にも多くの困難が伴う。現状では，諸外国の法制度改革をも参考にしつつ，問題点を整理して議論の方向性を明らかにすることが急務となろう（本書153～155 頁参照）。

（3）　人権と性差の理論化のために――「二項対立」を超えて

　上記の考察から，リプロダクティヴ・ライツや性的自由，性暴力のいずれの例をとっても，理論的・実践的課題が山積していることがわかる。しかも，多くの場合に，性差に対するミニマリストとマキシマリストの2つの立場が，普

遍的人権論に対する賛否を分け，生殖補助医療の推進，代理母・セックスワーカーの権利容認への賛否，性的自由・強姦罪の在り方についての立場の違いを招来している。この対抗が理論的・実践的に不可避であることは理解できるが，人権論としてみた場合に，止揚が不可能な対抗であるかどうかは検討の余地があろう。すなわち，普遍主義的人権論への批判の実体は，人権論自体に対する批判というより女性の権利侵害の現状を隠ぺいしてきたその「イデオロギー」性に向けられたもの（イデオロギー批判）であった。ここでは人権論に内在する対抗より，むしろ人権政策に対する運動論的・実践的対応であり，批判対象は権利の本質ではなく，その運用・実態であったといえる。

　このように考えれば，人権の普遍性論の貫徹をおそれることなく，いったんは性的自由やリプロダクティヴ・ライツの普遍的本質を理論的に明確化するとともに，運用面での女性の権利侵害を重視し，権利保障の実質的な確保手段を検討することが必要となろう。権利の本質論（主体の普遍性）と実態（ウィメンズ・ライツ保障の必要性）とを批判的に峻別しつつ，先述のフェミニズムの分断や二項対立を超えて，ジェンダー視点から人権論の総合的再検討を促す「ジェンダー人権論」の確立をめざす時であろう。

　近年ではとくに，ストーカーやDV，レイプなど性暴力が深刻化しており，犯罪の防止と被害者保護・加害者更生の必要性が増している。被害者の大多数は女性であり，加害者の大多数が男性であるとしても，従来のように，男性対女性という二項対立構図でのみ捉えることはできない。DVやセクシュアル・ハラスメントの加害者が女性であることも多く，強姦罪の場合も含め同性間の事案も想定内である。本書⑫155頁でみたように，諸外国の例に倣って，日本でも，強姦罪の被害者を女性に限定しない刑法改正が進行中である。この場合には，保護法益は女性の身体や人権に限定されず，性別を超えて広く一般に，人権としての個人の人格権や尊厳，性的自由が保護法益として観念されることになる。男性・女性という二項対立はここでは相対化されている。

　さらに性暴力等について被害者を保護したり，労働環境をめぐって保護を与えたりする場合にも，従来のような女性保護論や母性保護論では対応できず，以前のような「保護か平等か」という対抗軸もオールマイティではない。いずれの個人も複合的な属性や要素をもっており，性差を問題にする一元的な視座ではなく，性別・人種・国籍・年齢・障がいの有無・性的指向など多くの複合

的な属性，複合差別の実態等を勘案して権利・利益の確保を図るような人権保障の基準が求められている。

　加えて，昨今では，従来の男性・女性の二分論を超えた性的マイノリティ（LGBT，本書⑤53頁参照）への視点が不可欠となっている。こうした状況下では，女性の権利や保護に焦点を置いた1960年代までのフェミニズム法学にかえて，性差という要素の意味や性にまつわるアイデンティティや性自認を基調とするジェンダー論，いいかえれば，従来のような男女の二項対立ではなく，個人の人権や（複合的な）属性に配慮した新たな「ジェンダー人権論」のアプローチこそが有効な視座となることであろう。——「ジェンダーと法」をめぐる問題をこのような新たな人権論の視座から検討することは，まさに時代に即応したテーマであるとともに，われわれがこれから挑戦してゆかなければならない「新たな難問」に他ならない。

[参考文献]

ジェンダー法学会編『講座ジェンダーと法　第4巻ジェンダー法学が切り拓く展望』日本加除出版（2012）

第二東京弁護士会司法改革推進二弁本部ジェンダー部会編『司法におけるジェンダー・バイアス改訂版』明石書店（2009）（初版2003）

辻村みよ子『ジェンダーと人権——現代の難問に挑む』日本評論社（2008）

辻村みよ子『憲法とジェンダー』有斐閣（2009）

辻村みよ子「人権主体と性差」ジェンダー法学会編『講座ジェンダーと法〔第4巻〕』日本加除出版（2012）

辻村みよ子『人権をめぐる十五講』岩波書店（2013）

日本弁護士会両性の平等に関する委員会編『司法における性差別——司法改革にジェンダーの視点を』明石書店（2002）

資 料 編

---

1 女性差別撤廃条約	1979 年 12 月 18 日国連第 34 総会採択

この条約の締約国は,

国際連合憲章が基本的人権, 人間の尊厳及び価値並びに男女の権利の平等に関する信念を改めて確認していることに留意し,

世界人権宣言が, 差別は容認することができないものであるとの原則を確認していること, 並びにすべての人間は生まれながらにして自由であり, かつ, 尊厳及び権利について平等であること並びにすべての人は性による差別その他のいかなる差別もなしに同宣言に掲げるすべての権利及び自由を享有することができることを宣明していることに留意し,

人権に関する国際規約の締約国がすべての経済的, 社会的, 文化的, 市民的及び政治的権利の享有について男女に平等の権利を確保する義務を負っていることに留意し,

国際連合及び専門機関の主催の下に各国が締結した男女の権利の平等を促進するための国際条約を考慮し,

更に, 国際連合及び専門機関が採択した男女の権利の平等を促進するための決議, 宣言及び勧告に留意し,

しかしながら, これらの種々の文書にもかかわらず女子に対する差別が依然として広範に存在していることを憂慮し,

女子に対する差別は, 権利の平等の原則及び人間の尊厳の尊重の原則に反するものであり, 女子が男子と平等の条件で自国の政治的, 社会的, 経済的及び文化的活動に参加する上で障害となるものであり, 社会及び家族の繁栄の増進を阻害するものであり, また, 女子の潜在能力を自国及び人類に役立てるために完全に開発することを一層困難にするものであることを想起し,

窮乏の状況においては, 女子が食糧, 健康, 教育, 雇用のための訓練及び機会並びに他の必要とするものを享受する機会が最も少ないことを憂慮し,

衡平及び正義に基づく新たな国際経済秩序の確立が男女の平等の促進に大きく貢献することを確信し,

アパルトヘイト, あらゆる形態の人種主義, 人種差別, 植民地主義, 新植民地主義, 侵略, 外国による占領及び支配並びに内政干渉の根絶が男女の権利の完全な享有に不可欠であることを強調し,

国際の平和及び安全を強化し, 国際緊張を緩和し, すべての国(社会体制及び経済体制のいかんを問わない。)の間で相互に協力し, 全面的かつ完全な軍備縮小を達成し, 特に厳重かつ効果的な国際管理の下での核軍備の縮小を達成し, 諸国間の関係における正義, 平等及び互恵の原則を確認し, 外国の支配の下, 植民地支配の下又は外国の占領の下にある人民

の自決の権利及び人民の独立の権利を実現し並びに国の主権及び領土保全を尊重することが，社会の進歩及び発展を促進し，ひいては，男女の完全な平等の達成に貢献することを確認し，

　国の完全な発展，世界の福祉及び理想とする平和は，あらゆる分野において女子が男子と平等の条件で最大限に参加することを必要としていることを確認し，

　家族の福祉及び社会の発展に対する従来完全には認められていなかった女子の大きな貢献，母性の社会的重要性並びに家庭及び子の養育における両親の役割に留意し，また，出産における女子の役割が差別の根拠となるべきではなく，子の養育には男女及び社会全体が共に責任を負うことが必要であることを認識し，

　社会及び家庭における男子の伝統的役割を女子の役割とともに変更することが男女の完全な平等の達成に必要であることを認識し，

　女子に対する差別の撤廃に関する宣言に掲げられている諸原則を実施すること及びこのために女子に対するあらゆる形態の差別を撤廃するための必要な措置をとることを決意して，

　次のとおり協定した。

第1部

第1条　この条約の適用上，「女子に対する差別」とは，性に基づく区別，排除又は制限であつて，政治的，経済的，社会的，文化的，市民的その他のいかなる分野においても，女子（婚姻をしているかいないかを問わない。）が男女の平等を基礎として人権及び基本的自由を認識し，享有し又は行使することを害し又は無効にする効果又は目的を有するものをいう。

第2条　締約国は，女子に対するあらゆる形態の差別を非難し，女子に対する差別を撤廃する政策をすべての適当な手段により，かつ，遅滞なく追求することに合意し，及びこのため次のことを約束する。

　(a)　男女の平等の原則が自国の憲法その他の適当な法令に組み入れられていない場合にはこれを定め，かつ，男女の平等の原則の実際的な実現を法律その他の適当な手段により確保すること。

　(b)　女子に対するすべての差別を禁止する適当な立法その他の措置（適当な場合には制裁を含む。）をとること。

　(c)　女子の権利の法的な保護を男子との平等を基礎として確立し，かつ，権限のある自国の裁判所その他の公の機関を通じて差別となるいかなる行為からも女子を効果的に保護することを確保すること。

　(d)　女子に対する差別となるいかなる行為又は慣行も差し控え，かつ，公の当局及び機関がこの義務に従って行動することを確保すること。

　(e)　個人，団体又は企業による女子に対する差別を撤廃するためのすべての適当な措置をとること。

　(f)　女子に対する差別となる既存の法律，規則，慣習及び慣行を修正し又は廃止するためのすべての適当な措置（立法を含む。）をとること。

　(g)　女子に対する差別となる自国のすべての刑罰規定を廃止すること。

第3条　締約国は，あらゆる分野，特に，政治的，社会的，経済的及び文化的分野において，

女子に対して男子との平等を基礎として人権及び基本的自由を行使し及び享有することを保障することを目的として，女子の完全な能力開発及び向上を確保するためのすべての適当な措置（立法を含む。）をとる。

第4条 1 締約国が男女の事実上の平等を促進することを目的とする暫定的な特別措置をとることは，この条約に定義する差別と解してはならない。ただし，その結果としていかなる意味においても不平等な又は別個の基準を維持し続けることとなってはならず，これらの措置は，機会及び待遇の平等の目的が達成された時に廃止されなければならない。

2 締約国が母性を保護することを目的とする特別措置（この条約に規定する措置を含む。）をとることは，差別と解してはならない。

第5条 締約国は，次の目的のためのすべての適当な措置をとる。

(a) 両性いずれかの劣等性若しくは優越性の観念又は男女の定型化された役割に基づく偏見及び慣習その他あらゆる慣行の撤廃を実現するため，男女の社会的及び文化的な行動様式を修正すること。

(b) 家庭についての教育に，社会的機能としての母性についての適正な理解並びに子の養育及び発育における男女の共同責任についての認識を含めることを確保すること。あらゆる場合において，子の利益は最初に考慮するものとする。

第6条 締約国は，あらゆる形態の女子の売買及び女子の売春からの搾取を禁止するためのすべての適当な措置（立法を含む。）をとる。

第2部

第7条 締約国は，自国の政治的及び公的活動における女子に対する差別を撤廃するためのすべての適当な措置をとるものとし，特に，女子に対して男子と平等の条件で次の権利を確保する。

(a) あらゆる選挙及び国民投票において投票する権利並びにすべての公選による機関に選挙される資格を有する権利

(b) 政府の政策の策定及び実施に参加する権利並びに政府のすべての段階において公職に就き及びすべての公務を遂行する権利

(c) 自国の公的又は政治的活動に関係のある非政府機関及び非政府団体に参加する権利

第8条 締約国は，国際的に自国政府を代表し及び国際機関の活動に参加する機会を，女子に対して男子と平等の条件でかついかなる差別もなく確保するためのすべての適当な措置をとる。

第9条 1 締約国は，国籍の取得，変更及び保持に関し，女子に対して男子と平等の権利を与える。締約国は，特に，外国人との婚姻又は婚姻中の夫の国籍の変更が，自動的に妻の国籍を変更し，妻を無国籍にし又は夫の国籍を妻に強制することとならないことを確保する。

2 締約国は，子の国籍に関し，女子に対して男子と平等の権利を与える。

第3部

第10条 締約国は，教育の分野において，女子に対して男子と平等の権利を確保することを目的として，特に，男女の平等を基礎として次のことを確保することを目的として，女

子に対する差別を撤廃するためのすべての適当な措置をとる。

(a) 農村及び都市のあらゆる種類の教育施設における職業指導，修学の機会及び資格証書の取得のための同一の条件。このような平等は，就学前教育，普通教育，技術教育，専門教育及び高等技術教育並びにあらゆる種類の職業訓練において確保されなければならない。

(b) 同一の教育課程，同一の試験，同一の水準の資格を有する教育職員並びに同一の質の学校施設及び設備を享受する機会

(c) すべての段階及びあらゆる形態の教育における男女の役割についての定型化された概念の撤廃を，この目的の達成を助長する男女共学その他の種類の教育を奨励することにより，また，特に，教材用図書及び指導計画を改訂すること並びに指導方法を調整することにより行うこと。

(d) 奨学金その他の修学援助を享受する同一の機会

(e) 継続教育計画（成人向けの及び実用的な識字計画を含む。）特に，男女間に存在する教育上の格差をできる限り早期に減少させることを目的とした継続教育計画を利用する同一の機会

(f) 女子の中途退学率を減少させること及び早期に退学した女子のための計画を策定すること。

(g) スポーツ及び体育に積極的に参加する同一の機会

(h) 家族の健康及び福祉の確保に役立つ特定の教育的情報（家族計画に関する情報及び助言を含む。）を享受する機会

第11条 締約国は，男女の平等を基礎として同一の権利，特に次の権利を確保することを目的として，雇用の分野における女子に対する差別を撤廃するためのすべての適当な措置をとる。

(a) すべての人間の奪い得ない権利としての労働の権利

(b) 同一の雇用機会（雇用に関する同一の選考基準の適用を含む。）についての権利

(c) 職業を自由に選択する権利，昇進，雇用の保障並びに労働に係るすべての給付及び条件についての権利並びに職業訓練及び再訓練（見習，上級職業訓練及び継続的訓練を含む。）を受ける権利

(d) 同一価値の労働についての同一報酬（手当を含む。）及び同一待遇についての権利並びに労働の質の評価に関する取扱いの平等についての権利

(e) 社会保障（特に，退職，失業，傷病，障害，老齢その他の労働不能の場合における社会保障）についての権利及び有給休暇についての権利

(f) 作業条件に係る健康の保護及び安全（生殖機能の保護を含む。）についての権利

2 締約国は，婚姻又は母性を理由とする女子に対する差別を防止し，かつ，女子に対して実効的な労働の権利を確保するため，次のことを目的とする適当な措置をとる。

(a) 妊娠又は母性休暇を理由とする解雇及び婚姻をしているかいないかに基づく差別的解雇を制裁を課して禁止すること。

(b) 給料又はこれに準ずる社会的給付を伴い，かつ，従前の雇用関係，先任及び社会保障

上の利益の喪失を伴わない母性休暇を導入すること。

(c)　親が家庭責任と職業上の責務及び社会的活動への参加とを両立させることを可能とするために必要な補助的な社会的サービスの提供を，特に保育施設網の設置及び充実を促進することにより奨励すること。

(d)　妊娠中の女子に有害であることが証明されている種類の作業においては，当該女子に対して特別の保護を与えること。

3　この条に規定する事項に関する保護法令は，科学上及び技術上の知識に基づき定期的に検討するものとし，必要に応じて，修正し，廃止し，又はその適用を拡大する。

第12条　締約国は，男女の平等を基礎として保健サービス（家族計画に関連するものを含む。）を享受する機会を確保することを目的として，保健の分野における女子に対する差別を撤廃するためのすべての適当な措置をとる。

2　1の規定にかかわらず，締約国は，女子に対し，妊娠，分べん及び産後の期間中の適当なサービス（必要な場合には無料にする。）並びに妊娠及び授乳の期間中の適当な栄養を確保する。

第13条　締約国は，男女の平等を基礎として同一の権利，特に次の権利を確保することを目的として，他の経済的及び社会的活動の分野における女子に対する差別を撤廃するためのすべての適当な措置をとる。

(a)　家族給付についての権利

(b)　銀行貸付け，抵当その他の形態の金融上の信用についての権利

(c)　レクリエーション，スポーツ及びあらゆる側面における文化的活動に参加する権利

第14条　締約国は，農村の女子が直面する特別の問題及び家族の経済的生存のために果たしている重要な役割（貨幣化されていない経済の部門における労働を含む。）を考慮に入れるものとし，農村の女子に対するこの条約の適用を確保するためのすべての適当な措置をとる。

2　締約国は，男女の平等を基礎として農村の女子が農村の開発に参加すること及びその開発から生ずる利益を受けることを確保することを目的として，農村の女子に対する差別を撤廃するためのすべての適当な措置をとるものとし，特に，これらの女子に対して次の権利を確保する。

(a)　すべての段階における開発計画の作成及び実施に参加する権利

(b)　適当な保健サービス（家族計画に関する情報，カウンセリング及びサービスを含む。）を享受する権利

(c)　社会保障制度から直接に利益を享受する権利

(d)　技術的な能力を高めるために，あらゆる種類（正規であるかないかを問わない。）の訓練及び教育（実用的な識字に関するものを含む。）並びに，特に，すべての地域サービス及び普及サービスからの利益を享受する権利

(e)　経済分野における平等な機会を雇用又は自営を通じて得るために，自助的集団及び協同組合を組織する権利

(f)　あらゆる地域活動に参加する権利

(g) 農業信用及び貸付け，流通機構並びに適当な技術を利用する権利並びに土地及び農地の改革並びに入植計画において平等な待遇を享受する権利

(h) 適当な生活条件（特に，住居，衛生，電力及び水の供給，運輸並びに通信に関する条件）を享受する権利

第4部

第15条　締約国は，女子に対し，法律の前の男子との平等を認める。

2　締約国は，女子に対し，民事に関して男子と同一の法的能力を与えるものとし，また，この能力を行使する同一の機会を与える。特に，締約国は，契約を締結し及び財産を管理することにつき女子に対して男子と平等の権利を与えるものとし，裁判所における手続のすべての段階において女子を男子と平等に取り扱う。

3　締約国は，女子の法的能力を制限するような法的効果を有するすべての契約及び他のすべての私的文書（種類のいかんを問わない。）を無効とすることに同意する。

4　締約国は，個人の移動並びに居所及び住所の選択の自由に関する法律において男女に同一の権利を与える。

第16条　締約国は，婚姻及び家族関係に係るすべての事項について女子に対する差別を撤廃するためのすべての適当な措置をとるものとし，特に，男女の平等を基礎として次のことを確保する。

(a) 婚姻をする同一の権利

(b) 自由に配偶者を選択し及び自由かつ完全な合意のみにより婚姻をする同一の権利

(c) 婚姻中及び婚姻の解消の際の同一の権利及び責任

(d) 子に関する事項についての親（婚姻をしているかいないかを問わない。）としての同一の権利及び責任。あらゆる場合において，子の利益は至上である。

(e) 子の数及び出産の間隔を自由にかつ責任をもって決定する同一の権利並びにこれらの権利の行使を可能にする情報，教育及び手段を享受する同一の権利

(f) 子の後見及び養子縁組又は国内法令にこれらに類する制度が存在する場合にはその制度に係る同一の権利及び責任。あらゆる場合において，子の利益は至上である。

(g) 夫及び妻の同一の個人的権利（姓及び職業を選択する権利を含む。）

(h) 無償であるか有償であるかを問わず，財産を所有し，取得し，運用し，管理し，利用し及び処分することに関する配偶者双方の同一の権利

2　児童の婚約及び婚姻は，法的効果を有しないものとし，また，婚姻最低年齢を定め及び公の登録所への婚姻の登録を義務付けるためのすべての必要な措置（立法を含む。）がとられなければならない。

第5部

第17条　この条約の実施に関する進捗状況を検討するために，女子に対する差別の撤廃に関する委員会（以下「委員会」という。）を設置する。委員会は，この条約の効力発生の時は18人の，35番目の締約国による批准又は加入の後は23人の徳望が高く，かつ，この条約が対象とする分野において十分な能力を有する専門家で構成する。委員は，締約国の国民の中から締約国により選出するものとし，個人の資格で職務を遂行する。その選出に

当たっては，委員の配分が地理的に衡平に行われること並びに異なる文明形態及び主要な法体系が代表されることを考慮に入れる。

2　委員会の委員は，締約国により指名された者の名簿の中から秘密投票により選出される。各締約国は，自国民の中から1人を指名することができる。

3　委員会の委員の最初の選挙は，この条約の効力発生の日の後6箇月を経過した時に行う。国際連合事務総長は，委員会の委員の選挙の日の遅くとも3箇月前までに，締約国に対し，自国が指名する者の氏名を2箇月以内に提出するよう書簡で要請する。同事務総長は，指名された者のアルファベット順による名簿（これらの者を指名した締約国名を表示した名簿とする。）を作成し，締約国に送付する。

4　委員会の委員の選挙は，国際連合事務総長により国際連合本部に招集される締約国の会合において行う。この会合は，締約国の3分の2をもって定足数とする。この会合においては，出席し，かつ投票する締約国の代表によって投じられた票の最多数で，かつ，過半数の票を得た指名された者をもって委員会に選出された委員とする。

5　委員会の委員は，4年の任期で選出される。ただし，最初の選挙において選出された委員のうち9人の委員の任期は，2年で終了するものとし，これらの9人の委員は，最初の選挙の後直ちに，委員会の委員長によりくじ引で選ばれる。

6　委員会の5人の追加的な委員の選挙は，35番目の批准又は加入の後，2から4までの規定に従って行う。この時に選出された追加的な委員のうち2人の委員の任期は，2年で終了するものとし，これらの2人の委員は，委員会の委員長によりくじ引で選ばれる。

7　締約国は，自国の専門家が委員会の委員としての職務を遂行することができなくなった場合には，その空席を補充するため，委員会の承認を条件として自国民の中から他の専門家を任命する。

8　委員会の委員は，国際連合総会が委員会の任務の重要性を考慮して決定する条件に従い，同総会の承認を得て，国際連合の財源から報酬を受ける。

9　国際連合事務総長は，委員会がこの条約に定める任務を効果的に遂行するために必要な職員及び便益を提供する。

第18条　締約国は，次の場合に，この条約の実施のためにとった立法上，司法上，行政上その他の措置及びこれらの措置によりもたらされた進歩に関する報告を，委員会による検討のため，国際連合事務総長に提出することを約束する。

(a)　当該締約国についてこの条約が効力を生ずる時から1年以内

(b)　その後は少なくとも4年ごと，更には委員会が要請するとき。

2　報告には，この条約に基づく義務の履行の程度に影響を及ぼす要因及び障害を記載することができる。

第19条　委員会は，手続規則を採択する。

2　委員会は，役員を2年の任期で選出する。

第20条　委員会は，第18条の規定により提出される報告を検討するために原則として毎年2週間を超えない期間会合する。

2　委員会の会合は，原則として，国際連合本部又は委員会が決定する他の適当な場所に

おいて開催する。

第21条 委員会は，その活動につき経済社会理事会を通じて毎年国際連合総会に報告するものとし，また，締約国から得た報告及び情報の検討に基づく提案及び一般的な性格を有する勧告を行うことができる。これらの提案及び一般的な性格を有する勧告は，締約国から意見がある場合にはその意見とともに，委員会の報告に記載する。

 2 国際連合事務総長は，委員会の報告を，情報用として，婦人の地位委員会に送付する。

第22条 専門機関は，その任務の範囲内にある事項に関するこの条約の規定の実施についての検討に際し，代表を出す権利を有する。委員会は，専門機関に対し，その任務の範囲内にある事項に関するこの条約の実施について報告を提出するよう要請することができる。

 第6部

第23条 この条約のいかなる規定も，次のものに含まれる規定であって男女の平等の達成に一層貢献するものに影響を及ぼすものではない。

⒜ 締約国の法令

⒝ 締約国について効力を有する他の国際条約又は国際協定

第24条 締約国は，自国においてこの条約の認める権利の完全な実現を達成するためのすべての必要な措置をとることを約束する。

第25条 この条約は，すべての国による署名のために開放しておく。

 2 国際連合事務総長は，この条約の寄託者として指定される。

 3 この条約は，批准されなければならない。批准書は，国際連合事務総長に寄託する。

 4 この条約は，すべての国による加入のために開放しておく。加入は，加入書を国際連合事務総長に寄託することによって行う。

第26条 いずれの締約国も，国際連合事務総長にあてた書面による通告により，いつでもこの条約の改正を要請することができる。

 2 国際連合総会は，1の要請に関してとるべき措置があるときは，その措置を決定する。

第27条 この条約は，20番目の批准書又は加入書が国際連合事務総長に寄託された日の後30日目の日に効力を生ずる。

 2 この条約は，20番目の批准書又は加入書が寄託された後に批准し又は加入する国については，その批准書又は加入書が寄託された日の後30日目の日に効力を生ずる。

第28条 国際連合事務総長は，批准又は加入の際に行われた留保の書面を受領し，かつ，すべての国に送付する。

 2 この条約の趣旨及び目的と両立しない留保は，認められない。

 3 留保は，国際連合事務総長にあてた通告によりいつでも撤回することができるものとし，同事務総長は，その撤回をすべての国に通報する。このようにして通報された通告は，受領された日に効力を生ずる。

第29条 この条約の解釈又は適用に関する締約国間の紛争で交渉によって解決されないものは，いずれかの紛争当事国の要請により，仲裁に付される。仲裁の要請の日から6箇月以内に仲裁の組織について紛争当事国が合意に達しない場合には，いずれの紛争当事国も，国際司法裁判所規程に従って国際司法裁判所に紛争を付託することができる。

　2　各締約国は，この条約の署名若しくは批准又はこの条約への加入の際に，1の規定に拘束されない旨を宣言することができる。他の締約国は，そのような留保を付した締約国との関係において1の規定に拘束されない。

　3　2の規定に基づいて留保を付した締約国は，国際連合事務総長にあてた通告により，いつでもその留保を撤回することができる。

第30条　この条約は，アラビア語，中国語，英語，フランス語，ロシア語及びスペイン語をひとしく正文とし，国際連合事務総長に寄託する。以上の証拠として，下名は，正当に委任を受けてこの条約に署名した。

---

②　男女共同参画社会基本法　平成11(1999)年6月23日法律第78号
（最終改正：平成11年12月22日法律第160号）

　我が国においては，日本国憲法に個人の尊重と法の下の平等がうたわれ，男女平等の実現に向けた様々な取組が，国際社会における取組とも連動しつつ，着実に進められてきたが，なお一層の努力が必要とされている。

　一方，少子高齢化の進展，国内経済活動の成熟化等我が国の社会経済情勢の急速な変化に対応していく上で，男女が，互いにその人権を尊重しつつ責任も分かち合い，性別にかかわりなく，その個性と能力を十分に発揮することができる男女共同参画社会の実現は，緊要な課題となっている。

　このような状況にかんがみ，男女共同参画社会の実現を21世紀の我が国社会を決定する最重要課題と位置付け，社会のあらゆる分野において，男女共同参画社会の形成の促進に関する施策の推進を図っていくことが重要である。

ここに，男女共同参画社会の形成についての基本理念を明らかにしてその方向を示し，将来に向かって国，地方公共団体及び国民の男女共同参画社会の形成に関する取組を総合的かつ計画的に推進するため，この法律を制定する。

第1章　総　則
（目　的）

第1条　この法律は，男女の人権が尊重され，かつ，社会経済情勢の変化に対応できる豊かで活力ある社会を実現することの緊要性にかんがみ，男女共同参画社会の形成に関し，基本理念を定め，並びに国，地方公共団体及び国民の責務を明らかにするとともに，男女共同参画社会の形成の促進に関する施策の基本となる事項を定めることにより，男女共同参画社会の形成を総合的かつ計画的に推進することを目的とする。

（定　義）

第2条　この法律において，次の各号に掲げる用語の意義は，当該各号に定めるところによる。

　一　男女共同参画社会の形成　男女が，社会の対等な構成員として，自らの意思によって社会のあらゆる分野における活動に参画する機会が確保され，もって男女が均等に政治的，

経済的，社会的及び文化的利益を享受することができ，かつ，共に責任を担うべき社会を形成することをいう。

二 積極的改善措置 前号に規定する機会に係る男女間の格差を改善するため必要な範囲内において，男女のいずれか一方に対し，当該機会を積極的に提供することをいう。

（男女の人権の尊重）

第３条 男女共同参画社会の形成は，男女の個人としての尊厳が重んぜられること，男女が性別による差別的取扱いを受けないこと，男女が個人として能力を発揮する機会が確保されることその他の男女の人権が尊重されることを旨として，行われなければならない。

（社会における制度又は慣行についての配慮）

第４条 男女共同参画社会の形成に当たっては，社会における制度又は慣行が，性別による固定的な役割分担等を反映して，男女の社会における活動の選択に対して中立でない影響を及ぼすことにより，男女共同参画社会の形成を阻害する要因となるおそれがあることにかんがみ，社会における制度又は慣行が男女の社会における活動の選択に対して及ぼす影響をできる限り中立なものとするように配慮されなければならない。

（政策等の立案及び決定への共同参画）

第５条 男女共同参画社会の形成は，男女が，社会の対等な構成員として，国若しくは地方公共団体における政策又は民間の団体における方針の立案及び決定に共同して参画する機会が確保されることを旨として，行われなければならない。

（家庭生活における活動と他の活動の両立）

第６条 男女共同参画社会の形成は，家族を構成する男女が，相互の協力と社会の支援の下に，子の養育，家族の介護その他の家庭生活における活動について家族の一員としての役割を円滑に果たし，かつ，当該活動以外の活動を行うことができるようにすることを旨として，行われなければならない。

（国際的協調）

第７条 男女共同参画社会の形成の促進が国際社会における取組と密接な関係を有していることにかんがみ，男女共同参画社会の形成は，国際的協調の下に行われなければならない。

（国の責務）

第８条 国は，第３条から前条までに定める男女共同参画社会の形成についての基本理念（以下「基本理念」という。）にのっとり，男女共同参画社会の形成の促進に関する施策（積極的改善措置を含む。以下同じ。）を総合的に策定し，及び実施する責務を有する。

（地方公共団体の責務）

第９条 地方公共団体は，基本理念にのっとり，男女共同参画社会の形成の促進に関し，国の施策に準じた施策及びその他のその地方公共団体の区域の特性に応じた施策を策定し，及び実施する責務を有する。

（国民の責務）

第10条 国民は，職域，学校，地域，家庭その他の社会のあらゆる分野において，基本理念にのっとり，男女共同参画社会の形成に寄与するように努めなければならない。

（法制上の措置等）

第11条　政府は，男女共同参画社会の形成の促進に関する施策を実施するため必要な法制上又は財政上の措置その他の措置を講じなければならない。

（年次報告等）

第12条　政府は，毎年，国会に，男女共同参画社会の形成の状況及び政府が講じた男女共同参画社会の形成の促進に関する施策についての報告を提出しなければならない。

　2　政府は，毎年，前項の報告に係る男女共同参画社会の形成の状況を考慮して講じようとする男女共同参画社会の形成の促進に関する施策を明らかにした文書を作成し，これを国会に提出しなければならない。

第2章　男女共同参画社会の形成の促進に関する基本的施策

（男女共同参画基本計画）

第13条　政府は，男女共同参画社会の形成の促進に関する施策の総合的かつ計画的な推進を図るため，男女共同参画社会の形成の促進に関する基本的な計画（以下「男女共同参画基本計画」という。）を定めなければならない。

　2　男女共同参画基本計画は，次に掲げる事項について定めるものとする。

一　総合的かつ長期的に講ずべき男女共同参画社会の形成の促進に関する施策の大綱

二　前号に掲げるもののほか，男女共同参画社会の形成の促進に関する施策を総合的かつ計画的に推進するために必要な事項

　3　内閣総理大臣は，男女共同参画会議の意見を聴いて，男女共同参画基本計画の案を作成し，閣議の決定を求めなければならない。

　4　内閣総理大臣は，前項の規定による閣議の決定があったときは，遅滞なく，男女共同参画基本計画を公表しなければならない。

　5　前2項の規定は，男女共同参画基本計画の変更について準用する。

（都道府県男女共同参画計画等）

第14条　都道府県は，男女共同参画基本計画を勘案して，当該都道府県の区域における男女共同参画社会の形成の促進に関する施策についての基本的な計画（以下「都道府県男女共同参画計画」という。）を定めなければならない。

　2　都道府県男女共同参画計画は，次に掲げる事項について定めるものとする。

一　都道府県の区域において総合的かつ長期的に講ずべき男女共同参画社会の形成の促進に関する施策の大綱

二　前号に掲げるもののほか，都道府県の区域における男女共同参画社会の形成の促進に関する施策を総合的かつ計画的に推進するために必要な事項

　3　市町村は，男女共同参画基本計画及び都道府県男女共同参画計画を勘案して，当該市町村の区域における男女共同参画社会の形成の促進に関する施策についての基本的な計画（以下「市町村男女共同参画計画」という。）を定めるように努めなければならない。

　4　都道府県又は市町村は，都道府県男女共同参画計画又は市町村男女共同参画計画を定め，又は変更したときは，遅滞なく，これを公表しなければならない。

（施策の策定等に当たっての配慮）

第15条 国及び地方公共団体は，男女共同参画社会の形成に影響を及ぼすと認められる施策を策定し，及び実施するに当たっては，男女共同参画社会の形成に配慮しなければならない。

（国民の理解を深めるための措置）

第16条 国及び地方公共団体は，広報活動等を通じて，基本理念に関する国民の理解を深めるよう適切な措置を講じなければならない。

（苦情の処理等）

第17条 国は，政府が実施する男女共同参画社会の形成の促進に関する施策又は男女共同参画社会の形成に影響を及ぼすと認められる施策についての苦情の処理のために必要な措置及び性別による差別的取扱いその他の男女共同参画社会の形成を阻害する要因によって人権が侵害された場合における被害者の救済を図るために必要な措置を講じなければならない。

（調査研究）

第18条 国は，社会における制度又は慣行が男女共同参画社会の形成に及ぼす影響に関する調査研究その他の男女共同参画社会の形成の促進に関する施策の策定に必要な調査研究を推進するように努めるものとする。

（国際的協調のための措置）

第19条 国は，男女共同参画社会の形成を国際的協調の下に促進するため，外国政府又は国際機関との情報の交換その他男女共同参画社会の形成に関する国際的な相互協力の円滑な推進を図るために必要な措置を講ずるように努めるものとする。

（地方公共団体及び民間の団体に対する支援）

第20条 国は，地方公共団体が実施する男女共同参画社会の形成の促進に関する施策及び民間の団体が男女共同参画社会の形成の促進に関して行う活動を支援するため，情報の提供その他の必要な措置を講ずるように努めるものとする。

第3章 男女共同参画会議

（設 置）

第21条 内閣府に，男女共同参画会議（以下「会議」という。）を置く。

（所掌事務）

第22条 会議は，次に掲げる事務をつかさどる。

一 男女共同参画基本計画に関し，第13条第3項に規定する事項を処理すること。

二 前号に掲げるもののほか，内閣総理大臣又は関係各大臣の諮問に応じ，男女共同参画社会の形成の促進に関する基本的な方針，基本的な政策及び重要事項を調査審議すること。

三 前2号に規定する事項に関し，調査審議し，必要があると認めるときは，内閣総理大臣及び関係各大臣に対し，意見を述べること。

四 政府が実施する男女共同参画社会の形成の促進に関する施策の実施状況を監視し，及び政府の施策が男女共同参画社会の形成に及ぼす影響を調査し，必要があると認めると

資 料 編

きは，内閣総理大臣及び関係各大臣に対し，意見を述べること。
（組　織）
第23条　会議は，議長及び議員24人以内をもって組織する。
（議　長）
第24条　議長は，内閣官房長官をもって充てる。
　2　議長は，会務を総理する。
（議　員）
第25条　議員は，次に掲げる者をもって充てる。
　一　内閣官房長官以外の国務大臣のうちから，内閣総理大臣が指定する者
　二　男女共同参画社会の形成に関し優れた識見を有する者のうちから，内閣総理大臣が任
　　命する者
　2　前項第2号の議員の数は，同項に規定する議員の総数の10分の5未満であってはなら
ない。
　3　第1項第2号の議員のうち，男女のいずれか一方の議員の数は，同号に規定する議員
の総数の10分の4未満であってはならない。
　4　第1項第2号の議員は，非常勤とする。
（議員の任期）
第26条　前条第1項第2号の議員の任期は，2年とする。ただし，補欠の議員の任期は，前
　任者の残任期間とする。
　2　前条第1項第2号の議員は，再任されることができる。
（資料提出の要求等）
第27条　会議は，その所掌事務を遂行するために必要があると認めるときは，関係行政機
　関の長に対し，監視又は調査に必要な資料その他の資料の提出，意見の開陳，説明その他
　必要な協力を求めることができる。
　2　会議は，その所掌事務を遂行するために特に必要があると認めるときは，前項に規定
する者以外の者に対しても，必要な協力を依頼することができる。
（政令への委任）
第28条　この章に定めるもののほか，会議の組織及び議員その他の職員その他会議に関し
　必要な事項は，政令で定める。

附　則　抄
（施行期日）
第1条　この法律は，公布の日から施行する。
（男女共同参画審議会設置法の廃止）
第2条　男女共同参画審議会設置法（平成9年法律第7号）は，廃止する。
（経過措置）
第3条　前条の規定による廃止前の男女共同参画審議会設置法（以下「旧審議会設置法」と
　いう。）第1条の規定により置かれた男女共同参画審議会は，第21条第1項の規定により

置かれた審議会となり，同一性をもって存続するものとする。

　2　この法律の施行の際現に旧審議会設置法第4条第1項の規定により任命された男女共同参画審議会の委員である者は，この法律の施行の日に，第23条第1項の規定により，審議会の委員として任命されたものとみなす。この場合において，その任命されたものとみなされる者の任期は，同条第2項の規定にかかわらず，同日における旧審議会設置法第4条第2項の規定により任命された男女共同参画審議会の委員としての任期の残任期間と同一の期間とする。

　3　この法律の施行の際現に旧審議会設置法第5条第1項の規定により定められた男女共同参画審議会の会長である者又は同条第3項の規定により指名された委員である者は，それぞれ，この法律の施行の日に，第24条第1項の規定により審議会の会長として定められ，又は同条第3項の規定により審議会の会長の職務を代理する委員として指名されたものとみなす。

附　則（平成11年7月16日法律第102号）抄

（施行期日）

第1条　この法律は，内閣法の一部を改正する法律（平成11年法律第88号）の施行の日から施行する。ただし，次の各号に掲げる規定は，当該各号に定める日から施行する。

　一　略

　二　附則第10条第1項及び第5項，第14条第3項，第23条，第28条並びに第30条の規定　公布の日

（委員等の任期に関する経過措置）

第28条　この法律の施行の日の前日において次に掲げる従前の審議会その他の機関の会長，委員その他の職員である者（任期の定めのない者を除く。）の任期は，当該会長，委員その他の職員の任期を定めたそれぞれの法律の規定にかかわらず，その日に満了する。

　一から十まで　略

　十一　男女共同参画審議会

（別に定める経過措置）

第30条　第2条から前条までに規定するもののほか，この法律の施行に伴い必要となる経過措置は，別に法律で定める。

附　則（平成11年12月22日法律第160号）抄

（施行期日）

第1条　この法律（第2条及び第3条を除く。）は，平成13年1月6日から施行する。ただし，次の各号に掲げる規定は，当該各号に定める日から施行する。

（以下略）　出典 http://www.gender.go.jp/about_danjo/law/kihon/9906kihonhou.html

資 料 編

略年表（『ジェンダーと法』関連年表）

(1) 諸外国の動き

イ ギ リ ス	ア メ リ カ
1215　マグナ・カルタ	
1628　権利の請願	1607　ジェームズタウン建設
1642　清教徒革命（-49）	1617　女性の新大陸上陸
1688　名誉革命（-89）	
1689　権利の章典	
1690　ロック『市民政府論』	1776　独立革命・独立宣言
1790　バーク『フランス革命の省察』	ヴァージニア州人権宣言
1792　ウルストンクラフト『女性の権利の擁護』	1787　合衆国憲法
1832　第1次選挙法改正	1791　合衆国憲法第1－11修正
1848　工場法（労働時間制限）	1837　奴隷制反対女性協会
1857　離婚法（裁判離婚承認）	1848　セネカフォールズ大会「女性の所信宣言」
1866　J.S.ミル請願	1864　憲法第13修正（奴隷廃止）
1867　第2次選挙法改正	1868　憲法第14修正
1869　J.S.ミル『女性の隷従』	1869　ワイオミング准州女性選挙権
1870　女性参政権協会	1870　憲法第15修正
1884　第3次選挙法改正	1890　全国アメリカ女性参政権協会
1894　女性の地方選挙権確立	

〔第1次世界大戦 1914 - 1918〕

イ ギ リ ス	ア メ リ カ
1918　第4次選挙法改正，男子普選・30歳以上の女性選挙権	1919　憲法第19修正女性参政権承認
1919　性差別排除法（公職の平等）	1920　憲法第19修正施行
1927　第5次選挙法改正（男女普選）	
1928　男女普通選挙法施行	

〔第2次世界大戦 1939 - 1945〕

イ ギ リ ス	ア メ リ カ
1945　家族手当法	1951　大統領命令10925号（アファーマティヴ・アクション：AA）
	1963　同一賃金法
	1963　フリーダン『新しい女性の創造』
	1964　公民権法第7編（雇用の平等）〔雇用機会均等法と改称〕
1967　妊娠中絶法	1965　大統領命令11246号（AA）
1969　離婚法改正	1967　大統領行政命令
1970　同一賃金法	1972　ERA選択
1975　性差別禁止法（雇用・教育等での差別禁止）・雇用保護法	1973　連邦最高裁ロウ判決
1976　家庭内暴力法	1977　全米女性会議宣言
1979　サッチャー首相（-1991）	1978　バッキー判決（AA）
1984　同一賃金法改正	1982　ERA批准不成立
1986　性差別禁止法改正	1989　連邦最高裁ウェブスター判決
1988　教育改革法	1991　公民権法改正
1989　男女雇用平等法	1992　連邦最高裁ケイセィ判決
1997　労働党政権	1993　家族・医療休暇法成立
総選挙で女性議員倍増（60 → 120名）	1994　女性に対する暴力防止法成立
2002　性差別禁止法改正	2000　女性に対する暴力防止法改正（強化）
2003　フレキシブル・ワーク法	2003　連邦最高裁ミシガン大学AA判決
2004　子育て支援10年戦略	2003　「部分的出生」中絶禁止法
2005　雇用平等規則	2007　女性初の下院議長
2006　平等法（Equality Act）制定	2007　ハーバード大学初の女性学長
平等と人権委員会設立	2008　オバマ大統領，ヒラリー・クリントン国務長官就任
2007　ジェンダー平等義務行動指針	2013　連邦最高裁同性婚容認判決
2013　王位継承法改正（女性差別撤廃）	2016　ヒラリー・クリントン大統領選指名
2016　保守党 テリーザ・メイ首相	

フ ラ ン ス	その他の諸国
AD 6 世紀　サリカ法典	BC18世紀頃　ハムラビ法典 BC 6 世紀頃　十二表法（ローマ）
1655　ルソー『不平等起源論』 1663　ルソー『エミール』 1673　プーラン・ドゥ・ラ・バール『両性の平等 　　　について』 1789　フランス革命勃発・人権宣言 1791　オランプ・ドゥ・グージュ『女性および女 　　　性市民の権利宣言』	
1793　女性結社禁止，グージュ処刑 1795　家庭復帰令 1804　ナポレオン法典 1816　離婚の全面禁止 1848　2 月革命・男子普通選挙制 1867　女子初等教育制確立 1881　女性選挙権協会 1884　裁判離婚制度復活 1901-　女性参政権法案下院通過 1914　女性参政権拡大全国キャンペーン	1844　マルクス『ユダヤ人問題』 1865　ドイツ女性総同盟結成 1879　ベーベル『婦人論』 1879　イプセン『人形の家』（ノルウェー） 1893　ニュージーランド 1902　オーストラリア 1906　フィンランド ┐── 女性参政権 1913　ノルウェー ┘ 1911　エレン・ケイ『恋愛と結婚』（スウェーデ 　　　ン）
〔第 1 次世界大戦 1914 – 1918〕	
1938　夫権の廃止	1917　ロシア革命・女性参政権 1919　ワイマール憲法（独）
〔第 2 次世界大戦 1939 – 1945〕	
1944　女性参政権確立 1945　国民議会選挙 1946　第 4 共和制憲法・社会権保障 1949　ボーヴォワール『第二の性』 1958　第 5 共和制憲法 1971　343 人宣言（中絶自由化要求） 1972　同一賃金法 1973　国籍法改正 1975　離婚法改正(協議離婚承認)，中絶自由化法 1981　女性の権利省 1983　女性差別撤廃条約批准 1983　労働法改正・雇用平等法 1984　育児休業法 1985　民法改正・夫婦財産制の平等 1986　女性の権利省，庁に格下げ 1991　クレッソン首相（-1992） 1994　生命倫理法成立 1999　パクス（連帯市民契約）法成立 1999　憲法改正（公職の男女平等参画） 2000　パリテ法成立 2001　改正男女職業平等法 2002　社会保障財政法（父親休暇制度） 2004　民法改正（再婚禁止期間規定廃止） 2004　生命倫理法改正 2005　公立学校でのスカーフ禁止法 2006　合計特殊出生率 2.00 に回復 2008　憲法改正（パリテ規定拡大） 2010　ブルカ禁止法 2011　女性取締役クオータ制導入 2011　生命倫理法再改正 2012　オランド政権（19 人の女性大臣） 2013　同性婚法	1950　インド憲法 1954　中華人民共和国憲法 1971　スイス女性参政権確立 1974　スウェーデン育児休暇法成立 1980　中華人民共和国婚姻法（一人っ子政策） 1983　韓国女性開発院設置 1984　リヒテンシュタイン女性参政権確立 1985　韓国第 1 回女性大会（「女性宣言」） 1986　スウェーデン男女雇用平等法成立 1990　ドイツ胚保護法成立 1991　スウェーデン機会均等法成立 1991　ソ連邦崩壊 1993　インド憲法改正，地方議会33％クオータ制 1993　ドイツ連邦憲法裁判所中絶判決（違憲） 1994　ドイツ（第 2 次）男女同権法成立 1994　第 1 回東アジア女性フォーラム開催 1995　韓国女性発展基本法制定 1996　第 2 回東アジア女性フォーラム開催 2001　韓国女性省設置 2002　韓国地方議員選挙 50 ％・国会議員選挙 　　　30 ％クオータ制導入 2004　韓国国会議員選挙 50 ％クオータ制導入 2005　クウェート女性参政権実現 2005　中国「女性の権利・利益法」 2005　韓国民法改正（戸主制廃止） 2005　ドイツ初の女性首相 2007　インド初の女性大統領 2008　ルワンダ総選挙女性議員 56.3 ％ 2010　インド国会議員 33 ％クオータ制上院可決

(2) 国連と日本の動き

国　　　　連	日　　　本
	3世紀前半　邪馬台国・卑弥呼 6-8世紀　女性天皇の続出
	1603　江戸幕府 1603　武家諸法度（大名の私婚禁止） 1649　慶安御触書
	1742　公事方御定書
	1866　福沢諭吉『西洋事情』 1868　明治維新 1876　シブスケ『佛蘭西憲法』 1874-1884頃　自由民権運動 1888　植木枝盛『男女平等論』 1889　大日本帝国憲法 1890　集会及政社法（女性の政治活動禁止） 1898　明治民法（身分法） 1900　治安警察法 1911　平塚らいてう『青鞜』創刊
〔第1次世界大戦 1914-1918〕	
1920　国際連盟	1918-19　母性保護論争 1919　新婦人協会（-婦選運動） 1925　男子普通選挙制 1932　大日本国防婦人会 1937　国家総動員法
〔第2次世界大戦 1939-1945〕	
1945　国際連合 1948　世界人権宣言 1951　同一価値労働についての男女同一報酬条約 　　　　（ILO100号） 1952　女性の政治的権利に関する条約 1957　既婚女性の国籍に関する条約 1958　雇用および職業における差別に関する条約 　　　　（ILO111号） 1960　教育における差別禁止に関する条約 1962　婚姻の合意，最低年齢，婚姻の登録に関す 　　　　る条約 1965　家庭責任をもつ女性の雇用に関する勧告 　　　　（ILO123号） 1966　経済的・社会的・文化的権利に関する国際 　　　　規約（社会権規約），市民的・政治的権利 　　　　に関する国際規約（自由権規約） 1967　女性差別撤廃宣言 1975　女性労働者の機会及び待遇の均等に関する 　　　　宣言 1975　世界行動計画（メキシコ世界会議） 1976　EC男女均等待遇指令 1979　女子に対するあらゆる形態の差別の撤廃に 　　　　関する条約（女性差別撤廃条約）採択	1945　女性参政権確立 1946　日本国憲法制定 1947　民法改正，労働基準法制定 1955　女性の政治的権利に関する条約批准 1956　売春防止法制定 1958　人身売買禁止条約加盟 1960　高等学校での女子のみ家庭科必修導入 1961　児童扶養手当法制定 1966　婚姻退職制無効判決（東京地裁） 1971　児童手当法制定 1972　勤労婦人福祉法制定 1975　婦人問題企画推進本部設置 1977　国内行動計画策定 1978　労働基準法研究会報告 1980　女性差別撤廃条約署名

国　　　連		日　　　本	
1980	国連婦人の 10 年後半期行動計画（コペンハーゲン世界会議）	1981	国内行動計画後期重点目標策定，定年差別制無効判決（最高裁）
1981	家族責任をもつ男女労働者に関する条約（ILO156 号）	1984	国籍法改正
1985	女性の地位向上のための将来戦略（ナイロビ世界会議）	1985	女性差別撤廃条約批准
		1986	男女雇用機会均等法施行
		1986	土井たか子社会党委員長（-91）
		1987	西暦 2000 年に向けての新国内行動計画策定，夫婦間の強姦有罪判決（広島高裁）
		1989	参議院選挙・マドンナ旋風
		1991	新国内行動計画第 1 次改定，武蔵野市住民票記載事件判決（東京高裁）
		1991	「従軍慰安婦」訴訟提起（東京地裁）
		1992	福岡セクハラ訴訟判決（福岡地裁）
		1992	育児休業法施行
		1993	土井たか子衆議院議長就任
1993	国連世界人権会議（ウィーン）	1994	子どもの権利条約批准
1993	女性に対する暴力撤廃宣言	1994	法務省「婚姻制度等に関する民法改正要綱試案」発表
1994	世界人口開発会議（カイロ）	1994	総理府に男女共同参画審議会設置
		1994	小選挙区比例代表並立制導入
		1995	ILO156 号条約批准
		1995	育児休業法一部改正
1995	第 4 回世界女性会議（北京）	1995	非嫡出子差別訴訟最高裁決定（合憲）
1995	欧州司法裁判所カランケ判決	1995	沖縄少女強姦事件，抗議行動
1997	欧州司法裁判所マーシャル判決	1996	民法改正要綱成立
1998	国際刑事裁判所規程	1996	男女共同参画審議会ビジョン答申
1999	女性差別撤廃条約選択議定書採択	1997	男女雇用機会均等法・労基法改正成立
		1999	男女共同参画社会基本法公布
		2000	児童虐待防止法，ストーカー規制法公布「男女共同参画基本計画」閣議決定
2000	国連女性 2000 年会議（ニューヨーク会議）	2001	配偶者暴力防止法（DV 防止法）公布
2000	欧州司法裁判所バデック判決		内閣府男女共同参画局設置
2003	国連女性差別撤廃委員会日本政府レポートに関する勧告	2003	ジェンダー法学会創立
2004	暫定的特別措置に関する一般的勧告 25 号	2004	DV 防止法改正，育児・介護休業法改正
		2005	日本学術会議女性会員 20 ％に増加
		2005	合計特殊出生率 1.26 に低下
2007	国連副事務総長に女性	2005	「第 2 次男女共同参画基本計画」
2007	イスラム女性初の国連総会議長	2006	東アジア男女共同参画担当大臣会合
2008	自由権規約委員会勧告	2007	参議院選挙女性 26 人当選（21.5 ％）
2009	国連女性差別撤廃委員会日本政府第 6 回報告に対する最終見解	2008	国籍法違憲判決（最高裁）
		2009	衆議院選挙女性 54 人当選（11.3 ％）
2010	UN Women 設立	2010	「第 3 次男女共同参画基本計画」
2013	「女性への暴力撤廃」宣言	2012	衆議院選挙女性 38 人当選（7.9 ％）
2015	「国連ウイメン日本協会」認定（〜2020）	2013	婚外子相続差別違憲決定（最高裁）
2015	国連女性差別撤廃委員会委員長に林陽子氏就任	2015	再婚禁止期間規定一部違憲判決（最高裁）
2016	国連女性差別撤廃委員会　第 7・8 回報告に対する最終見解	2015	「第 4 次男女共同参画基本計画」
		2016	民法 733 条改正
		2016	参議院選挙女性 28 人当選（過去最高）

〔辻村みよ子『ジェンダーと法（第 2 版）』（不磨書房・2010 年），同『概説ジェンダーと法』（信山社・2013 年）の巻末略年表に追加して作成〕

事 項 索 引

220

事項索引

事項索引

判 例 索 引

◇地方裁判所◇

　〔判例の略記〕

　　最大判（決）最高裁判所大法廷判決（決定）

　　最一判（決）最高裁判所第一小法廷判決（決定）

　　高　判（決）高等裁判所判決（決定）

　　地　判（決）地方裁判所判決（決定）

　　民　集　　　最高裁判所民事判例集

　　刑　集　　　最高裁判所刑事判例集

　　家　月　　　家庭裁判所月報

　　集　民　　　最高裁判所裁判集民事

　　集　刑　　　最高裁判所裁判集刑事

　　労　民　　　労働関係民事裁判例集

　　判　タ　　　判例タイムズ（判例タイムズ社）

　　判　時　　　判例時報（判例時報社）

　　労　判　　　労働判例（産労総合研究所）

著者紹介

辻村 みよ子 (つじむら みよこ)

　明治大学法科大学院教授 (2013 年 4 月より)・東北大学名誉教授
　憲法学・比較憲法・ジェンダー法学専攻 (法学博士)
　日本学術会議 (第 19・20・21・22 期) 会員，内閣府男女共同参画会議員，ジェンダー法学会元理事長，全国憲法研究会元代表，21 世紀 COE [男女共同参画社会の法と政策]・グローバル COE [グローバル時代の男女共同参画と多文化共生] 拠点リーダー (2003–2013) 歴任。

〈主著〉

『人権の普遍性と歴史性──フランス人権宣言と現代憲法』創文社 (1992)
『女性と人権──歴史と理論から学ぶ』日本評論社 (1997)
『市民主権の可能性── 21 世紀の憲法・デモクラシー・ジェンダー』有信堂 (2002)
『世界のポジティヴ・アクションと男女共同参画』(東北大学 21 世紀 COE プログラム「ジェンダー法・政策研究叢書」第 1 巻) 東北大学出版会 (2004) (編著)
『ジェンダーと人権──歴史と理論から学ぶ』日本評論社 (2008)
『憲法とジェンダー──男女共同参画と多文化共生への展望』有斐閣 (2009)
『オランプ・ドゥ・グージュ──フランス革命と女性の権利宣言』信山社 (2010)
　　(監訳・解説，O. ブラン著)
『フランス憲法と現代立憲主義の挑戦』有信堂 (2010)
『ジェンダーと法 (第 2 版)』不磨書房 (2010)
『比較憲法 (新版)』岩波書店 (2011)
『憲法から世界を診る──人権・平和・ジェンダー〈講演録〉』法律文化社 (2011)
『ポジティヴ・アクション──「法による平等」の技法』岩波書店 (2011)
『ジェンダー社会科学の可能性 全 4 巻』岩波書店 (2011) (辻村みよ子・大沢真理編著)
『代理母問題を考える』岩波書店 (2012)
『講座 ジェンダーと法 第 4 巻 ジェンダー法学が切り拓く展望』日本加除出版 (2012) (辻村ほか編集委員)
『人権をめぐる十五講──現代の難問に挑む』岩波書店 (2013)
『比較のなかの改憲論議──日本国憲法の位置』岩波書店 (2014)
『選挙権と国民主権──政治を市民の手に取り戻すために』日本評論社 (2015)
『憲法 (第 5 版)』日本評論社 (2016)
『憲法と家族』日本加除出版 (2016)

概説ジェンダーと法〔第2版〕

2013(平成25)年 9月30日　第1版第1刷発行
2016(平成28)年 9月30日　第2版第1刷発行
8619-9:P240　¥2000E-012:015-007

著　者　　辻村みよ子
発行者　　今井 貴・稲葉文子
発行所　　株式会社 信山社

〒113-0033　東京都文京区本郷 6-2-9-102
Tel 03-3818-1019　Fax 03-3818-0344
henshu@shinzansha.co.jp
笠間才木支店　〒309-1611 茨城県笠間市笠間 515-3
Tel 0296-71-9081　Fax 0296-71-9082
笠間来栖支店　〒309-1625 茨城県笠間市来栖 2345-1
Tel 0296-71-0215　Fax 0296-72-5410
出版契約 No.8619-9-01011 Printed in Japan

辻村みよ子 著
ジェンダーと法〔第2版〕
本体価格：3,400円（税別）

山下泰子・辻村みよ子・浅倉むつ子
二宮周平・戒能民江　編

ジェンダー六法〔第2版〕
本体価格：3,600円（税別）

◆フランスの憲法判例
　　フランス憲法判例研究会　編　辻村みよ子編集代表
本体価格：4,800円（税別）
◆フランスの憲法判例Ⅱ
　　フランス憲法判例研究会　編　辻村みよ子編集代表
本体価格：5,600円（税別）

激動の革命期を生きた女性の生涯
オランプ・ドゥ・グージュ
──フランス革命と女性の権利宣言
オリヴィエ・ブラン 著　　辻村みよ子 監訳
本体価格：3,500円（税別）

信山社